The Bramble Bush
The Classic Lectures on the Law and Law School

荆棘丛
关于法律与法学院的经典演讲

〔美〕卢埃林 著
明 辉 译

北京大学出版社
PEKING UNIVERSITY PRESS

本书标题源自一首 18 世纪的童谣：

> 我们镇上有一个男人
>
> 聪明绝顶
>
> 他跳进一片荆棘丛
>
> 划伤了双眼——
>
> 他发现双目失明时
>
> 竭尽全力
>
> 又跳进另一片荆棘丛
>
> 结果他重见光明

目 录

前　言（1951 年版）　　　001
序　言（1930 年版）　　　003
致　谢（1951 年版）　　　005
致　谢（1930 年版）　　　011

第一部分　荆棘丛

第一讲　法律是什么　　　003
第二讲　判例制度：隐于判例之后　　　022
第三讲　判例制度：如何对待案例　　　048
第四讲　判例制度：先例　　　073
第五讲　船、鞋子与封蜡　　　095
第六讲　法学院提供了什么　　　131

第二部分　另一片荆棘丛

第七讲　法律与文明　　　157
第八讲　不止稻粱谋　　　174
第九讲　第二年　　　196
第十讲　日出之前　　　214

随之而来　　　232
后　记（1951 年版）　　　234
送你一片弗吉尼亚的阳光（译后记）　　　246

前言

（1951年版）

这些演讲源于我1929—1930年在哥伦比亚大学法学院向学生们介绍如何学习法律的一次尝试。1930年，我曾经私下印制过这些讲稿，并得到了相当的支持。但是，我心里非常清楚，这些演讲给法律的初学者带来的巨大困扰，更多地是在经过一段学习之后的11月，而不是刚刚开始接触法律的9月；一个人自身的观念——特别是基于全景与整体的观念——会随着个人经历的改变而改变。因此，我在此后10年的时间里打算重新撰写这些讲稿。

然而，我越来越清楚地发现，已经没有什么再值得重写了。曾经撰写讲稿的那个年轻人早已不在了，他做过的工作自有特色，我没有资格用事后的判断干扰他先前的工作，而从先前事物得出的事后判断已经过了20年时间。所以，此次再版，我只是做了一些常规修改，就像校对样章一样：删改标点，或者予以说明——但仅限于极少的部分内容。

无论哪一种导读，如何完成，都是一个持久存在又令人困惑不已的问题。而让我确信无疑的是：要透过材料与方法，直击行为方式本身。这篇教科书式的启蒙导读，尽管已经完成，且还说得过去，但仍有待改进。感谢上帝，依据现实材料进行思考、写作和出版的研习方式，现已初显成效。

然而，撰写一篇适宜的导读文本，则是另外一回事。它必须能经得住检验,必须简明扼要,必须看起来能让从未接触过法律的学生容易接受,从而给他们一个立足点。他们虽然不需要透彻地理解导读的全部或者其中任何一部分,但从每一页、每一句中得到的收获应当会对他们的学习有所帮助。

但是,这种撰写适宜的教科书式"导读"的工作,现在也只是刚刚开始。它应该能吸引、激励人们去读第二遍、第三遍乃至第四遍。每一遍阅读都应该给读者带来更深入的引领,以使其一步步走近法律,并获得进一步深入阅读的资源。这是一篇导读唯一恰当的目标。为了实现这一目标,导读作者必须拥有相当的智慧和能力,深入事物本质,对其进行简明扼要的阐释。导读理应深入浅出,返璞归真。

我仍然认为,这一理念是显而易见的。一篇导读就像老师一样,让人回想起来时,须有所得,而非有所失,或者得失参半。因而,任何人的解决方案——无论是针对问题本身,还是在行为方式上——对他本人来说似乎都还不够充分,更不用说对其他人了。但是,当我们开始慢慢认识到应该怎样简单地触及这些重大问题时,在一种全新的意义上,显得尤为重要的是,应该牢记:合理的探究不可能经由浅显而至简明,而应经由深刻而至简明;尽管屡遭挫折,却又必须迎难而上。

与此同时,关于表达的问题,请让我重述初版序言中的一句话,这句话足以表达我始终坚守的原则:"我不太关注内容是否恰当,甚至更不在意表达方式,相对于公认的偶有下降的出版品味与高雅格调而言,更有可能给学生——学生是教师的生命——留下生动印象的,是一位教师满怀热情、激励生活的执著信念。"

序言

(1930 年版)

这些演讲源于我 1929—1930 年在哥伦比亚大学法学院向学生们介绍如何学习法律的一次尝试。如何完成这样的导读,是一个持续存在又令人困惑不已的问题。而让我确信无疑的是:要透过材料直击行为方式。这篇启蒙导读已经完成,并经受住了考验,但仍有待改进。导读必须能经得住检验,必须简明扼要,必须看起来能让从未接触过法律的学生容易接受,从而给他们一个立足点。但话说回来,无法详尽地介绍导读的全部作用。它应该能吸引、激励人们去读第二遍、第三遍、第四遍:每一遍阅读都应该给读者带来更深入的引领,以使其一步步走近法律,并获得进一步深入阅读的资源。导读作者必须拥有相当的智慧和能力,深入事物本质,对其进行简明扼要的阐释。我认为,这一理念是显而易见的。一篇导读就像老师一样,让人回想起来时,须有所得,而非有所失。如果这是合理的,那么,任何人的解决方案——无论是针对问题本身,还是在行为方式上——对他本人来说似乎都还不够充分,更不用说对其他人了。在这个问题上,几乎没有什么变化。

当我自己开始尝试去解决这个问题时,它却与曾经准备过的其他几篇演讲纠缠在一起。虽然这些演讲的基调和主题各不相同,但看起来仍然具有相当的一致性,因而有必要把它们编辑在一起。我既不想清除参差不齐和重复之处,也不想解读隐喻和调和基调,更不想把品味的准则变成打印的文字。这些演讲并不打算代表教师讲话,而只代表一个人,表达并且应该表达几种不同的情绪。我更关注的是,这些演讲应该至少代表一个人讲话。我不太关注内容是否恰当,甚至更不在意表达方式,相对于公认的偶有下降的出版品味与高雅格调而言,更有可能给学生——学生是教师的生命——留下生动印象的,是一位教师满怀热情、激励生活的执著信念。

哥伦比亚大学法学院,1930 年 9 月
卡尔·N. 卢埃林

致谢

（1951年版）

本书先前私印版本的致谢名单中所遗漏的，有亚当（Adam）、欧里庇德斯（Euripides）、成吉思汗（Genghis Khan）、半人马座的阿尔法星（Alpha Centauri）以及我的猫儿们。

这类因疏忽造成的错误是明显的，但它们真的很重要吗？在这里，我们将继续根据常识来讨论我感兴趣的那些问题，在每一位愿意花时间审视和思考问题并且具有相当经验的人看来，那些问题显然是这样的。一位抒情诗人会花时间去感谢第一位偶出心裁在纸上写下"空谷百合，幽美静好"的人吗？

准备这些讲稿的那个年轻人已经充分意识到，他并没有提供任何原创性的观念，他只是在描述并且试图塑造可被看作是普通的大数据库中的某块材料而已。那个年轻人当时还没有发现，引证癖（Cititis）* 是在这块土地上广泛传播的一种疾病。患上这种精神错乱疾病的受害者们妄想，出版之外，皆为浮云；即便出版，若无被引，亦当禁用。多年以来，我一直在与这种引证癖作战，特别是在法律评论上发表文章时（在诊治这种疾病的治疗方案中，或许会

---

* 引证癖（Cititis），在英文中与"citation fixation"同义，这个词的使用反映了卢埃林早期对偏执于论文引证的反感，因而1930年版的《荆棘丛》中没有一个注释，只是在1960年印刷版第八篇演讲中加入了一个注释，并标记了作者姓名的缩写及时间"KNL（1960）"。——译者注

追问:亚里士多德使用的材料来自何处?)。我不愿在这里加速这种疾病的传播。

纠正错误:这些法律官员在处理纠纷时的所作所为……

> 本书第3页上有这样一句话:"这些法律官员在处理纠纷时的所作所为,在我看来,就是法律本身。"*

这句话向每一位律师表达了一个深刻但又通常令人遗憾的真理:律师能从客户那里得到他实际上能得到的东西,仅此而已。这句话向每一位诉讼当事人表达了一个更加深刻但又通常更加令人遗憾的真理:无法实现的"权利"比无效的权利更糟糕;这样的"权利"是一个由拖延、花费和悲痛构筑的陷阱。这句话提出了一个对恪尽职守、诚实正直、审慎明智之人的需求问题。一方面,这句话表明了存在区别对待和偏见的可能性;另一方面,这句话也表明了从一个存在设计缺陷且杂乱无章的规范系统中塑造出好人的可能性。就此而言,这句话是有用的,也是真实的,我先暂且把它放在一边。

x 然而,如果没有得到充分的阐释,那么这句话就仍然是不恰当的,显然,这顶多是一种对全部真理存在偏见的表述。因为显而易见,法律机构在某种程度上控制着法律官员,并且在可能没有完全控制的领域指引着那些法律官员。同样显而易见的是,人们不可能从试图寻求控制或指引的行为本身找到其他人——而不是行为

---

* 这句话的原文为"What these officials do about disputes is, to my mind, the law itself",共由13个英文单词组成,因而,后文提及的"13个小词""这个短句"或者"这些语词",在本书的语境下,通常是指卢埃林对"法律"的这一经典描述。——译者注

人本人——对行为的指引和控制。此外,没有人从整体的视角审视法律,人们还总是忘记,即便是极其顽固而又专断的法律制度,也会存在某些鲜活的部分,即一种固有的内驱力——公开的或者潜伏的,充满活力的或者奄奄一息的,急切的或者迟缓的,但却总是当前存在的——使得法律制度及其组成部分以及法律官员更为深切地意识到正义的理想。这种内驱力总是以复杂多变的方式发挥作用,以至于在任何特定的场合,它都极为模糊地隐含在"这些法律官员在处理纠纷时的所作所为"之中。因而,这句话既无法恰当地解释法律机构作为一种有意识地塑造法律的工具的职责,也无法恰当地解释法律机构作为一种有时近乎无意识地追求理想的机器的功能与运作;因而,对这句话也需要做一些如前所述的扩展与修正。

然而,还有更值得思考的问题。这 13 个小词的历史含混地诠释了法理学论辩风格的方法、方式及伦理,尽管这种论辩风格现在恰好正在衰落,但仍然值得对其提出警告。下面我要谈的是,在这本书印制时,我作为统一州法委员会的委员已经工作了 4 年,并且为该委员会完成了一部极为艰巨的制定法的起草,而在《荆棘丛》付梓前几个月,我已经出版了一本关于销售法的书。在该书中,我详细讨论了判例和制定法在辩护和咨询中的运用,并且持续批评了该领域的法律规则,不仅提出了更有效的分析性陈述,而且还涉及法律规则的改革,而这些内容现已构成了《统一商法典》(the Uniform Commercial Code)的核心。* 正是在这样的背景下,茶壶风暴席卷而来,身处其中的"现实主义"(过去是,现在仍是一种旨在追求更有效的法律技艺的努力)被误认为哲学,并且通常被当成行

---

* 参见 Karl N. Llewellyn, *Cases and Materials on the Law of Sales*, Callaghan and Co., 1930。——译者注

政官、独裁者及渎神者所有——真实的与假定的——罪行的替罪羊。在频繁使用却也无需承担责任的情况下,整个茶壶中没有一丝风暴可以与这13个小词构成的段落相提并论。在现实主义的帮助下,我明确不相信规则,否认规则以及规则的存在与可欲性,认同并且强调冷酷的强力、专断的权力以及不受约束的暴政,不相信理想,尤其不相信正义。对我来说,这很痛苦。但更痛苦的是,我注意到,在那些批评者中,没有人——准确地讲,没有任何人——在围攻这个短句时能提出任何证据,证明他们曾经真正读过《荆棘丛》的其余部分。简言之,如果能为正在进行的争辩提供一句有价值的不逊之言,也足以体现一个人及其特征鲜明的立场。对任何人来说,这都应该是很痛苦的。这时候,我已经把出自12位作家的不同段落铭刻心底,在那些段落中,这句糟糕的话肯定会让我意识到自己犯下了一项或者更多的智识罪行;写下那些段落的绝不可能是一些毫无经验的年轻人:狄金森(Dickinson)、古德哈特(Goodhart)、坎特罗威茨(Kantorowicz)、考克雷克(Kocourek)、帕特森(Patterson)、庞德(Pound),等等,都是极具影响力的名字。

坎特罗威茨

罗斯科·庞德

我对《荆棘丛》第 3 页上的这样一个段落感到一种有悖情理的自豪，因为仅仅是这一个段落，就涵盖了 18 个引证，而其中每一个引证又都是一篇详尽的文章或者一部生动的著作。

回想起来，兴味盎然，这故事听起来更像是一个怪诞不经的闹剧。我想，这正是因为美国法理学论辩的方法、方式及伦理都已经发生了巨大的变化。在整个美国，正如在整个西方世界，法理学已经开始试图以其本来面目示人：露其菁华，掩其糟粕。令人感兴趣的是，自 1932 年迄今，卡多佐（Cardozo）始终沿着"现实主义"的路径辛勤劳作，就在那时，风暴已经席卷茶壶。*

关于著作

正如本书后记中表明并且阐释的，这不是一本我现在愿意写的书。我觉得其中存在不足，特别是未能在开篇便向读者呈现关于法律技艺、法律技艺对未来的法律匠人的价值、法律匠人对法律技艺的责任的理念。但是，至少可以温和地说：一个人必须学会的第一项法律技艺就是法科学生的技艺；有鉴于此，也应该尝试赋予手写的讲稿以一定的形式与意义。

卡尔·N. 卢埃林

哥伦比亚大学法学院

1950 年 12 月

---

* 这或许是指卡多佐 1932 年在纽约州律师协会发表的一篇演讲，同年他被任命为美国联邦最高法院的大法官。参见 Benjamin N. Cardozo, Address Before the New York State Bar Association (Jan. 22, 1932), in Benjamin N. Cardozo, *Selected Writings of Benjiamin Nathan Cardozo*, Matthew Bender, 1947, pp. 7—46。——译者注

致谢

(1930年版)

像这样一系列普通演讲中所表达的意见看法，顶多是一些大体上半真半假的观察。因而，脚注就显得无关紧要了。即便如此，就算是剽窃，也应该留下一些有意识的记录。如果提供的仅仅是一些观念，那么至少也应该说明都是谁的观念。

我主要借鉴了下面这些人的观念，一方面，是萨姆纳（Sumner）、埃利希（Ehrlich）、马克斯·韦伯（Max Weber）、维布伦（Weblen）和尼古拉斯·斯皮克曼（Nicholas Spyckman）；另一方面，是霍姆斯（Holmes）、科宾（Corbin）、庞德和卡多佐。在司法逻辑方面，则借鉴了沃尔特·维勒·库克（Walter Wheeler Cook）、奥利芬特（Oliphant）以及莫蒂默·阿德勒（Mortimer Adler）。我专门从昂德希尔·摩尔（Underhill Moore）那里借鉴了病理学案例的概念，还从奥格登（Ogden）和理查兹（Richards）那里借鉴了话语层次的周期性概念以及逻辑与说服之间的区别。在诉讼程序的重要性方面，我特别借鉴了奥利芬特和克拉克（C. E. Clark）的观点。关于先例原则的论述，我在其他地方还没有找到如此清晰的阐述，尽管我认为，在表述时，这对每一位律师来说都是显而易见的。关于律师在创设先例方面的作用，是伍德拜恩（Woodbine）给了我最早的提示。关于雪松锈菌案的论述，我是从帕特森（Patterson）那里借来的。当然，我也随意抄袭了我自己先前的"抄袭"。

在重新捡起我在《现实主义法理学》(Realistic Jurisprudence)*中的论证线索时,应该先纠正一个似乎涉及该文目的的误解。这篇文章并不打算表达一个原创性的观点,也不打算阐明这样一个观点,我过去把它当作、至今仍然把它当作可以使用的普通道具。我从来没有承认这样的观点,而那些持有这样观点的人是众所周知的。但是,为了避免更深的误解,当我在这里再次使用这些观点时,先声明一点,我选择的行为进路主要依据下面这些人的工作——除了影响我辈的霍姆斯,以及让我特别受益的萨姆纳和马克斯·韦伯之外——科宾、库克、奥利芬特、摩尔、杰罗姆·弗兰克(Jerome Frank)、约翰·杜威(John Dewey)、埃利希、康芒斯(J. R. Commons)以及博厄斯(Boas)学派;并且,在许多观点上,斯特奇斯(Sturges)、茵特玛(Yntema)、雷丁(Radin)、格林(Green)都在我之前,杰罗姆·弗兰克则与我并驾齐驱。特别值得提及的是宾汉姆(Bingham),因为就在其他知名法律学者仍然处在为免受规则约束而抗争的初级阶段时,他就已经开辟出一条密切相关的道路了。

杰罗姆·迈克尔(Jerome Michael)和史密斯(Y. B. Smith)非常热心,他们克服困难,挤出时间,通读手稿,检核错漏,特别是检核针对诉讼程序方面的材料,因为我对这个领域很不熟悉。

关于教育方法的观点,我想,应该可以追溯至约翰·杜威,杜威强调应该把生活中的效果当作研究的重点,尽管我的想法更直接地受到前面提到的那些人的影响。关于运用幻想、幻灭的方法以及采取任何行动的假设,我借鉴了伊丽莎白·桑福德(Elizabeth Sanford)的观点;此外,我还从她那里学会了如何写作。

---

* 参见 Karl N. Llewellyn, A Realistic Jurisprudence—The Next Step, 30 *Columbia Law Review* 431(1930)。——译者注

在这里，本应该对很多人表达感激之情，却因为我的遗忘而无法一一致谢。实际上，本应该努力地一一想起，但我觉得，我不能再奢求这么多了。

卡尔·N.卢埃林

第一部分 荆棘丛

第一讲

法律是什么

你们来到法学院，是想学习法律的。在你们当中，大多数人认为学完法律将来会成为律师。有一些人在想律师是做什么的，以及什么人会在法庭之上审判案件？特别是，你们可能会想到，要是基于某些原因不巧被捕的话，你们应该向谁求助？于是，围绕着法庭的所作所为、律师在法庭内外的所作所为、法庭或律师与法律的关系、法学院与所有这些人事的关系等问题，我想，在座各位一定充满了疑惑，尽管这些疑惑是令人愉悦的——假如这些疑惑无法令人感到愉悦，你们就不会来到这里；假如根本没有疑惑，你们或许也不会来到这里。

接下来，我想依次提出以下几个问题：第一，今天，你们正打算学习的法律是什么？第二，明天，你们开始学习法律的方法是什么，你们打算在法学院做什么，以及你们能在多大程度上努力学习？第三，法学院能给你们提供什么样的机会，在这里，你们不得不解决的问题是什么，以及解决问题的方法是什么？最后，当你们离开法学院、投身实践时，在这里学习法律的经历，会在多大程度上影响到你们将要从事的工作以及你们将要过的生活？

关于提前告诉这些事对你们有多大好处,我的同事和我都没有抱过高的幻想。我们从苦涩的经验中已经意识到,你们不愿认真对待我们给你们讲的这些道理。我猜,你们或许会认为这有点像你们刚进大学时面对的动员大会的样子。你们希望我告诉你们,你们应该认真学习,老西沃什人(Siwash)*因无视学习而误入歧途,所以你们应该回来认真学习。你们的消极中带着冷漠,早就准备好把这些意料之中的唠叨当成耳旁风。你们心里可能在想:让他把话说完吧,那是他应尽的职责,但是,我们是这个新世纪成熟的年轻人,我们知道他言不由衷,就老师来说,他所表达的观点对我们毫无意义。正是无法操控也无从逃避的命运之手让他站在了那个位子上。社会的运作方式让我们不得不听他夸夸其谈。这或许也是获取律师资格的又一个附加条件吧。

对于提前告诉你们这些事有多大好处,老师们都没有抱太多的幻想,但是,我们仍然要根据自己的理解来履行教师的职责。不仅如此,经过这些年的精神劳作之后,我们得出了这样的结论——即使是对不听劝告的冥顽之人,也需要把有些事情说清楚。他们应当被告知!

还有另外一件事,让老师们大失所望——我们在教授法律的过程中发现,迫切希望理解规则、已经理解规则以及对规则一无所知的学生掌握的仅仅是规则的形式,而不是精髓。我们发现,规则本身仅仅是语词的形式,毫无价值。我们认识到,为了使任何一个一般性命题——无论是法律规则,还是任何其他规则——具有意义,具体的例证、具体例证的累积、当前对诸多具体例证的鲜活记

---

* 西沃什大学(Siwash College),是美国作家乔治·费奇(George H. Fitch)在小说中虚构的一所大学,其中一些人的言行举止总是令人迷惑不解。参见 George H. Fitch, *At Good Old Siwash*, Little, Brown & Company, 1916。——译者注

忆,是必不可少的。如果没有具体的例证,一般性命题就会成为阻止前进的累赘、障碍和废物。这不仅对你们没有帮助,反而还会成为妨碍。在聆听我给你们讲述的内容时,你们的头脑中一片空白,因而,掌握或者理解其中的意义以及它对你们发挥作用的可能性,是微乎其微的。只要你们还愿意聆听,其他的就无关紧要了。

然而,还是有必要说一说。之所以有必要说,是因为即便在修补羊圈时亡羊者也会感受到极大的愉悦。之所以有必要说,是因为总是存在某个意料之外的机遇,这种机遇值得你们和我一起花费 8 小时的时间,你们听到的一些内容或许会持续很长的时间,这些内容足以解决发生在你们面前的具体问题,并且当问题出现时,还可以帮助你们思考。

那么,法律事务是关于什么的呢?它涉及我们社会中随处可见的纠纷:实际发生的和潜在的纠纷;有待解决的和应当预防的纠纷;诉诸法律的纠纷,构成法律事务的纠纷。但显而易见,那些强烈要求得到关注的是实际发生的纠纷,而此类纠纷必定会最早吸引我们的注意。实际发生的纠纷要求有人对其有所作为。首先,对于纠纷当事人以及耳朵和情绪受到纠纷当事人搅扰的其他人而言,由此可以实现社会安宁。其次,由此可以使纠纷真正终止,也就是,纠纷可以得到解决,至少大体上得到解决。对此解决,当事人可以接受,旁观者也觉得说得过去。**这种对于纠纷的所作所为,这种对于纠纷的理性的所作所为,就是法律事务**。法律事务职责所在之人,无论是法官、治安官、法官助理、监狱官,还是律师,都属于法律官员。这些法律官员在处理纠纷时的所作所为,在我看来,就是法律本身。*

---

* 关于必要的扩展与修订,例如,参见原书第 14、40—41、61—63、72—82、85 页及以下,特别是第 ix—xi 页。——作者原注

我想，不会有多少人赞同我如此看待法律。较为常见的看法是，将法律视为一套行为规则，大多数思想家会说法律是外部行为规则且区别于道德规则，因后者旨在从内里塑造善良、可爱、聪慧的少女。这些思想家中的多数人或许会说法律是由外部的约束强制推行的规则，不仅区别于道德规则，还区别于某些习惯，例如系上领带、穿上法式袜带（Paris garters）。许多思想家还会补充说法律是由国家制定的规则，区别于家父的命令或大学的规章，或者在佐治亚州要求人们加入民主党的强制。大多数思想家会向路人宣讲这样的规则，并且告诉他们应该做什么和不得做什么。我认为，**对于多数思想家来说，规则就是法律的核心，**在连贯有序的体系内编制规则是法律学者的事务，而依据规则的主张是从一个规则中找出一种适合于处理手头案件的简单方法——这属于法官和律师的事务。

在我看来，所有这些都容易使人产生误解。重点关注的不是纠纷，而是"制定的行为规则"。就这样的观点来看，在法律的某些方面，是有一定道理的。每个人在申请返还所得税时，必须填写同一类型的表格，这样的规则与其说是为了准备纠纷解决的依据，不如说是为了行政管理的便利。要求为电梯井架设围栏的规则原本不是为了避免纠纷，而是为了避免伤害。实际上，或许可以恰当地说，随着文明越来越复杂，法律的限度也越来越宽泛，在这里，法律似乎不再关注纠纷，而是为了更迅速、更顺利、更安全地解决问题，把焦点集中在事务或行为规则的编制或重新编制上。或许可以恰当地说，在许多这样的案件中（例如，要求沿道路左侧或者右侧行驶，或者确定证明遗嘱或者契据具有法律效力的有效格式），除了便利之外，根本不是为了避免纠纷。最后，或许还可以恰当地说，即使目的显然是为了避免纠纷，但通常也会隐没在背景之后，当人们谈论合同、信托及公司时，就好像这些问题各自独立存在一样，而实际上,是那些人们没有注意到的法庭之外的法官活动影响着法庭的判决。然而,所有这一切与其说是指向"规则"的重要性,不如说是强调纠纷的排他性的重要意义。无论是关于遗嘱何时生效,还是关于所得税的申报格式,我们总是会追溯到一个共同的特征:关键在于法律官员将要做什么。因此,在我看来,**关键在于观察法律官员做什么,他们如何处理纠纷或者其他任何事务,以及观察他们的所作所为,从中寻找某种独特的规律性——这种规律性使人们有可能对法律官员及其他官员今后的所作所为作出预测**。在许多案件中,这种预测不可能是完全确定的。那么,你们就应为其他事务留有余地。对律师来说,还有另外一件重要的事情:学习让法官去做那些你们希望他们做的事情。就此而言,"规则"就显得很重要,异常重要。因为法官认为他们必须遵守规则,而人们也非常赞同这样的想法。所以,理解法官的所作所为,在一定程度上,就是探寻法官眼中规则的意义的技艺,也就是探寻如何尽力劝说法官实现你们想要的结果的技艺。注意,这些都是在一定程度上。那么,规则以及规则的编制与逻辑的设定,就构成了法律与律师事务的明确无误的组成部分。

无论我的分析对错,可以确信的是,你们会花大量的时间,努力去发现、学习、记忆并理解这些所谓的法律规则的意义,法官声称他们受到法律规则的约束,也不得不适用法律规则。如果我错了,你们或许会满足于你们理解的法官的说法。如果我错了,你们可能会相信并且愿意接受法官的说法。但是,如果我是对的,那么理解法官的说法就仅仅是你们使命的开始。你们就不得不记住法官的说法,并且将他们的言行加以对照。你们就不得不判断法官的言行是否一致。你们就不得不怀疑,法官自己是否——比其他人更——了解他们自身的做事方式,以及即使了解,他们能否准确地加以描述。当然,不仅限于此。如果我是对的,你们就不得不重视下面这样的问题,即对你们或你们的客户,以及可能受到法官对纠纷裁决影响的任何人来说,法官的所作所为有什么不一样。即便如此,也仍然不是全部。因为,如果你们理解法官的所作所为会造成何种差异,你们就会面临对这种差异该如何应对的问题。你们与买主签订一份合同并且承诺不会低于某一特定价格转售,如果法官认为这份合同是非法的,并且不可强制执行,如果法官可能会因签订这样的合同而对你们处以罚金或者将你们投入监狱,但你们仍然想以某一价格在全国范围内转售你们的货物——你们该怎么做呢?这既是一个极具创造性的、别出心裁的问题,也是一个创造诉讼方法的问题,目的是为了帮助你们摆脱困境,实现你们想要达到的目标,而不论法官可能会在案件中如何判决,你们看奇怪不奇怪。简单点说,如果我是对的,法官过去以及未来的行动就构成了你们生活环境的一个部分,也是你们的一个生活条件——就像对金钱的使用一样——如果想实现你们想要达到的目标,你们就必须认真对待这样的环境条件。此外,你们不能让内容依赖于语词,而只能依赖于法官的行动,以及影响法官行动或者与法官行动有关的事务的有效手段,这些构成了你们不得不研究的"法律"。在所有这一切当中,**对你们来说,规则是至关重要的,因为规则可以帮助你们关注或者预测法官将会做什么,或者有助于你们引导法官去做什么。这就是规则的重要意义。**这就是规则的全部重要意义所在,而不仅仅是当作好玩的玩具。但是,你们还会发现,你们只能停止学习规则的语词,而无法忽视规则。*

我希望,你们会注意到我已经简要谈到过纠纷。然而,普通人关于法律的思维就是"斧头凶手击碎了爱巢"或者"短发劫匪抢劫了三家银行"——或者,至少是像沃尔斯蒂德(Volstead)先生

---

* 关于对本段的必要修订,参见第 3 页注。——作者原注

一样。* 但是,作为一个逻辑问题,犯罪、实施犯罪的人以及认为他们没有犯罪——尽管地区检控官冷酷地宣称他们犯了罪——的人所作的有罪或者无罪判决,全都隶属于纠纷这个主题之下。作为一个逻辑问题,它们仅仅是这样一类纠纷:通常认为此类纠纷仅仅影响偶然牵涉到利害关系的两个特定当事人,而并未影响——由国家官员代表的——公众整体。

不仅作为一个逻辑问题,还作为一个具有重大实践意义的问题,纠纷是一个比犯罪更宽泛、更重要的范畴。从表面上看,法院的刑事审判显得很重要;但如果仅仅从数量上看,刑事案件并不比民事案件更多。因此,我们可以认为法律首先涉及纠纷问题,而犯罪仅仅是法律事务的组成部分之一。另一方面,犯罪也是法律事务中一个尤为重要的组成部分。从表面上看,在法律事务中,刑事审判非常重要,以至于我们并不总期待遭受侵犯的当事人在国家官员介入之前就采取行动;实际上,即便是在已经提起控诉时,我们也不相信遭受侵犯的当事人能够解决问题。因此,你们如果已经看过法学院编排的课程表,或许会觉得有些奇怪,因为在大学期间的全部课程中,你们会发现涉及整个刑事法律领域的仅有一门课程,而其他所有课程均涉及民事法律方面的内容。我推测,造成这一令人略感吃惊的事实的原因是,我们不怎么希望你们将来从事刑事法律实践活动。当然,在你们当中,有些人,特别是那些怀有政治野心的人,或许会在公诉人办公室工作一段时间;少数人或许会走得更远,致力于效仿并且超越那些为受刑事指控者辩护的著名辩护人。但是,总体而言,在你们的职业生涯中,如果你们当

---

* 安德鲁·沃尔斯蒂德(Andrew Volstead)曾经作为参议员致力于禁酒运动,最终促成了宪法第十八修正案以及《国家禁酒法案》(National Prohibition Act, 1919)的颁布,后者也被称为"沃尔斯蒂德法案"。1933年12月5日宪法第二十一修正案废止了该法案。——译者注

中有5%的人——并非出于偶然地——触及刑事法律实践,都是出乎意料的。这会令人非常遗憾,而同样令人遗憾的是,刑事律师在很大程度上并不在意是否拥有一个令人羡慕的名声。但是,令人遗憾的情绪并不会改变环境条件,据我推测,法学院课程表的编排所依据的是环境条件,而不是令人遗憾的情绪。

7　　但是,在这里,我应该说,无论你们未来执业的性质如何,如果你们把自己在法学院受到的训练仅仅局限于我所描述的谋生课程,局限于在你们看来具有最直接的实践意义的课程,局限于你们认为适合于在你们的面包上涂抹黄油或者给你们提供涂抹黄油的面包的课程,那么,对于你们,对于我们,以及对于假定你们今后将会为之提供服务的公众来说,都将是一种厄运。后面我还会再谈到这个问题。

现在,就这场游戏来说,我只想指出在法律课程的编排与法律在生活中的重大意义之间存在巨大的差异。在外部世界中,刑法直抵法律现象的本源。在法学院的课程中,刑法看起来像是寄生在私法机体上的一个累赘。对此,总有一些可以辩解的理由。但是,在开始学习之前,我要让你们认识到一件事:任何一门单独的法律课程,都不会为你们讲述法律对于社会的重要意义以及对各个法律领域的相对意义。

然而,在民事法律领域中,或许可以有充分理由认为,法律专业课程的划分为获取真实的重要意义提供了一个更值得信赖的导向。所谓的实体法与程序法之间的划分,对于你们的直觉感受来说,是至关重要的,或者是不可或缺的。这种法律划分背后的理念大概就是:我们所谓实体性的——法律的实体内容——特定法律,涉及应当是什么,合同是否以及何时应当依法履行;涉及哪些形式对使最后一份遗嘱得到遵守是必不可少的;涉及如何设立一家公司,如何发行公司的股票,以及如何避免投资人对公司说三道四;涉及哪些语词对签订一份有效的土地租约或契据是必要的,等等。据我所知,这种理念实际上就是,所涉及的这些问题都是可以协商解决的,无需直接提及法院;这些问题都是可以并且实际上也是依据假定应该发生什么而作出判定的,以及,规则可以并且实际上也是由立法机构或者法院制定的,从而澄清在此类案件中应该发生什么。

另一方面,可以认为程序法就是对法院工作的规制。如果你们愿意接受的话,那就是法律事务的程序,法院据以着手做他们应当做的事情,据以解决纠纷,从而达到法律的实体内容已经指明的目的。某一项程序必不可少,应当是显而易见的。或许曾经有过这样非常简单的社会,在出现纠纷时,唯一需要做的就是去找奥贝迪亚大叔(Uncle Obediah),让他放下耕犁,休息10分钟,向他详述事情的原委,然后再听听他的说法。但是,如果出现大量的纠纷,足以占据10个或者1000个奥贝迪亚大叔的全部时间,这时候,必不可少的就是一个关于事务的秩序。我们既不可能全都同时去找同一名法官,否则我们当中谁的事情都解决不了。我们甚至不可能全都同时去找那位受命审理我们案件的特定法官,否则我们当中大多数人得坐上3周,等待该法官审理完其他人的案件。此外,当我们和其他人发生纠纷时,有些被告不愿和我们对簿公堂,因而必定会有某项习惯性程序将他们带至法院,也必定会有某种习惯性手段让他们知道纠纷的原委。实际上,让纠纷提前获得充分的陈述,使法官了解纠纷的原委,是至关重要的。事实就是这样的。节省法官和当事人的时间,提前将问题解释清楚,正当地告知被告,并且给被告提供获得听审的正当机会;在涉及被告通过辩护提出的诉讼请求时,再次正当地告知原告,并且给原告提供获得听审的正当机会,从而使审判本身得以有序进行;在一方当事人认为下级法院没有依据适当规则判案时,迅速、适当、公正地向上级法院呈递讼案;最后,记录当事人因为什么样的纠纷而提起诉讼,从而避免再次提起诉讼——这些事务构成了程序法。从某个角度看,我认为,程序法与实体法显然没什么关系。基于这些理由,在两者之间加以区分,是值得的。划分程序法课程、审判实践课程、证据法课程,以及将这些课程分离出来,作为与任何特定实体法科目问题无关的技艺研究,也是值得的。**从这个角度看,程序法课程显然仅仅是关于法律职业技艺工具的课程,而不是其他什么;仅仅是关于行为礼仪的课程,你们可以从中学会使用切开法律牡蛎的法律餐叉,以及从法律鱼肉中剔出骨刺时避免不恰当地用刀。**

但是,从另一个角度看,这样的区别正在逐渐消失。因为,如果你们在喝汤时嘴里发出声响,周围的人就会觉得你们举止古怪,可能会嘲笑你们,甚至你们因此再也不会受到邀请。但是,如果你们在法律礼仪中犯错,那问题就不仅仅是举止古怪、被人嘲笑或者随后可能发生的事情了;因为这有可能会立刻导致你们在案件中败诉;不仅是你们自己的案件,还包括你们当事人的案件。律师在法律礼仪中的错误是当事人的灾难。从这个角度来看,我认为,程序规则是一道门槛,只有迈过这道门槛,才有可能真正实现实体法规定的内容。当发生纠纷时,程序规则就变成了实体法的组成部分,并且以全部实体法得以实现为条件。当然,这并不是除了实体法之外没有把程序法、证据法及审判实践划分成独立的专门研究领域的理由。我认为,应该把这些研究领域独立划分出来。之所以应该把它们划分出来,是为了进行更深入的研究。但是,之所以应该把它们划分出来,不是因为它们真是独立的,而是因为它们具有超验的重要意义,需要加以特别强调。之所以应该把它们划分出来,也不是为了加以区分和体现各自的独特性,而仅仅是为了让学生更扎实地学会、更牢固地记住它们从根本上讲是以实体法的存在为条件的。你们必须把你们所学到的关于程序法的一切知识灌注到每一门实体法课程中。也可以说,你们必须透过程序法的视角理解每一门实体法课程。因为,只有根据程序法规定的内容,才能有效地利用实体法的规定。

你们会发现,我并不是特别相信这种具有同等意义的实体法与程序法的划分。我认为,这样的区分只是为了便于人们思考。实体法所指向的是在什么样的情况下法律官员愿意(would like)处理纠纷以及在什么样的情况下他们宣称他们将要(are going)处理纠纷——要么是因为他们想要,要么是因为惯例迫使他们去处理纠纷——的问题。但是,关于实体法的讨论很容易令人误解;人们很容易认为,是因为他想要那样做,所以他就那样做了。如果梦想就是真实,那乞丐也会变富豪。如果规则就是结果,那还要律师做什么?

然而,这样的划分仅仅是为了便利,特别是便于将法律必须解决的问题进行类型化的划分。因此,在实体法的范围内,人们也可以为了便利而进行各种简要的类型划分。**在我看来,最重要的就是在所谓的公法与私法之间的划分。公法涉及国家的结构、国家的运作以及国家与个人、国家与由个人构成的各个群体(如公司)之间的关系。**宪法规定了我们整个法律的结构体系。立法是法律变革与重新适用的重要工具。行政官员——从发布所得税规章的财政部长到在街头巡行的交通警察——影响着我们每一个人的生活,并且在某种程度上,就是国家本身。对行政官员的工作或者国家运作的研究,就属于公法范畴。当然,犯罪以及与犯罪有关的所有事项也属于公法领域。在法学院学习的第一年里,只有在第二学期开始学习立法程序、立法解释以及刑法时,你们才会遇到公法。实际上,你们对于法律的学习是从另外一个领域——也就是私法领域——开始的,它涉及个人之间的法律关系。或许,这样的课程安排是比较恰当的,因为私法是你们迄今为止已经有所触及的法律领域。

或许,可以把私法领域划分为四个具有重要意义的主要法律部门。第一个部门涉及个人之间的合同、协议以及此类协议的法律后果。这个法律部门主要涉及被经济学家视为市场、货币经济的平衡轮(balance wheel)、使我们的政府体制得以专业化运作的社会机器的领域。

第二个部门是财产法,特别是不动产法。在这里,关注的是经济学家的价值理论背后的事实,也就是稀缺性事实;同时涉及这一事实的法律方面,也就是稀缺物的垄断问题。几乎不需要专门指出的是,国家保护这样的垄断,同时也使垄断的稀缺物的自由交易成为可能,就此而言,国家创设了一个体系架构,使市场、协议、合同得以在其中运转。只有在设定的限度内,拥有优于他人的优势条件,遵循法律官员制定的规范,运用法律官员设定的方法,才有可能实现所谓的自由交易。

我认为,在私法领域中,第三个部门主要涉及社团与自然人通过集会实现其目的的方式、限度,以及法律官员针对这样的群体活动可以运用的权力。在这一点上,法律尤其关注被我们视为工业文明的经济生活、资本集团及其衍生的劳工组织方面的问题。

我把剩余的部分内容归入私法领域的第四个部门,其中尤为特别的是,除协议领域之外,刻意对自由交易方面的问题所作的一般规划。有些导致纠纷的关系并不是故意或者经由协商达成的——例如,交通事故。有些侵害行为导致的问题不仅涉及刑法,还涉及对受害人造成损害的赔偿。有些土地的用益(权)——例如,某个位于居民区的肥皂厂——会遭到邻居的厌恶。有些涉及竞争的案例,要么要求规制,要么主张赔偿。我们把其中的相当部分内容归于侵权行为——个人的不当行为——的范畴之内。

在上述分类中,我并没有严格按照相互之间必须排斥的划分法来进行。这些范畴的分类只是为了便于描述,本身并不构成一个严格的逻辑体系,所以在有些内容上可能会存在重叠。例如,社团依据合同设立,同时又占有土地。财产依据合同交易,而侵权行为尤其与财产有关。有些侵权行为,要么源于合同,要么源于对合同的干涉。有些令人极为困惑的侵权法问题也涉及社团。因此,这一主张在逻辑上并不具有排他性,而在焦点问题上却存在令人注目的分歧。我也不打算主张可以一劳永逸地把全部私法领域的内容划分到某一类型的主要范畴之中。我也知道,在把某些主题下的内容归入上述某一类型范畴而不是其他类型范畴时,或者从根本上把它们归入任何一种类型范畴时,我都会遇到很多困难。当然,如果这些范畴足以概括地描述如何划分大部分私法内容——我的意思是,那些对社会至关重要的私法,那么,这些困难也就无关紧要了。例如,你们会发现我根本没有提及大量涉及家庭的法律规则,并且最终也会认识到我确实没有必要提及那些法律规则。因为我觉得,我试图加以归类的这些法律规则明显区别于家庭法律规则,主要基于这样一个事实,也就是,涉及家庭的法律规则对于家庭生活来说相对不那么重要,而涉及经济生活的规则却在商业生活中发挥着至关重要的作用。

到现在为止,我已经给你们讲述了法律的目的在于解决纠纷。法律主要是由法律官员对纠纷的所作所为构成的。法律官员将要做什么,或者我们如何能让他们有所作为,就这一点来说,法律规则可以给我们提供指引,在这个意义上,法律规则至关重要。接着,我又给你们讲述了一些法律内容的主要划分:可以分为实体法与程序法,也可以分为公法与私法。我认为,很显然,法学院的课程虽然对程序法和公法给予了一定的关注,但其重点仍然是放在实体法和私法方面的。

今天我要讲述的是,法律事务实际上是什么,但前面所讲的这一切有助于澄清这个根本问题吗?法律对社会中的人意味着什么呢?简单点说,法院、律师、法学院或者法科学生的存在与否,对社会而言有什么影响?我认为,这里引发的第一个问题是,如果清除所有这些人,就会在一定程度上增加当前的失业人数。如果说法律是一项高尚的职业,那么,极力主张这项高尚职业本身不是法院和律师存在的特别理由,或许有些苛刻。然而,我的观点是,从事某项工作需要某种正当理由,但却不需要这样的事实,也就是,如果存在这样的工作,就会有人为了谋生而坚守这样的工作。让我们重新审视这样的问题:法院与律师之间有什么区别?

因为你们会发现,还不能简单地认为,法院与律师之所以解决纠纷,是因为存在太多的他们尚未解决的纠纷。你们是否要去芝加哥大学或哈佛大学读书,或者你们每个月的账单应该是多少钱,对于这样的问题,我觉得,你们与你们的父亲在观念上存在的差异,不是一个法院或者一名律师就能解决的。市场上的讨价还价导致了一系列持续不断的纠纷,然后人们再经过协议与商谈来调解纠纷。竞争公司之间充满敌意的对抗,通常是凭借技艺与忍耐来消解的,而不是诉诸法律。工人们通过集会罢工,经过奋力抗争,最终纠纷得以解决。其中,有些纠纷时常诉诸法院,但也经常徒劳无功。罢工中的主要问题几乎从来都不会诉诸法院。但是,与任何其他案件一样,罢工案件也很有可能使法律发挥作用。法律——以法官、警察与治安官的名义——制定规则,雇主与雇员的罢工、停工和抗争会在规则的限度内加以解决。这场游戏的"规则"包括:不得殴打,不得开枪,不得恐吓,不得列入黑名单。接下来,这些游戏规则总是能得到遵守吗?不能。从数量上讲,很少有规则始终得到遵守的游戏。但更为重要的是,认识到在试图看清他们的本质时,法律官员正在像裁判一样履行职责。法律官员有几分像裁判,但又不全像。之所以像裁判,是因为法律官员并不总是能看到对规则的违反。之所以像裁判,是因为法律官员对一方当事人有时偏袒,有时固执,有时无知,有时暴躁。之所以像裁判,至少在涉及刑事案件时,是因为法律官员是依据自己的意向进行裁决和控制的。但是,在涉及民事案件及私法领域的案件时,这里似乎与裁判不同的是:法律官员并不依据自己的意向进行裁决和控制,而是等待当事人向其提出诉讼请求。然而,我再次强调,无论是涉及民事案件还是刑事案件,法律官员始终都像一名裁判,是因为在履行职责时,法律官员主要是在努力——并且带着些许成就感——坚持主张应当遵守游戏规则;是因为法律官员主要不是从自己的内心良知,而是从现有的经验,从权威性来源(仅此而言,法律大致上就是制定法以及法院的判决)中获取游戏规则。最后,之所以像一名裁判,是因为法律官员的判决只是在事后作出,是因为在法律官员作出判决时比赛正在进行,是因为他总是遭到败诉方粗野的诅咒,而很少得到胜诉方充分的感谢。

但是,一场球赛组织严密,行动迅速,而社会则组织较为松散,甚至相当松散,以至于个人纠纷通常不会阻碍社会整体的运转。因而,对法律官员来说,除了在交通拥挤的街角外,不需要始终坚持在现场宣布规则,并用规则处理每一个特定情况。法律官员只是对大量的生活纠纷持观望态度,并且确信当事人早晚会消除自己的困难,而不需要向自己求助。因此,在真正的意义上,创造社会秩序的并不是法律与法律官员。对他们来说,社会是既定的,而之所以秩序是既定的,是因为社会是既定的。除了秩序之外,这个词就毫无意义可言。因而,无论怎样,在没有向法律官员求助的情况下,社会仍然完成了大多数对秩序的调适以及重新调适。如果不经受苦难,就不可能完成对秩序的调适;生产过剩意味着失业。

通常情况下,社会都完成了对秩序的调适。

14 　　接着,**法律——即法律官员对纠纷的所作所为——充当了解决以其他方式无法解决的纠纷的工具。当社会失序时,法律更多的是维持(maintaining)秩序,而不是创造(making)秩序。这既是法律的首要功能,也是法律古老的和根本的功能。**但是,在碰巧有人向法律官员求助时,原本应该预先就让自己的行为符合法律官员将来的所作所为,但许多人未能认识到这一点是可欲并且有益的,因此,你们无法让他们向法律官员提出诉求,你们也无法要求他们依循完全规范的、可以预期的方式行事。我以前曾经把法律看成是你生存环境的一个组成部分,就像天气或者政党制度一样。只要法律官员出场,并且有人求助他们,你们就要面对这些法律官员。法律官员将来的所作所为限定了你们行动的范围。法律官员的所作所为影响到你们是否能有效地获得你们想要得到的东西。如果出现纠纷,你们就必须制订自己的计划,以避免法律官员可能给你们造成的麻烦。你们或许可以制订自己的计划,在有人向法律官员求助时,让法律官员支持而不是反对你们;你们也可以设计自己的商谈协议,从而把法律风险转嫁给对方当事人。

　　在某种程度上,如果有人向法院求助,律师及其客户,甚至那些可能会聘请律师但还没有聘请律师的潜在客户,都在盯着法院将要如何作为,而这也会约束着他们自己的行为。在这个意义上,法院判决的作用已经超出了个案的范围,开始影响并且指引着社会的行为。这不是显而易见的吗?法院的判决不再仅仅是对现实纠纷的规制,而且还变成了对潜在纠纷的规制——如果一切正常的话,也是对潜在纠纷的预测与预防,而那些潜在的纠纷在数量上远远多于现实的纠纷。法院的判决不再仅仅作为一种关注纠纷的终局诉求机制——也就是,在穷尽其他任何方式都无法解决纠纷的情况下——发挥作用,而是同时规制着人们(纠纷之前)的行为、人们实际上如何正常行事,甚至在法律禁止的情况下,间接而潜在地成为影响人们选择做什么事情的一个因素。

真实的情况是,人们会在很大程度上使自己的行为符合法律官员的所作所为,而法律官员会使立法成为一种重新进行社会调整的重要工具。因为立法是一种向官员——无论是司法官员,还是行政官员——发布的权威性命令,因而,无论哪一种特定类型的案件出现在官员面前,都要求他们根据新规定的方式行事。在涉及刑事方面的内容时,立法甚至构成了这样一种命令,它要求某些法律官员审理他们以前被告知不予受理的某些新型案件。这样的命令是公共性的,要求具有利害关系的当事人理解这样的命令。那些具有利害关系的当事人,在相当的程度上,会预测到法律官员现在要做什么,并随之重新安排自己的事务。

在这个讨论中,你们或许会忽略一个普通的观念,即法律是正当的。之所以应当遵守法律规则,是因为法律是正当的,人们有义务遵守法律。这样的观念并没有缺失,只是人们对其视而不见。这样的观念之所以被遗漏,是因为你们被寄予厚望,希望你们能充分意识到这些观念。这样的观念之所以被遗漏,是因为它们所包含的真理如此偏颇、如此荒谬,以至于人们强烈要求依据我介绍的那些分析对其加以修订。这样的观念之所以被遗漏,是因为在通往法律道路的这个阶段上,你们的常识就是这样的,而不是其他的。在这里,我只想说,这就是法律的正当性。如果大多数人没有——尽管是消极地——站在法律官员的背后,那就几乎没有什么法律值得探讨。如果大多数人在面对一项规则时,通常都看不到规则的目的及其准确而严格的形式,也无法让自己的行为大体上符合规则的目的,那么,法律官员就要承担一种他们无力承受的负担。最后,就其所处时代的任何重要阶段而言,如果大多数人真正依据法律及其法律权利——而不是依据行为模式、思维模式以及他们所熟悉的社会环境的判断标准——来塑造自己的行为,那么,我们的社会就会变得不宜生活。律师之所以成为律师,是因为在所有人中只有他们总是在琢磨法院的所作所为;如果有人不喜欢以职业方式处理问题的话,他们会是哪些人呢?

接着,法院通过处理个人纠纷,直接地影响着普通人。法院之所以也会间接地影响普通人,是因为在法院可能会对他们或为他们做什么之前,普通人会在一定程度上关注法院。但是,普通人只是偶尔会关注法院,而律师则是以职业方式关注法院。律师是普通人与法律官员之间的连接点。

作为辩护人,律师对法院在个案中的所作所为更感兴趣。这就是律师最古老的工作。迄今为止,这仍然是一项至关重要的工作。正是这样一项工作,在英格兰,成为法律职业中最受尊敬者——出庭律师(barrister)——的专门事务。但是,作为咨事顾问,在预测法院可能会做什么,以及在依据预测调整客户的行为以满足客户的需求时,律师对我刚才描述的那些法律官员工作的直接结果更感兴趣。这就是法律执业的一个片段,而法律执业在这个国家的重要意义正在稳步增长,在这个城市具有至高无上的重要意义。

我在此处稍停片刻,只是为了让你们注意到这样一个事实。打算执业的律师,不仅要了解法律规则,依据对法院将要做什么的预测来理解法律规则的意义,而且还要(另外)了解社会生活、客户的需求与业务——简单点说,了解人们要求律师塑造的工作情境(working situation)以及人们据以要求律师塑造工作情境的法律。如果律师做不到这些,他就不可能执业,这应当是显而易见的,甚至对盲人来说也应该是明白易懂的。过去,在某些学生看来,他们来法学院就是"学习法律"的,法律仅仅由法律规则构成,所有其他事情都无关紧要,都是对他们正当职业训练的任意干涉。有人曾经对我说,在研究生院,社会科学只适合社会科学院,而法科学生需要的就是法律。对于将所谓的非法律资料塞满我们的法律课程,我感到有些不满,有时甚至感到痛苦。如果我刚才表明了我的观点,那么,对你们来说,显然,这就是那些因目光短浅而未能权衡自己工作生活之人的看法。如果我表明了我的观点,那么,对大多数律师来说,显然,辩护律师的工作仅仅是他们不得不去完成的工作的一半,甚至还不到一半。即便是作为辩护律师,我认为,他们也(极度)需要充分了解社会生活事实,而这正是法律所必须面对的。但是,如果这项工作成为事务律师的任务,那就无需再争辩了。道理如此清晰,石头也在倾诉。法院将要做什么,仅仅意味着与普通人依据法院的所作所为而行事有关,此外别无他意。因为,法律在日常生活和律师执业中的意义,不是法律对于法院,而是法律对于门外汉的意义。

之后,对于将这些有益的资料"塞进"法学院的课程,你们的老师不会表示歉意,因为这些资料可以揭示法律之于那些受其影响之人的意义所在。你们的老师知道没有其他方式能赋予法律以任何意义。你们的老师会欣然接受你们来学习法律,不针对言辞,只关乎实践,不针对纸面理论,只关乎现实生活。就算是背叛,也要全力以赴。

第二讲

判例制度：隐于判例之后

　　法学院在设置学习科目时，必须面对两项不同的工作。虽然这两项工作存在部分重叠，但却无法预先假定两者完全相符。第一项工作着眼于你们未来将要从事的职业，选出你们职业发展需要的部分知识——要么是最基础的，要么是最适合在学校讲授的，并且设计出让你们能够理解这些知识的方法。只有在第一项工作完成后，才能开始第二项工作——但这与如何完成第一项工作没什么关系，因为那仅仅是第一年所特有的一个问题。假如课程安排是既定的——无论是明智地还是愚蠢地——为了能够应对法学院的学习实践（而不是法律的执业活动），你们需要知道些什么呢？在某种程度上，我认为，这两个问题是重叠的。我今天只是稍微提及一下两者的重叠。第一项长远的工作，对它的提及或许会在某种程度上阐明另外一项工作。今天，这个问题很直接，也很实用。在很大程度上，你们注定要凭借"这样的"判例制度来学习法律。为了展开这样的学习，你们需要知道些什么呢？我再次警告你们，你们会发现我的言辞空泛，发现这些言辞甚至有可能把你们引入歧途，在这个意义上，你们或许会遭遇这样的危险：接受的知识极其琐碎。但是，日复一日，你们的作业以及对案例教科书的使用，慢慢会给你们提供实实在在的基本原则。因此,只要你们跟得上课程进度,就会立刻有所收获。可以确定的是,如果仅仅是把学生从一无所知的"码头"推进案例学习的"港湾",那么,相对于有点理论基础的学生来说,一无所知的学生会在困境中陷得更久。因为,无论各门课程的方法有多么不同——并且各门课程之间实际上存在着令人吃惊的差异——总有那么一些适用于这些课程的共同理论。

我想先讨论所谓的判例是什么,并且在这个问题上,我会竭尽所能向你们简要介绍我们普通法的司法制度,从而在一定程度上把所谓的判例放在适于讨论的背景之中。随后,会转而讨论如何在课堂内外使用判例。

显然,对律师来说,判例是由一起纠纷(而不是一打瓶子)构成的,在这一点上,我们会看到"定型判例"这一术语。但是,仅仅就判例制度的目的来说,并不是每一起纠纷都会构成一个判例。我们是在与法律打交道,因而纠纷必须是一个法律意义上的判例——也就是,一个法庭上的判例。甚至当与判例有关的设想发生变化,以及我们提出这样或那样的判例供你们讨论时,"判例课堂"总是设想能把假设的判例复现在法庭上。

实际上法院有两种类型,也就是初审法院(trial courts)——即初级法院或者一审法院——和复审法院(courts of review),例如,上诉法院或者上级法院。就现状来说,某一起讼案绝不会直接进入复审法院,而必须先经过初审法院的审判。但是,你们案例教科书中的那些所谓的案例几乎都是从复审法院专门挑选出来的。因此,为了理解那些案例,你们至少要尽快了解在案件上诉到复审法院之前发生过什么。在尝试进行全面概述前,需要强调这样一个问题:正因为具有复审职责,复审法院不得不聆审对初审法院职责履行不当的控诉。例如,初审法院出现错误,没能根据——正确理解的——法律规则作出判决。在法律理论上,复审法院会对此并且仅仅对此作出判决:在控诉的要点中,初审法院是否依据法律规则行事?审理是否存在"错误"?对这样的理论展开严厉批判之前,应该牢牢掌握这样的理论,将其运用于工作中,直到这样的理论家喻户晓。

由此,我们需要先讨论初审法院,仔细观察初审法院在做什么。我们试图努力看清败诉方随后可能控告初审法院违反规则所做的事情。

首先,初审法院或许根本不是审理此类案件的适当法院。涉及此类问题的规则,就是在州和联邦各种不同的初审法院中划分审判案件权力的规则,我们称之为"法院管辖规则"。例如,有些法院——诸如纽约市的市政法院——通常可以审理涉及1000美元或者少于1000美元的案件。其他法院——诸如联邦法院——可以将案件诉至联邦法院的唯一理由是当事人是不同州的公民,并且只能审理涉及10000美元或者超过10000美元的案件。如此而已。其中,有些规则似乎稍显随意,有些规则似乎非常合理。就像所有的程序规则一样,这些规则旨在更加迅速有效地处理事务;方便、效率和公正,就是这些规则的目标。像所有的程序规则一样,这些规则容易变成繁文缛节。无论怎样,法院必须是适当的法院,或者,至少是有资格审理案件的适格法院。复审法院可以对此进行审查。

其次,初审法院必须享有对被告的权力。我们几乎不需要担心初审法院对原告的权力。原告想打官司,来到法院,提交与本人相关的诉求。然而,被告或许想拖延,或者可能不信任特定的法院——就像某些人有时所做的那样,或者对被告来说,在该法院应诉可能不方便。就此而言,我们的法律理论似乎最初是基于自然的强制力的观念:如果(1)被告在法院管辖的范围内持有物品或者占有土地,或者(2)一名法院的官员能在管辖范围内发现和传唤被告(这说明法院的官员可以在必要时一下抓住他),或者(3)被告服从,那么,法院就享有对被告充分的管辖权。对此,复审法院也可以进行审查。

提出了这些问题,只是为了避开它们。我们现在假定,初审法院对案件以及当事人具有管辖权,我们接下来探讨初审法院要对案件及其当事人做些什么。

首先,初审法院要表明它的任务是什么。这是想方设法通过控辩来完成的。为了提起诉讼,表明原告所主张的事实是什么,以及他想从被告那里得到什么,原告的律师必须准备一份陈述:控告(complaint)、诉词(declaration)、申请书(petition)或者起诉状(bill)。* 这份起诉状需包括以下内容:第一,是事实,即与原告诉因相关的陈述;第二,是原告想要什么,即其关于救济的诉讼请求。请注意这些问题。它们是理解判例的基础。它们必须成为你们不由自主地去寻找的一个问题,这种不由自主就像一只金龟子迎面

---

* 以上法律术语在意义上存在重叠,甚至在某些特定场合下可以互相替代使用。据《布莱克法律辞典》解释,(1)"complaint",意指"[刑事]控告,[民事]诉求",在刑法领域,是指一项针对某人实施特定犯罪行为的指控,是一个用以描述刑事诉讼程序的技术性术语;如果是有民事诉讼法典的国家,在民事诉讼活动中,是指由原告提起的初始诉求,对应于普通法实践中的"declaration";(2)"declaration",意指"[原告的]诉词",是指原告在法律诉讼中提起的首要诉求,是对构成诉因的事实与详细情况的正式说明,它对应于教会法与海事法中的"原告诉状"(libel),衡平法中的"申诉状"(bill),民法中的"诉状"(petition),法典诉讼中的"控告"(complaint),以及不动产诉讼中的"指控"(count);(3)"petition",意指向法院提交的"申请书,诉状",是一项由个人或多人向有权机构、组织或个人提出权益或者诉讼请求的书面陈述;(4)"bill",意指"起诉状,申诉状",在古代王室法院的实践中,提起诉讼的常规方法就是依据一份起诉状,它是一份关于原告诉因的书面陈述,为了赋予法院管辖权,通常将某一侵害行为当作诉讼理由。参见 Henry C. Black, *Black's Law Dictionary*, 4th Ed. Rev., St. Paul, West Publishing Co., 1968.——译者注

扑来时你们会眨眼一样。但是,经验表明,原告的陈述并不总是言符其实。被告会否认原告声称的某些事实。被告也想主张其他一些问题,而原告却想隐藏这些问题,但这些问题却会改变案件情节的性质。当被告需要做这些事情时——我们要求被告提交一份针对原告控告的所谓的答辩——作为让被告做这些事情的一项代价,我们不得不承担被告只是利用答辩制造麻烦——否认本应如此的事实,提出错误的诉求——的风险,正如我们必须承担原告错误诉求的风险一样,如果这些诉求获得认可的话。无论怎样,我们早晚都会面对一个涉及事实的问题,或者一系列问题——我们要知道争议中的事实是什么。当然,这个过程并不像我所说的这么简单。与所有程序一样,它是一个技术性问题。任何一方的律师都有可能出错,法院也有可能依据这些技术性问题作出——正确或者错误的——裁决,而这些裁决也有可能面临复审。

  无论是在这里,还是在任何其他地方,都必须指出另外一个问题。你们会发现,到目前为止,我们还没有找到关于原初事件的事实、实际发生了什么的任何确切观点。我们既有原告的陈述,也有被告的陈述。但是,两者都有可能是错误的,甚至还有可能是虚假的。我们仍然无法看到,并且有可能永远无法看到实际发生的事情。我们会不断认识到,复审法院并不审核发生在当事人身上的外在事件的法律意义,而只是审核某些可以推定发生的外在事件的法律意义。复审法院会审核原告在控告中提出的诉讼请求的法律意义,或者审核可能从原告所提证据中得出的最有利于原告的推论。大体上,这是因为我们的法律制度让当事人为自己而战,并且,这也是我们理解判例的基础。当事人无法获得他们不主张的东西。如果是当事人没有或者不能证实的事情,就都与法院无关,对法院来说,就好像那些事情从来没有发生过一样。在这样的情况下,只能让当事人裁判自己的案件。如果当事人是傻子,就让他们干傻事吧。我认为,这就是理解判例的基础。这恰恰是你们作为一名辩护律师的责任所在,你们必将成为优秀的法律匠人;如果你们出错,你们的客户就会败诉。

因此,在初审法院,我们或许会发现被告并没有提出一个与事实有关的问题,而是通过表示异议(demurrer),或者请求驳回(motion to dismiss)*向法院声称:即使这个家伙[原告]说的是真实的,也没有什么影响;那些都是法院不会予以考虑的事实。诸如此类的事实还有:如果有人穿了一件粉绿色格子花纹的夹克衫,或许会让你眼花缭乱,但是按照法律,你却不能做任何不利于这个人的事情。或许有人称呼你的语词会激怒你,但法官却不会因那点火花而怒火中烧。——或者,在某个至今仍然令我们印象深刻的、极具法律意义的日子,被告会对法院说:即使这个家伙[原告]所说的事实属实,那些事实也没有让他去做原告所要求的事情,而是去做其他事情;原告却选择了错误的形式提起诉讼。你们可以在家中听到以温和方式表达的异议:"彼得,你在发牢骚时,我不想听你说话!""约翰,现在时间、场合都不合适。晚饭后再去看母亲。"在某种意义上,这些判断都不具有法律意义。这些判断都不是针对只要遵守适当的礼仪就能完成的事情。但是,这样的判断会对结果产生影响。——我们会(稍后在审判中)发现具有类似特征的判决:在一方或双方当事人的证据全部呈示的情况下,或许可以主张,即使承认所有支持对方当事人的推断,其主张的事实也不会影

---

* 据《布莱克法律辞典》解释,"demurrer",意指"异议,反对",是指一种在诉讼过程中对对方的诉求在法律上的充分性表示怀疑的规范形式,实际上是一种辩解——即使诉求中陈述的事实属实,法律上的推论也不会让异议方必须作出答辩或者继续进行诉讼。一项基于控告未能表明诉因的异议,属于概括性异议(general demurrer);而一项基于法院没有管辖权而主张驳回起诉的请求(motion to dismiss a bill),也可以被视为概括性异议。参见 Henry C. Black, *Black's Law Dictionary*, 4th Ed. Rev., St. Paul, West Publishing Co., 1968, p.520。——译者注

响法院,或者导致他所期待的诉讼后果——无论是直接裁决,还是驳回诉讼。最后,在对无关紧要的证据表示异议时,也会出现同样类型的事实假定:即使证据属实,也无关紧要,所以,应该以导致混乱为由予以排除。——因而,在申请上诉,在复审法院重新审查时,任何这样的裁决都会向我们表明法院将要做什么,以及律师必须做什么。这样的裁决有助于表明——无论推定的"事实"是否真正发生过——假如那些"事实"发生过的话,法院将会或者不会做什么;哪些事实对法院比较重要,哪些事实不重要——以及法院所作所为的目的是什么。

但是,我必须重新回到初审法院以及事实问题上来。在初审法院中,原告和被告关于案件的陈述存在分歧,法官依据哪一方的陈述作出判决,结果会有所不同。那么,如何作出判决呢?哪一方是值得信任的呢?甚至在此之前,应该由谁来作出判决呢?你们还记得,很早之前所罗门(Solomon)本人亲自作出判决:一位国王,同时也是一名法官。在英格兰,也曾经使用过非常类似的审判方式。简单点说,因为国王掌管着其他事务,就把审判工作委托给国王的代理人——法官;经过诸多世纪之后(因为适用衍生了权利,适用衍生了专有特权),国王发现自己不能再干预审判了。我们仍然可以看到这样的情况、这种把审判工作转交给法官的遗迹:在海事法庭(审理涉及船舶的案件)上,看不到陪审团;在衡平法案件(可以追溯至衡平法院,其得以存在的部分原因在于消除普通法法院遇到的——应由陪审团审判的——某些纠纷)中,也看不到陪审团。最后,无论基于什么样的原因,当事人都不想要陪审团审判,并且同意接受法院对事实作出的裁决,或者在小型法院,人们觉得不值得由陪审团审判。在所有这样的案件中,法官聆听双方当事人的陈述,然后对哪些事实可能属实作出自己的裁决。

所罗门的审判(出自《圣经·列王纪》第3章16—28节)

但是,仅就审判工作来说,交由陪审团审判,在某些州,仍然是比较常见的实践——总体上讲,至少是一种常见的实践。对我们来说,至关重要的是,在某一起特定的案件中,是否需要陪审团:以前陪审团定期出席审判,这已经从各个方面影响了初审法院的运作方式。

我现在的任务不是在对有争议的事实作出裁决方面,把陪审团与其他可能的裁判机制进行比较权衡。我的任务也不是探究怎么样从邻近的居民中选出陪审团,邻居的闲谈以及对邻居相当程度的熟悉使他们能够很好地意识到曾经发生过什么:一个并不审判事实的团体,却被召集起来从他们自己的推理中提供关于事实是什么的所需信息。我的任务更不是追溯那个由有识之士组成的团体怎样变成今天这个没有偏见却又茫然无知的陪审团,他们起初一无所知,只是对法庭上的异议者之间相互冲突的陈述作出自己的裁判。我并不了解这个转变的详细过程,我也不确信是否每个人都了解这个过程。我的任务其实非常简单,仅仅是重申这样的事实,也就是,陪审团实际上并且已经与我们相依相伴;陪审团是一个由门外汉组成的团体,而绝不会是律师;陪审团成员在审判开始时一无所知,但却对争议的事实作出裁决。我的任务接下来就是反复强调围绕这几点而形成的特定推论。

  首先,把一个门外汉组成的团体引入法院,这样的形式割裂了法院。我们要面对的是:一位法官主持审判,宣读法律,却由门外汉组成的陪审团对事实作出裁决。陪审团由门外汉组成,法官们通常并不是很信任他们,至少经历两个世纪,法官们想方设法运用一种复杂的规则来筛选陪审团成员、限制他们的行为。因为陪审团成员都是些门外汉,没有接受过权衡选择证据的训练,没有经受过法律执业考验而变得冷漠无情,因而,除了在特别的案件中,他们既不准聆听法律意见的陈述,也不准聆听事件报告的重述,仅仅是获得传闻(hearsay),这是为了使他们避免因为受到不恰当的引导而作出可能错误的推断。因为陪审团成员都是些门外汉,没有接受过甄别争议问题的训练,没有体验过法律的精准微妙之处,所以普通法审判必然被限定为一种双方当事人之间的审判,一方对抗另一方,一种推定简单的审判类型;并且,如果可能的话,必然被简化为一个仅有唯一正确答案的问题。因为陪审团成员都是些门外汉,却必须对案件事实作出裁决,所以在他们递交裁决之前,有必要让法官依法向陪审团作出说明并发出指令,而法官向他们发出的指令必须遵守法律规则;我们大量的学习内容会涉及重新分析这样的指令——特别是在败诉方提出抗议的情况下。因为在大多数案件中,陪审团在听到法官发出的这些指令后会形成一个单一的、妥协的概括裁决("我们裁决支持原告获得1400美元",或者"我们裁决支持被告"),因而几乎不可能知道他们究竟是否关注了那些指令,甚至他们是否真正理解了那些指令——所以,我们大量的学习内容将会放在对指令规范的学习上。如果成功的律师想使裁决足以对抗对方诉求的话,他必须近乎毫无错讹地遵行这些规范,但对陪审团来说,这些指令的价值却是很值得怀疑的。最后,因为陪审团是一个由门外汉组成的团体,虽然他们见多识广,但却缺乏组织或者分析信息的经验,所以,会给(我已经提及的)判例制度带来一股强大的推动力,而我们的判例制度不仅涉及当事人的陈述,而且还将审判活动、审判中自由裁量的控制、证据的选择和处置等沉重的负担压在双方律师肩上——简单点说,英美的陪审制度就是使审判在相当程度上变成一场策略与智慧的角逐,一场发生在双方律师之间的司法决斗(judicial duel)——真正会帮助当事人的或许是上帝。

为了避免误解,有关上面的内容到此为止。我已经谈到了围绕英美的陪审制度而形成的一些推论,然而,我并不认为,仅仅把陪审团引入法庭审判,或者凭借我们所了解的这种陪审团审判类型,就一定可以得出那样的推论。如果你们只知道 b 在 a 之后,你们就不可能理解社会上的因果关系。你们还需要知道为什么 a 没有继续存在;你们还需要知道为什么在 a 之后的是 b,而不是 c 或者 d。无论是知道 a 通常都显示出一种导致 b 的趋势,还是知道仅有 a 便足以产生 b,这都是不充分的。你们还必须知道为什么其他会导致 x 代替 b 的改变、平衡或者否定因素没有出现。对陪审团制度的理解,也应如此。陪审团制度导致了我所提及的每一个推论;或许,如果没有陪审团,有些推论几乎不可能成立;然而,其中任何一个推论又都不是必然的。例如,我们从欧陆陪审团制度中只能发现极少的证据规则,相对我们英美陪审团制度来说,欧陆陪审团制度中的法官更多地控制着审判。欧洲大陆之所以没有放弃陪审团制度,是因为陪审团在欧洲大陆出现得较晚,并且在陪审团出现

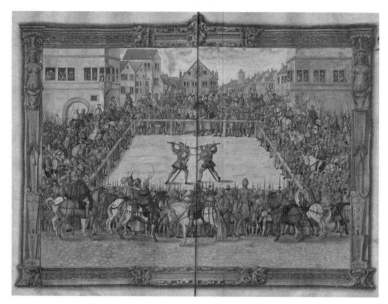

中世纪的司法决斗(1409年,奥格斯堡)

之前诉讼程序已经基本定型。我们可以把当前英国的陪审团制度与美国的陪审团制度加以比较,由此,可以找到两种制度的共同渊源;在这里,当事人陈述的一般制度既没有导致法官在引导审判过程中重要作用的丧失,也没有让它在我们联邦法院的正常运作中消失;实际上,如果有一位强硬的州法院法官,在诉讼程序允许的限度内,在他的工作安排中,在他的重点强调中,以及在他的语言表达中,具体解释法律规则对案件中有争议的事实情况的适用,在这种情况下,把陪审团引入法庭审判可能是很重要的,甚至具有决定性意义。最终——即使在没有陪审团的情况下——把双方当事人明显存在争议的问题的时效引入普通法审判中,以及把旨在防止那些没有经验的门外汉误用证词的证据规则引入法官独任的、甚至衡平法审判中的,肯定不是陪审团制度,而主要是人类的心理惯性。

然而，我再次强调，无论是什么样的因果关系，陪审团都在我们的判例制度中催生了许多推论。经过在法律意义上与那些推论的反复比较，我们最终仍然要触及初审法院的审判，因此，我们必须重视那些推论。你们会想起，初审法院是适合审理特定案件的法院，被告会在诉讼程序中适时接到传唤其出庭的传票，原告和被告适时提起控告和答辩，原告和被告始终在劝说法院相信他们的辩解主张是依法推导出来的结论。问题在于：其中哪一个推论可以证实其提出的诉求。陪审团的遴选就是逐个测试将来可能进入陪审团的成员，以确保他们不了解案情并且没有任何偏见。如果我们不在乎陪审团的遴选，那么，又该如何对待审判呢？

原告律师进行开庭陈述，向陪审团解释他打算证明什么，以及本案原告方会怎样联合在一起。接着，原告律师继续控诉，几乎完全掌控着对证据的运用，展示他想要的、他认为有利的证据，并且他也会明确意识到无需展示过多的证据。理论上，原告律师不得不向法院公平而充分地展示有什么样的证据，这是他的义务。实际上，有一项很有趣的规则，在我看来，恰好会对上述义务产生不利影响，该项规则就是，律师受制于自己的证人提供的证词；律师会利用手边的规则逐步使证人变得"对自己有利"。

如果原告有任何相关证据的话，他的证据将以文件形式展示；除此之外，原告的证据在多数情况下是以证人证言的形式出现的。无论辩护律师是对证据逐一展开盘问，还是让证人自己陈述，然后再提问——以澄清他们遗漏的要点或者重要事件——都取决于辩护律师。有一件事是清楚的：原初事件不会发生在法官或者陪审团面前，事件的复现会有一个过滤的过程。原告律师不仅考虑到法律的相关性，而且还着眼于胜诉，同时进行某种选择。有些事实,原告律师本人可能无法发现。此外,原告律师在陈述时也绝不会是完全自由的,他必须在规则的范围内活动,而被告律师则会想方设法让原告律师或者法院重视规则。这些规则(有时)或许会妨碍原告律师证实至关重要的事实。每当此类规则问题出现时,法官都要作出裁决。每当法官作出裁决时,败诉一方可能都会"表示异议"。如果异议者最终败诉,那么每一个异议都可能被当作请求复审的依据。

每一名证人,在原告询问完成后,转而接受被告的交叉盘问。或许,被告会提出更多的案件争点,从而改变证人陈述的整个指向;盘问也有可能表明证人的观察存在局限,或者他的记忆并不完整,或者他的诚信存在疑问。例如,证人的陈述可能会自相矛盾。陪审团不仅会关注证人的证言,而且还会注意他的外貌。他的样子是否诚实?她的帽子是否漂亮?

不仅对原告是这样的,对被告也是这样的。接下来,又轮到原告,这一次专门旨在反驳被告可能提出的问题。被告则会把自己的诉讼理由与反驳观点放在一起陈述。

接下来,律师——通常,先由被告的律师,再由原告的律师——向陪审团发表意见。此时,律师的职责是,从整体上分析证据,把证据联系起来,强调对自己有利的要点,忽略对自己不利的要点或者为之辩解。简单点说,律师要说服陪审团相信自己的陈述是正当的。接着,法官对陪审团作出指示。在大多数州法院,法官不会对证据发表评论,避免扰乱律师的全部工作,因为如果那样做,会违反有关司法决斗的规则——由陪审团作出裁决。

我已经提到过司法决斗。但是法院的审判并没有达到司法决斗的程度。在我们的法院中,人们通常看不到司法决斗中常见的谦恭有礼、高贵端庄的言行。在法庭上,控辩双方甚至从一开始就不是这样的。克拉克(Clark)恰好讲到法律惯例与规则给一方或者另一方当事人设置的障碍,并且认为所有明智的障碍都来自基于过去经验的判断。于是,第一个大障碍就落在原告身上:原告承担举证责任;也就是,原告负责提供充分的证据,从而使一个理性人得出下述结论,即对原告的诉求来说,那些必不可少的事实是客观存在的,接着,还要负责劝说法庭相信证据,尽管那些事实可能存在矛盾。这是一个障碍。审判不是辩论赛。被告在法律上不需要提出任何一项诉求,然后去争胜,除非原告先提出一项针对被告的诉求。

我们的法律理论就是:保持现状,除非原告发现自己有权打破现状。这种理论根本不存在内在美德;其他制度则以其他方式处理问题。民众的普遍心理仍然觉得一项指控应当具备证据要素。在适当的情况下,人们或许可以同样从经验中得出这样一项规则——无诉因不得诉求,因而被告的义务在于自证无罪。在某个人际关系较为紧密的共同体中,诬告可能会变得众所周知,甚至很有可能遭到反对,而提起的指控会经由出场证明原告良善的民众的"诉求"而得以证实,在这样的共同体中,这一切是可以实现的。然而,我们当前的理论,正如上文所述——在一个人员不断变动、人际关系松散的共同体中,为原告设置的那种障碍看起来是很明智的。因此,同样地,人们在整个审判过程中遇到的主要是这种次要的、附带形成的障碍:推定(presumptions)*。如果原告证实自己取得并且持有一张期票,就可以推定他已经按价付款,善意取得了

---

* 推定(presumption),作为一项法律规则,意指法院和法官从特定的事实或证据中得出一个特定的推论,除非该推论被证明是不成立的。根据具体指向不同,可分为事实推定(presumption of fact)和法律推定(presumption of law),还有同时涉及法律与事实的混合推定(mixed presumption)。参见 Henry C. Black, *Black's Law Dictionary*, 4th Ed. Rev., St. Paul, West Publishing Co., 1968, pp. 1349—1350。——译者注

这张期票,并且尚未兑付。这样的障碍——尽管是次要的障碍——现在不利于被告。被告必须负责证明推翻这样的推定,从而迫使原告再行证明。这个过程你们在审判中可以看到。当事人可以凭借过去此类案件的经验,在这样的审判中获取利益。

尽管我们已经大致浏览了出现在整个审判不同阶段的程序问题,但这里尤其值得注意。在原告总结陈述后,被告可以检验原告陈述在法律上的适当程度:甚至依据一个理性人可以从中得出的推论,承认原告所说的一切属实——那又怎样呢?这就是主张驳回原告的诉讼请求,也可以在举证结束后提出请求。或者,原被告任何一方也可以请求径行裁决——也就是,基于全部证据,即便在呈示对我的对手极为有利的证据时,也没有哪一个理性人能够从中找出妨碍我获胜的那些事实。对手的诉讼理由是完全不充分的,而我的诉讼理由则是完全充分的。——你们会再次发现,所有这些问题都涉及假定的而非真实的事实状态,因而也就涉及此类假定事实的法律推论。有一件更重要的事情是:在美国半数左右的州,如果双方都请求径行裁决的话,那么,陪审团就不用再审理案件了,而法院——可以说依据双方相互的同意——就可以对自此应当推定为真实的事实作出裁决。

一旦陪审团向法官正式提交裁决,或者法院在非陪审团审判中作出裁决,那么,法律状况就会发生变化。从提交或作出裁决时起——假如(首先)整个审判过程遵守了正当的规范,(其次)法庭上呈示的证据足以支持由支配着我们法律理论的无处不在的假定"理性人"作出的"裁决"——与已确认的全部争点有关的冲突证据就都不利于败诉方。因此,我们会进一步远离真实的初始事件。从现在开始,基于依法行事的目的,应该"确定"与诉讼理由有关的事实;无论需要支持裁决的"事实"是什么,也无论得到证据支持的"事实"是什么,对诉讼请求来说,它们都属于"事实"。这就是因请求判决(judgment)而呈现的场景,尽管还只是请求裁决(verdict):不是"尽管已经对事实作出不利于我的裁决",而是"即使对事实作出不利于我的裁决",基于所有要点,那些事实仍将表明我的法律权利,而不是对手的法律权利。但是,你们会看到,实际上,在案件审理时,无论案件中有多少缺点,无论律师造成多少错误,只要得出一项裁决,它就会"解决问题"。诉讼和证据允许"查明"的任何"事实",只要"对支持裁决而言是必不可少的",现在就都可能被视为已经查明的事实。

最后一点。如果遭到反对的是所谓的对正当审判规则的违反,那么,通常情况下,败诉方律师必须在提起上诉前,给初审法官提供一个纠正其自身错误的机会。败诉方会启动一场新的审判,放弃旧的审判,重新开始。如果败诉方是正确的,这将会省却时间和麻烦。法官在能够感受到的审判压力下——甚至在平和的状态下——错误作出的判决,也会是错误的。但是,如果败诉方此时未能占据上风,法官就会作出判决。现在,败诉方在为上诉设定的固定期限内可以提起上诉。

如果败诉方没有上诉,接下来,就是执行判决的问题了。如果被告胜诉(而且,如果被告没有提起反诉——一种类似于原告对被告提出的、而实际上是被告对原告提出的诉讼请求),有利于他的判决就足以弥补所谓的成本——提交文件以及付给陪审团的费用;或许还会得到一笔足以补偿其聘请律师花费的象征性款项。如果原告胜诉,在通常情况下,原告有权要么占有土地,要么获得一笔损害赔偿款,或者两者兼得。在执行判决时,治安官会命令被告离开土地,而交由原告占有。这样的命令通常是很充分的,甚至几乎不需要这样的命令,因为被告不希望与州作对。但在判决损害成立时,情况会有不同。因为,即使在治安官被适当要求时,只有凭借查封被告的财产或者土地,判决才能得以执行。为了查封,就必须查明这些财产或者土地。为了查明,这些财产或者土地就必须实际存在。此外,程序法再次制约了实体法——不仅因为你们必须知道将要做什么,以及如何做好,而且还因为必须存在一些应当做的事情,也就是,被告依据程序应当处置的财产。萨姆纳用体现其杂文鲜明特点的简洁语言透彻地写道:"一个没有财产的人,可以违约,而免受惩罚。"

然而,给治安官——可以用财产惩罚被告——造成的这些麻烦,通常可以经由上诉加以避免。为什么被告可以上诉呢?请注意,被告提起的上诉负有很大的代价,但这代价不是由被告承担的。被告的上诉权力同时也是一项权利,可以使其对手的应得诉求延迟数月实现。对手可以凭借一份上诉担保书(appeal bond)* 要求获得安全保障。但是,安全只是解决了问题的一半。**上诉还被当作一种浪费对手的时间、给对手制造麻烦、令对手支付费用的权力。可以确定,这不是该项权力的目的。该项权力的目的旨在针对一个原本不应在下级法院获得暂时胜利的对手。**但是,你们在思考上诉的价值时,要注意拖延上诉的代价与延迟问题——并且还要提出并思考下述问题:是否还能通过其他方式以更小的社会成本获得上诉所带来的好处?

那些好处是什么——我们为什么要接受上诉?

我猜想,主要(如果不是全部)是因为在一州的范围内有不止一名初审法官。如果有不止一个初审法院,就意味着两件事。其一,在几个人从事相似工作的情况下,无论他们多么称职,总是有

---

* 上诉担保书(appeal bond),是一种基于上诉而提出的法律担保文书,据此,如果上诉人未能有效提起上诉,那么,上诉人及其担保人就必须给予损害赔偿并支付诉讼费用。上诉担保书的唯一目的在于阻止发布生效判决,直到上诉法院对诉因作出判定及妥善处理。参见 Henry C. Black, *Black's Law Dictionary*, 4th Ed. Rev., St. Paul, West Publishing Co., 1968, p.125。——译者注

可能形成一个更小的更称职的群体。或者,就像在英格兰一样,长久以来,这几个人各自为战,承受着繁重事务的压力,这时候,如果他们能联合起来,从容处事,或许可能更好地处理疑难问题。所有这一切都有可能促使他们对案件作出公正判决。似乎有一种强烈的情感,深藏在人性之中,那就是法律纠纷应该得到公正判决。就算是在最糟糕的情况下,法律纠纷也应该在特定法律制度——依据该法律制度对法律纠纷作出判决——的预设和规定条件的范围内得到公正判决。实际上,有些法律制度时常采用上诉的方式来进行这样的尝试。此外,还有些法律制度从来不那么担心这个问题:直到1907年,英格兰才允许在刑事案件中提起上诉。*

但是,几个初审法院的存在还导致了另外一个问题;无论与前一个问题的关系多么紧密,也还是有区别的。那就是,不同的初审法院,甚至是不同的上诉法院(appellate courts)——简单地说,不同的同级法院——时常不可避免地以不同方式判决类似案件。这是很尴尬的。在某种程度上,人们喜欢把法律看作是确定的——尽管实际上并不是。许多人都认为可能仅仅有一种解决法律问题的适当方法。面对可能提起诉讼的问题,不同的法院会在一定程度上给予不同的对待,这时候,如果仅仅盯着法院将要做什么,在某种程度上,是很难解决问题的。上诉法院以及唯一的最高法院——当事人把案件上诉至最高法院——的重要功能之一,肯定在于减少这样的困难。请注意,是减少——而不是消除。现在问题依然存在:正如在这几个州一样,根据我们由50个相互区别的民事、刑事及商事司法管辖权构成的制度,问题仍然存在;在某些

---

* 英国在1907年通过《刑事上诉法》(Criminal Appeal Act),始设立刑事上诉法院,负责审理刑事上诉案件。在此之前,通常认为,上诉在刑事诉讼程序中是与陪审团的作用相悖的,同时,内政部长的赦免权已经足以构成对当事人利益的合理保障。——译者注

情况下,州法院与联邦法院之间,问题仍然存在;尽管各州都有最高法院,但在州的范围内,很大程度上问题仍然存在。因为敲响法槌的法官始终是人。在训练、能力、偏见以及知识方面存在的差异依然存在,这会导致他们依据类似事实得出不同的结论。因而,最高法院以及诉至最高法院的上诉都在尽力避免这个困难问题。我们发现在佐治亚州的历史上有一个极有说服力的证据,有个人独自与初审法院抗争了半个世纪。存在分歧的判决迫使佐治亚州法官通过非正式会议消除了他们之间的差异。在某些情况下,他们的差异也不会消除,因为有些人总是一意孤行。最终案件诉至最高法院;一旦到此,便成定局。我顺便提一下,现在采用的是一种贴膏药式的补救措施,大约在三十年前,对法律变革的需求就已经很明显了。这实际上暗示了基本法律变革的速度。

我说过,这两个支持设置复审法院的理由是不同的,并且在各自的旨趣方面也肯定不一样。因为,如果主要工作是使单个案件得到公正判决,审判就应当建立在法律与事实之上。最理想的是,在诉至上级法院之前,应当有一个全新的完整审判。简单地说——为了节省时间和避免重复——整个书面记录都应提交到复审机构,如果存在怀疑、含混不清或者未获重视之处,复审机构就应该有权传唤新的证人。诸如此类的程序曾经流行于德国。诸如此类的程序曾经是英格兰衡平法院的实践。诸如此类的程序,尽管未能获得任何看似需要的进一步关注,却已成为诉至纽约上诉法庭之前的程序。

但是,如果主要工作是为辖区内所有初审法院确定单一的工作惯例,那么,仅就法律后果而言,对事实、可疑证据的复审,甚至对已确认事实的所有细节的复审,似乎都将失去其本应有的重要意义。日益凸显出来的问题是应当制定规则——一般性命题。事实似乎只是在高度抽象的意义上存在相关性,并且也只是建构规则的概括背景。正在审理的案件事实,无论是已被确认,还是存在争议,都很引人关注,并且主要旨在说明"规则"的"适用"的 1000 种可能性之一。因此,我们就会看到,法国最高法院要对各种问题煞费苦心地进行抽象概括;而德国和纽约州的最高法院在理论上——明显区别于它们各自的中级复审法院——明确局限于复审"法律"问题,而不考虑"事实"问题。对这些法院来说,规则本身至关重要。法院仅仅是一劳永逸地制定规则。

这仅仅是理论而已。事实依然如顽强的野草,它们不会倒下。无论是什么理论,"纯粹法"(pure law)的复审法院都会感受到个案的压力,并且尽力对案件作出公正的判决。有一个关于马歇尔(Marshall)的古老轶闻不胫而走,他常说的一句口头禅就是"大法官斯托里(Story)先生会为支持原告的判决找到权威依据"。* 在具体个案中,我们会发现来自不同地区、不同时期众多法官的类似证据。

据此可以得出两点推论:第一,在开始着手对任何案件的复审时,我们需要了解是哪一种复审,法院打算做什么,否则,我们就无法理解法院的行为。第二,法院在理论上仅限于依据法律作出判决,即便如此,我们在观察法院工作时也应当保持相当的谨慎,并且查明一些证据,能够证明看似如此抽象的命题在多大程度上根源于依据法庭上的事实而作出的正当判决。

从第二个观点——主要工作在于澄清令人质疑的规则——来看,我们应当理解法律正在不断发展的趋势,也就是,倾向于减少

---

* 1811 年 11 月 15 日,斯托里由麦迪逊总统提名就任美国联邦最高法院大法官,开始与首席大法官马歇尔共事。斯托里不遗余力地支持马歇尔构设的宪政议,经由其广为流传的司法意见和评论,广泛散布与传播了马歇尔的宪法理论。故而,有人称斯托里是马歇尔身边的"第二小提琴"。——译者注

上诉,不把上诉当作权利问题——即某人仅仅因为有诉讼而提出诉求,而是把上诉当作首要涉及公共利益的问题,只有在得出结论认为某个普遍利益问题处于险境时,才有必要诉诸最高法院。我们还应该从这个观点中特别认识到,在研究上诉案件时,为什么查找遭到控告的特定过失如此必不可少。因为下级法院在某个方面违反了法律,这仅仅是一种诉求,却恰恰赋予了上级法院进行复审的一个法律界点。

34 当现在转而讨论在上诉中将要发生什么时,我们再次发现,身在此山中,难识真面目。败诉方律师要从下级法院的诉讼中整理出一份关于案件的陈述;更准确地讲,是一份关于在初审法院所发生的事情的陈述,发生的事情如此众多,因而案件陈述对说明自己的控诉而言是必不可少的。如果胜诉方同意他对问题的陈述是公正的,那就如此。如果胜诉方不同意,他就必须整理出一份陈述,并由初审法院予以证实。败诉方律师可以把这份陈述作为一份诉讼摘要,补充他所要控诉的内容,进而主张诉讼中"存在错误",并且这样的错误——如果确实存在的话——对他不利。因为,如果问题无关紧要的话,我们的法院不会开庭对这样的问题作出裁决。为了确保问题至关重要,规则必须是清晰的、严密的。在控方的陈述中,控诉的内容必须伤害到控方,从他的法律权利的角度上讲,必须伤害到他或者具有明显要伤害到他的趋势。最终,上诉人把自己的意见所依据的理由融入到自己的意见之中。另外一方当事人则以类似方式作出应答,打印、交换并向法庭提交法律文书——这时候,法庭通常不止由一名法官组成,而是由几名法官通过会议协商作出裁决;此时,在法庭上没有陪审团,也没有——明智的或者愚蠢的——外行陪审员。除了诉讼摘要之外,根据法庭的惯例以及律师的同意,可以提出也可以不提出一份口头意见。但是,无论是否提出口头意见,你们都看不到。

你们会看到什么呢？正如复审法院的判例汇编所记录的，你们会看到所谓的"判例"。判例的名称或者"称号"、审判案件的法院、判决日期、关于案件如何诉至法院的简易陈述、事实摘要、双方律师的名字，或许还有他们提出的一系列要点，甚至还有一份对他们如何提出要点的概述。复审法院的裁决，还有司法意见（opinion）——几乎可以说，就案例教科书的目的来讲，司法意见就是"判例"。

那么，司法意见是什么呢？司法意见就是由一位署名的法官准备并得到法庭支持的法律论证，旨在当法庭对案件作出判决时证明其判决是正当的。有时候，在准备一份司法意见之前，法庭会举行一个磋商会，如果可能的话，会对案件形成一个决定性意见。有时候，会派一位法官在磋商会上对案件进行报告，形成一份裁决意见，如果一切顺利的话，这份报告就会成为司法意见。有时候，整个法庭会把发表司法意见视为自己的职责："法庭的司法意见，由 X 法官发表。"有时候，法庭仅仅旨在作出判断，对于撰写司法意见的法官提出的理由并不负有太多的责任。然而，司法意见毕竟是一种解释，一种对判决的论证，一种至少是作出判决的法庭所接受的意见。隐藏在司法意见背后的，是整个诉讼过程——也就是之前简要介绍过的初审与上诉。

在这里，你们还需要努力理解一个要点。显然，如果没有关于事实的陈述，就不可能判决案件，甚至无法明确判决的意义，也无法证明判决的正当性。仅就法庭采信的事实来说，也就是采纳这些事实作为法庭判决的根据。有时候，是法官本人准备这样的陈述，无论他是把陈述写进司法意见，还是提前打印出来。有时候，是报告者——他应该是一名法院的司法官员，或者一名私人观察员——准备陈述，他准备发布判决。但是，无论是谁准备陈述，它都应当与司法意见相关，特别是，如果由法官准备陈述的话，就应该准备使司法意见具有合理性、正当性以及说服力。这种关于"事实"的陈述与很早以前发生的残酷无情的原始事件之间的关系是什么呢？遗留在人们头脑中关于那些原始事件的记忆，会得到双方律师比较全面并且在专业技能方面较为熟练的审查。但是，这种审查是通过对双方律师认为在法律上具有相关性的事件的甄选，以及对每一方律师认为在法律上与其胜诉具有相关性的事件的甄选来完成的。接着，初审法院依据证据采信规则再次进行甄选。然后，陪审团得出结论，这样的结论——以解决纠纷为目的——对存在争议的问题作出有利于某一方的裁判。双方律师再次审查——这一次完全依据初审记录——有哪些事实可以支持上诉的要点。最后，依据一项已经作出的判决，法官应该再次全面审查这些"事实"，并且选出少数几个他认为至关重要的——而其法律意义有待法官继续加以阐释的——事实。或许，我们现在已经远离了生活，这应该是显而易见的。或许，我们也没有远离生活。假如根本不存在对事实的歪曲，那一定要凭借某种神迹。或者，再次凭借某种神迹，每一个随之而来的歪曲或许都会恰好抵消前一个歪曲。但是，当前的教义却是，神迹时代已经过去了。

然而，即便我明说的和暗示的一切都是真实的，那也会一定程度上摧毁法院司法意见的价值或者权威。因为判决加上司法意见，足以表明这个发表言论的法院还会依据类似事实对那些推定事实做些什么。判决和司法意见是法院对于我们可以预期之事所作的宣告。为了让我们自己透彻地理解法院将要做什么，阅读判决和司法意见是必不可少的。此外，法院还会在司法意见中创设一项或者几项规则。就像我们应该解决的问题一样，也应该公开宣告司法意见中的这些规则。因此，我们应该认真对待判决和司法意见。

另一方面，即便是经过不同的审查对案件事实进行了长期连续的甄选,我们仍然忽视了两个问题。正是在由撰写司法意见的法官负责甄选事实的最后阶段,我们却忽视了许多确凿的事实,只是就我们所知道的来说,这些事实或许会对案件的实际结果产生很大影响。我之前曾经指出,人们会不断认识到,即使是一个在职责上始终重视规则的上诉法院,也会过于紧张,也会歪曲自身创设的规则,只是为了在正待审理的案件中得出一个貌似公正的结果。换句话说,虽然案件的结果或许会——并且通常会——因既定规则的变化而变化,但既定规则或许也会——并且通常也会——因案件结果的变化而变化,在某种程度上,是为了证明所欲求的结果具有正当性而寻找、塑造与叙述规则。可见,案例汇编中没有记录的事实或者要素仍然会在法庭上发挥作用,并且实际上影响着案件结果,就此而言,司法意见给我们呈现的是一幅关于已经发生什么的容易令人误解的图景,因而也就提供了一个据以预测未来将要发生什么的容易令人误解的基准。然而,对我们来说,幸运的是,这个预测的基准在某种程度上比对案件中已经发生什么的记录还是更确定一些。对我们来说,幸运的是,我们知道法官——在将来的案件中——会在很大程度上关注司法意见的记录,就好像司法意见本身就包含着对事件的真实记录。由此看来,为了预测或者影响对新案件的判决,法官会仔细考察过去的所作所为,在这个过程中,法官会在一个共同的基础上运用某种共同的技能。然而,从预测的另一方面讲,法官有意识地或者在多数案件中无意识地对我们隐藏了某些事实,而那些事实却是至关重要的。因为我们可以预期,在将来的案件中,就像正在审理的案件一样,有一种可能发生的情况是,为了制造一个貌似公正的结果,而改变规则的外在形式。为了认真对待这种可能性,对我们来说,观察过去发生的变化情况,认清变化的程度、性质以及引起变化的事实,是至关重要的。在讨论反对意见(dissenting opinions)时,我还会再次提到这个问题。此刻,我只想让你们意识到这样一种情况,那就是,如果把法官对判决的正当性的证明当作一种关于判决实际如何产生以及有哪些重要因素导致了判决的描述,那么这种证明结果通常可能是不充分的。

但是,更为严重的是,对案件事实的长期持续甄选,使我们无法看到我们更愿意从案件中得到的另一方面的信息。我之前说过,只有在注意到法律规则与法院判决对人们产生什么影响时,我们才有可能考量法律规则或者法院实际判决的意义——才有可能考量它们在生活中的意义。显然,每一起诉讼案件都是一个足以证明法院的行为会对人们产生影响的例证。但是,不可能从案件事实的假设状态中确切地获知法院行为对人们的影响,在大多数情况下,案件中的问题是通过案件事实呈现在我们面前的。法院行为对人们的影响以及我们对这种影响的认识,依赖于我所谓的"基本的外在事实"。如果想要理解规则的意义,我们就必须始终远离司法意见。我们不能总是相信司法意见中列出的事实,即便是一份关于可以证明规则意义的单个具体事例的记录。这并不总是真实的。或者,更有甚者,在有些案件中,恰好不存在这种特别情况。在有些案件中,司法意见所记录的事实包含了一些内容,历史学家为保证记录的事实确实贴近生活而称之为"内在证据"(internal evidence)。除了事实与法院采取的行动之间的关系外,此类案件也同样值得你们去认真研究事实。但是,在其他案件中,必须把你们的求知欲部分地指向那些无法在法律教科书中找到的、但却存在于教科书外的、仍待探究的东西。

经过这种关于隐藏在案件背后、却呈现于司法意见中的问题的讨论,我希望你们能够认识到,完全凭借专门的诉讼术语,可以厘清想要达到的目的——明智的目的、有用的目的——的思路。实际上,我认为,除非你们确实把这些目的思路当作你们串起零散念珠的线索,否则很难想象你们能理解和精通这些专门术语。除了了解诉讼程序所发挥的作用之外,对有关专门诉讼的细节知识的掌握也是不可或缺的。

然而,另一方面,我希望,越来越清楚的是,目的本身并不能指引程序。目的也不能指引任何人类制度。制度的本质在于,制度因人类的需要而生长,并在一定程度上服务于人类的需要。制度的本质还在于,制度几乎从不会服务于那些亟待满足的需要。因而,依据相关的目的,不仅可以较好地理解,而且还可以较好地判断法律程序的所有细节技术。依据那些目的,并且只有依据那些目的,你们才能辨别法律程序的技术是好的还是坏的,是浪费的还是高效的,是僵化的还是鲜活的。即便认为技术是僵化的,是一个由妨碍、拖延、混乱构成的工具,也不能将其从背景中消除。它就在那里。当了解到它是如何以及在多大程度上偏离其适当的位置与路向时,你们就会更加清晰地认识它,并且能更好地知道如何对待它。但是,你们必须重视它。只有依赖它,你们才能得出案件的成功结论。你们可以质疑它。如果能意识到法律职业对于社会的意义,你们就会运用你们所掌握的技能去质疑它。但是,你们不可以忽视它。它就在那里,作为你们生存环境的一个组成部分,你们应该认真对待它,应该充分利用它——或者应该质疑它。即使当你们质疑它时,也应当认真对待并充分利用它。

第三讲

判例制度：如何对待案例

现在，我想用素描的手法为你们简要介绍——或许也会有严厉的批评家用拙劣的讽刺语调谈论——法律及法律官员在我们的社会中发挥的作用，以及法律案例的一般历史。对于你们所面临的法定事项来说，所有这一切都是背景，你们难以驾驭。实际上，就在做这些演讲的过程中，甚至就在刚才，我还觉得有必要拆毁前方的路障：教科书中的案例原本是为你们编写的，那么，你们会如何对待那些案例呢？

现在，就司法意见来说，你们要做的第一件事就是阅读司法意见。这听起来像是老生常谈吗？这让你们觉得好笑吗？没有什么理由来解释它为什么会让你们觉得好笑。你们之前已经读过这样的句子，但你们却对这些句子的意思一无所知。你们对这些句子的意思一无所知，实在是不可救药，而这会使你们无法清晰地记住是否曾经在阅读时看到过一些毫无意义的符号。你们会把看《星期六晚邮报》时使用的阅读技巧用于浏览法院的司法意见。有不认识的词吗？快速阅读！一目十行——我们不必读完整篇报道。

不能那样做。很遗憾，你们必须学会阅读。阅读每一个词。

理解每一个词。你们是这个法律王国的外来者。你们不了解这篇演讲,但你们必须学会它。就像任何其他的外语一样,通过阅读与使用语词,达到熟知的程度。与此同时,为了学会它,你们必须不断地查阅词典。什么,查词典?侵权(tort),侵害(trespass),损害赔偿诉讼(trover),申诉(plea),损害赔偿之诉(assumpsit),巡回审判(nisi prius),法院重审令(venire de novo),反对意见(demurrer),合并诉讼(joinder traverse),终止(abatement),全面否认答辩(general issue),偿还(tender),执行令(mandamus),调卷令(certiorari),不当占有(adverse possession),遗嘱附条件的相对撤销(dependent relative revocation)及其他术语。法律拉丁语,法律法语,或者法律英语——对你们来说,这些奇怪的术语意味着什么?你们能指望学院残留下来的支离破碎的语言吗?"cattle levant and couchant"的意思是"站立与卧倒的牛群"吗?"nisi prius"的意思是"除非以前(unless before)"?或者,"traverse"的意思是"教堂里的顶层柱廊"?* 恐怕词典是你们唯一的希望——一部法律词典——你们可以在书桌上准备一部一卷本的词典。你们能相信词典吗,它准确吗,它会带给你们想要的东西吗?当然不。任何词典都做不到。语词的生命在于对语词的使用,在于语词长久交往的广泛网络,在于我们称之为"语感"的那种难以察觉的东西。但是,词典提供了可资利用的基本要素;如果没有那些基本要素,可以确信你们无法形成"语感"。

因此,就司法意见来说,你们要做的第一件事就是阅读司法意见。接下来,就是弄清楚真实的判决,也就是正式宣布的判决。胜

---

* 这些专门语词均有各自特定的法律含义,而不仅仅是直观的字面意思。在法律意义上,"cattle levant and couchant"是指"可在供役地放牧的牲畜";"nisi prius"是指"初审,或者巡回初审",例如"初审法院"(nisi prius court)、"巡回初审法官"(justices of nisi prius)等;"traverse"是指"否认、异议、抗辩"。——译者注

诉的是原告,还是被告？在此,你们要注意。首先,你们要寻找初级审判——初审法院——中的原告和被告。为了不断应对各种偶然发生的情况,你们必须先要了解初级审判的结果是什么;否则,你们既无法预测上诉的内容是什么,也不知道谁会提出上诉。这时候,你们仍要继续坚持,准确地预测上诉法院会继续宣布什么样的判决。这个阶段澄清了一些形式问题——尽管你们仍然不了解这些形式的全部意义,以及它们的内涵。现在,你们可以转向你们特别想知道的问题了。你们可以考虑把初级审判与上级审判中的实际判决作为你们不可或缺的基本框架——对案件已经作出什么样的判决,以及对随后将要作出什么样的判决来说,你们可以从先前判决中得到些什么？

你们会从司法意见或者审前准备工作与司法意见中发现这样的内容:关于法庭认定事实的陈述;关于据以向法庭提交问题的准确方式的陈述——包括在初级审判中原告的主张是什么,以及被告相应的主张是什么,初审判决,以及当事人对初审法院的哪些作为提出申诉;上诉的结果,即判决;以及,最后,主审法院为其所作所为提供的理由。这看起来似乎还不错,但实际状况远比表面上看到的糟糕得多。

我们所有案件的审判,我们所有司法意见的撰写,我们所有预测及争辩的进行,都依据四个特别的假定。这些假定是我们学习法律的首要预设,因而,必须把这些假定灌输给你们,直到你们能够随意运用它们。

(1) **法院必须对诉至法院的纠纷作出判决**。法院不能因审判工作的困难、没有把握或者危险而拒绝作出判决。

(2) **法院只能对诉至法院的特定纠纷作出判决**。法院在论及此类问题时,它是带着权威性、终局性以及一种近乎魔幻的权力在表达观点。在对诉至法院的问题表达观点时,法院是在宣布法律,如果宣布的是新的法律,就是在立法,就是在制定法律。但是,在对任何其他问题表达观点时,法院只是在表达观点,人们不必遵守。这样表达观点的语词真的微不足道吗?事实并非如此。我们会把这些语词当作司法意见(judicial dicta);如果这些语词在争议中根本没有切中要害,我们会称其为附带意见(obiter dicta)——也就是,顺便说的话,附带的评论。然而,即便是附带的评论,也表明了评论者的观点。或许,这些语词将来对评论者或者对我们都是非常有用的。但是,评论者并不觉得自己会受到语词的约束,就像不受他的权威意见的约束一样。这些语词的意义不会因意义不明的狂热情绪而消散。评论者或许会慢慢地改变语词,但不会像在其他案件中那样太过缓慢。

(3)法院只能根据可适用于某类相似纠纷的一般规则对特定纠纷作出判决。 我们的法律理论不允许有完全自主的单独判决。如果法官是自由地——实际上是被迫——对无规则可用的全新案件作出判决,他们在作出判决时至少要制定一项规则。迄今为止,法官制定规则的情况还算不错。但是,在这样的特定案件中,一般规则的适用范围是过宽呢,还是过窄呢?这是一个棘手的问题。然而,我认为,可以适当地这样描述我们判例法的实践:怀疑一般规则的适用范围过宽,是适当的;慢慢地确信从根本上讲应当制定适用范围较宽的规则,或者,如果从表面上看,一旦规则制定,就应当遵守,这也是适当的。因为还有第四项公认的准则:

(4)如果首要涉及特定纠纷——摆在法官面前的特定问题,那就要阅读该法官在司法意见书中可能会谈及的每一件事,无论大小,每一件事,每一件事。你们不该觉得那些语词只有其自身独有的特定意义。你们应该关注正在审理的案件,并且学会把所提到的一切事由仅仅解释为以此种方式判决该案的理由。当然,是在需要的时候。

现在的问题是,为什么是这样一些准则呢?我以为,第一项准则要追溯至法律的首要目的。如果审判的首要工作是解决那些以其他方式无法解决的纠纷,那么,完成审判工作的唯一方法就是解决纠纷。如果遇到一个难以解决的纠纷,只要从根本上解决了,人们就不会太在意是如何解决的。

第三项准则——必须根据一般规则对案件作出判决——从根源上讲更多地还要追溯至迷信,而不是目的。只要把法律当成上帝的命令,甚或是自然秩序内在的正当事物,法官就会被视为代言人,而不是创造者,并且是作为一般规则的代言人,阐明了规则对特定案件的适用。不然的话,法官就会背信弃义,就会肆意专断,就会存在偏见或者腐败。此外,**无论在什么地方提到正义的概念,它都会要求,类似的人在类似情况下应当得到类似的对待**。我不知道为什么,事实就是这样的。正义要求确立一般规则,并且要求公平适用规则。因此,"权力分立"就强烈要求由立法机构或者系统——而不是法官——制定一般规则,法官只得依据既有的一般规则行事。最终,即便是权宜哲学也会有同样的要求。无论在少年法庭、家事法庭,还是在专门审理商事案件的商人法庭,无论是什么原因要求对个案作出判决,在审理案件时,州最高法院都要首先厘清一般利害关系的要点。阐明一般政策的职责要求法官进行较为广泛的调查,也就是对所涉及的各项政策进行更为全面的研究。因此,我们也会得到附加的保证,从而避免法官在个案审理中感情用事或者受到影响。而且,不容忽视的是,我们应当遵守正义要求的普遍观念。顺便说一句,在我看来,所有过去的解释都轻描淡写,无法令人信服。在事实问题上,法院对涉及一般利害关系的要点的清理,并没有对规则的制定造成任何持续性压力;而人们感受到的对制定可靠规则的需要,常常使我们的法院过于谨慎。对于训练有素、限制严格且富有良知的法官工作来说,就像欧洲法律实践所展示的,法官阐明一般政策的职责,是无关紧要的,也无法向我们保证不存在干扰因素。最终,一般人几乎无法理解律师获得的卓越品质,以至于他们对正义的信赖现在仅仅体现为在一套完全不同的系统下呈现出来的样态:传统上对法官的尊重以及法官的训练,法官的个性,法官判决的实质公正。——我之所以花这么多时间来谈论这个问题,就是因为我认为下述问题至关重要,也就是,在这场博弈中,你们很早就会遇到这样一种力量,它可以与我所谓的社会制度无意识的势利倾向相抗衡:它反对那种乏味的假定,即因为事物处于社会之中,所以它们必定是社会性的;它还反对那种动人的信念,即当前对一项制度的合理解释,首先要符合事实,其次要详述主题,再次要否定其他的制度,否定可以导致各种更好结果的可能性。尤其是在法律领域,你们需要警醒,以避免那种以种族和年代为核心取向的势利倾向——属于你们自己种族与时代的骄矜情绪:我们是希腊人,其他人都是野蛮人。在艺术、商业组织以及至为重要的科学领域,各种信息及其应用与交流的国际化属性给予了部分矫正——这些情况却没有出现在法律领域。相对于其他学科来说,法律像是一棵树,根植于本土,仅仅遮挡一片荫凉。原子和 X 光的运动状态,看起来,与实验室在巴黎还是在芝加哥无关。阑尾所发挥的作用,对于一个德国人基本上和一个美国人是一样的;就餐礼仪中使用的习语可能比沃拉普克语

(Volapluk)* 更具有国际性。但是，某一天，被巴托鲁斯（Bartolus）**"及其他保守的法律人"用现代方法改进的罗马法律资源同样可以适用于意大利、德国和法国——那一天已经过去了。当发生在布里斯托尔的一场纠纷可能涉及两名意大利商人时，那一天就已经结束了，因为意大利城市是全世界商业惯例的根源与成果。如果你们愿意继续观察，接着——如果你们愿意真正审视普通法的话，你们一定要当心可能会淹没其中。或许，当你们审视普通法时，当你们在普通法与其他可能性之间加以权衡时，你们会看到普通法的运作，并且发现它是恰当有效的。作为一名普通法的法律人，我希望你们那样做，并且实际上那样去做。然而，假如认为必须阻止我们这位无法预测的、固执任性的、充满魅力的情人与其他人进行比较、甚至接受审查，唯恐她的魅力消失，那么，我会觉得，这是在贬低我们的情人。***

如果现在可以的话，我就回过头来再解释剩下的两项准则：法院只能对诉至法院的特定纠纷作出判决；所讨论的一切问题都应

---

* 原文如此，疑为 Volapuk 之误。沃拉普克语（Volapuk）是一种人造语言，由一位德国的罗马天主教牧师约翰·马丁·施莱尔（Johann Martin Schleyer）在 1879—1880 年间创造。施莱尔认为是上帝在梦中让他创造一种国际语言。之后，于 1884 年（腓特烈港）、1887 年（慕尼黑）、1889 年（巴黎）召开了三次沃拉普克语大会。前两次大会都使用德语，后一次仅用沃拉普克语。至 19 世纪晚期、20 世纪初期，沃拉普克语在很大程度上被世界语（Esperanto）、伊多语（Ido）及国际拉丁语（Interlingua）所替代。——译者注

** 巴托鲁斯（Bartolus de Saxoferrato, 1313—1357），意大利法学教授，著名的欧陆法学家，毕生致力于中世纪罗马法的研究，属于著名的评论法学派或者后注释法学派。后世的欧陆法律人常用一句格言表达对巴托鲁斯的赞誉之情："没有人能成为品行兼优的法学家，除非他是巴托鲁斯的追随者。"——译者注

*** 此处的"我们的情人"喻指"普通法"，这种隐喻可能取自美国联邦最高法院大法官霍姆斯（Oliver W. Holmes, Jr.）先生 1885 年 2 月 5 日在萨福克律师协会晚宴上发表的一篇演讲——"法律，我们的情人"（参见〔美〕霍姆斯：《法律的生命在于经验——霍姆斯法学文集》，明辉译，清华大学出版社 2007 年版，第 185—188 页）。——译者注

巴托鲁斯,意大利法学家

当通过观察纠纷来理解。为什么是这两项准则呢?先生们,我认为,在这里,我们拥有缓慢成长的智慧的积累,就像不假思虑的社会生活的海洋,经过诸多世纪不断沉淀下来一样。在这里,凭借合理的解释,将智慧凝结成制度,予以切割,划定界限。这是一种什么样的智慧呢?关注你们自己的讨论,关注所有的争辩。你们知道你们将要去往何处。你们会——如果太过仓促,就会比较随意地;如果不慌不忙,就会更加谨慎地——找到一个根据,一个大前提,但绝不是仅仅为了找到这个根据或者大前提。这个大前提的好处在于可以推导出你们想要的结论。你们可以设计它的语词和内容,以及最终的判决。此外,为了达到目的,你们可以用心使用语词,你们可以用心举例证明,你们可以用心再次调整、改善并专注于目的。当你们那样做时,你们所说的在很大程度上并不是你

第三讲 判例制度:如何对待案例 | 055

们的本意。也就是说,如果不关注要点的话,你们所说的就毫无意义。你们不断地概括讨论,并且把一次次的概括指向你们的目的;在激烈争辩时,都会夸大其辞。如果你们的对手竭力劝说法官去关注另一个问题的话,你们一定会全力反对。

法官也是如此。不,法官更是如此。和你们一样,法官不仅仅是人,也是律师;而你们现在还不是。律师能够熟练地运用各种劝说方法。为了得出自己的结论,律师通常可以不加思索地曲解类推、规则以及例证。律师特别容易忽视那些无法直接影响案件审判的法律含义。

此外,作为一个精于解释技艺的从业老手,律师已经意识到必须为争辩做好准备。你们调整情绪、语气,你们奠定知识的基础——全都涉及所思考的案件以及结论——因为那些听审你们案件的人也在对案件进行思考,故而无需关注随后可能出现的微不足道的批评。你们应当做好准备,就像棒球比赛中投手在投掷前所作的抬腿挥臂的预备动作一样——仅就投手来说,这个预备动作通常都是多余的。众所周知,就投手来说,这个动作是故意迷惑对手的。

由此,可以认清我们的准则究竟是为了什么。我们为什么要创造出一类由不必要的语词构成的司法意见?之后的读者基于他们现在对其他案件的看法,可以将这样的司法意见划分出来,是因为这样的司法意见对论点而言并不十分重要。我们为什么要创造出这样一类附带意见,就像棒球场上的投手乱摆手臂,胡乱叫嚷?我们为什么要——像我们的工作那样——砸裂果壳,取出果核,以及寻找实际审判案件的真实规则:案件的规则?

现在,为了简单地谈论,我暂且冒一下混乱的风险。我打算把案件的规则当作判决理由(ratio decidendi),法院告诉你们的规则就是案件的规则,正如通常所说的,这也是法院自身据以作出判决的理由。因为有你们必须开始的地方,并且可能随之而来的就是所需要的此类改进。

假如法院谈了五页纸,却仅有一页描述了推定的事实。剩下的就是讨论了。作出的判决有利于在页底标明胜诉的当事人:生效的判决。然而,我们要从中寻找规则。

首先需要指出的是,任何规则都不可能成为判决理由,而生效的判决并不是依据判决理由得出的。除非批准判决生效是根据规则作出的,否则它不可能成为一项据以作出实际生效裁决的规则。但是,此项裁决就是判决,而法院只是对审判的纠纷及其作出的判决表达权威意见而已。在这里,我认为,你们应该开始关注程序问题的意义了。可能会有一项判决(以及一项权威理由),仅仅针对呈现在法院面前的要点问题。但是,经由对下级法院特定诉讼行为的特别申诉(并且别无其他方式),才能将诸多要点呈现在复审法院面前。因此,没有诉求,就没有判决。

你们会注意到,这两种陈述并不完全一样。因为败诉方可能会对下级法院作出的5个或者14个不同的裁决提出申诉,但上级法院对下级法院的最终判决只能维持或者推翻一次。如果你们能在看到——根据我要求标定日期的请求——判决之前作出预测,我要么会陷入矛盾,要么会违背常识。因为,很明显,上级法院在许多或者绝大多数情况下会一个一个地着手处理提交到法院的反对意见。如果是那样的话,我们至少会遇到其中一种情况,并且很有可能同时遇上这两种情况。为了更简洁地呈现我的描述,这次我要假定,上级法院会推翻下级法院的判决。接下来,法院要么会说,依据全部五个方面的要点,下级法院是错误的;要么会说,尽管不全部都是错误的,但至少基于某一个要点,下级法院仍然是错误的。假定(首先)法院宣称基于全部要点,下级法院的判决是错误的。显然,任何人都有能力推翻下级法院的判决。更有可能的是,法院不会特别依赖其中的任何一个要点。那么,在基于上述要点的五项裁定中,任何一项裁定都足以证明一项推翻意见是正当的,因而其他四项裁定就是完全不必要的。那么,哪些是足以证明的,哪些是不必要的呢?此外,根据我在你们面前如此随意转动的准则,法院只能对诉至其眼前的特定纠纷作出判决。这个特定的纠纷又是什么呢?

另外,还要考虑一下这样的情况,法院依据四个要点裁决支持随后获得胜诉的一方,尽管如此,基于第五个要点却可以推翻这样的裁决。如果这样的话,在这四个要点中,单独哪一个要点都无法成为实际裁决的前提。那么,这些准则难道就仅仅是格言吗?

由此可见,我的准则似乎不符合常识。实际上,我的准则和常识,既都是正确的,也都是错误的。我会再次谈及先例原则的习惯用法。这恰恰是答案之所在。有许多理由——合理的理由——经常是为了在不同的格言之间毫不费力地作出权衡而提出的,其中有一个理由是,陈述的背景及后果作为本应予以慎重对待的问题,既没能在律师的争辩中得以阐明,也没有得到法院的充分考虑。在这种情况下,第一个理由不适合;第二个理由,如果从根本上讲应该提出的话,也是飘忽不定的。没有哪一个要点是唯一至关重要的,而有些已经被裁定的、但不会影响判决的要点,也不是绝对必须予以裁定的,或许法院并没有给予这些要点过多关注,而只是让每一个要点孤立存在。但是,有一些要点,法院应当予以关注,并且应当带着先前适当的争辩来关注那些要点。因此,在或许可以称之为基于多个要点的裁决中,我们拥有一个居间中立的权威。如果作出一项裁决依据了两个、三个或者五个要点,那么,相对于仅仅依据某一个要点作出的裁决而言,其中任何一个要点都更容易遭到质疑。所以,从表面上看,保留了基于每一个相关要点而作出的"裁决"。就像摩尔根(Morgan)所说的,这正是法院的职责所在,指导初审法院如何依据正在审理的案件中存在分歧与争议的要点采取行动。形式上同样的推理,尽管显然仅仅具有比较弱的说服力,但仍然适用于已经裁定的多个要点,支持最终在上诉中失败的当事人。这些都是不太具有说服力的权威,并且越来越缺乏说服力。

然而,我们并没有完全解决判决理由方面的问题。法官陈述事实,表明立场,宣布规则。因此,从表面上看,法官仅仅是开始。只要能扫清本垒(the plate)。但他却重新开始,挥动手臂,再次打出比分——这一次,令我们困惑不解的是,称谓各不相同。在不同的问题上,宽严并不一致。正如法官不愿再次警告你一样,重复同样的工作——再次以不同的方式。我从来都没有完全弄明白为什么会是这个样子。在某种程度上,律师在完全经历后,都很有可能会用对司法过程的概括来完成论证,这或许是适当的。在某种程度上,仅仅就和解的随意性,以及(特别是我们的法律以及所有法律工作中)浓烈的法律或者美学的形式感(也就是罗马人所谓的优雅[elegantia])的缺乏来说,这或许是适当的。有时候,我会有一种奇怪的怀疑,认为法官之所以不断重复,是因为有使他感到忧虑的理由,在很大程度上法官就像一个仅有广告标语而缺乏论证的广告商,为了获得并树立信心,而提高音量,一遍一遍地大声为他的结论祈祷。另外,在阅读司法意见时,我会有一种在未被发现的国度探险的紧张感;比分的第一次和第二次宣告,伴随着形成宣告的所有因素,就像是对未知的山峦进行第一次和第二次勘探;就像对已被发现和推测出来的地方第一次和第二次绘制地图——在司法意见形成法律结论的同时,不断增长知识与洞察。然而,无论有什么理由,我们总是会面对循环往复的近似重复,以及对这种重复很少准确的担忧。那么,我们应该更相信哪一种话语的表达呢?

或许,在这里,就像在判断应在多大程度上相信一项表述宽泛的规则时,我们可能会在法庭认定的事实中找到指引。当然,这在很大程度上是确定的:诉至法庭的真实纠纷,同样严格地受到事实与(程序问题所采用的)形式的限制。没有事实支持的纠纷,不会得到裁决。超出事实范围一步的规则,不可信。

但是,这会在多大程度上帮助我们摆脱困境呢?事实是什么?原告的名字是阿特金森(Atkinson),被告的名字是沃波尔(Walpole)。被告——尽管他的名字叫沃波尔——从血统出身上讲是意大利人,而原告的祖先却是早期移居美洲的清教徒。被告有一只名叫沃尔特(Walter)的红毛雪纳瑞犬,以及价值3万美元的人寿保险。所有这些都是事实。但是,该案并不涉及人寿险,而是与一场交通事故有关。被告驾驶着一辆喷有浅红色车漆的别克汽车。被告已婚。他的妻子坐在后排座椅上,是一位性格急躁的、头发淡黄的女士。事故发生时,被告的妻子正在不停地唠叨如何驾驶,被告回头表示反对。在这个过程中,汽车突然转向,撞到了原告。这一天阳光明媚,西方的远空优美而斑驳。时间是10月末的一个星期二。混凝土路面平坦而坚固,这条道路由麦卡锡道路工程公司修筑。在这样一些事实中,有哪些对判决是至关重要的呢?正如我们所说的,其中,哪些事实与案件具有法律上的关联性呢?这条道路是位于乡村还是城市,路面是由混凝土、柏油碎石还是由泥土铺垫的,它是一条私人的还是公共的道路,有关系吗?被告正在驾驶的是一辆别克轿车还是其他机动车,有关系吗?在轿车突然转向时,被告回过头来,这很重要吗?这具有决定意义吗?如果被告喝醉了,或者为了开玩笑而突然转向,在想看清距离原告有多近时,却发生了意外,情况还会一样吗?

当你们看到关于事实的陈述时,为了发现事实之间的法律关联,你们必须放弃一些没有利害关系的事实,放弃一些虽然引人注目、但却没有法律意义的事实,这不是显而易见的吗?此外,在你们看到那些剩下的、貌似相关的事实时,你们突然不再具体处理它们,而是对它们加以分类(出于某种原因,你们认为类别很重要)。该条道路不是位于波茨维尔(Pottsville)和阿灵顿(Arlington)之间的街道,而是"一条公路"。该辆汽车不是车牌号为732507的浅红色的别克8型(Buick eight),而是"一辆轿车",甚或是"一辆机动车"。该车转向不是为了回头看阿多丽·沃波尔(Adorée Walpole),而是谨慎的司机设想的正当程序中的一个失误,这正是你们所关注的。我认为,案件中的每一个具体事实都依次代表了一个更宽泛的抽象事实种类,而你们之所以赋予该事实以重大意义,不在于该事实本身,而在于它是属于这一类别的事实。然而,是什么让你们进行了"别克""轿车"或者"机动车"的分类?是什么让你们进行了"街道"或"公路"的分类?法院可以让你们分类,但是,你们要学习的关键之处在于,相信法院所说的在多大程度上是安全的。你们尝试去解决的关键问题在于,能否将法院的话当作事实,理解法院的话时必须有所扩展,还是必须加以限缩。

这最终将我们引向判例法制度。因为事情的真相就是真相,太过明显而老套,以至于经常被学生们忽视。任何判例都不可能孤立地有意义!孤立地对待判例,不会给你们提供任何指引。关于判例会有什么样的影响,及其将来在多大程度上言之成理,也不会给你们提供任何指引。有重要意义的,给你们指引的,使你们确信的,就是与你们从判例中解读出来的意义相关的其他案件的背景。它们影响了司法意见所使用的语言、专业术语。但是,最重要的是,它们给你们提供了必要的手段,去查明其中哪些事实意义重大,在哪些方面意义重大,以及应该在多大程度上相信已经制定的规则。

我认为,这就是判例法制度的基础。在案例课上,我们适合做些什么呢?无论是基于编辑的选择,还是我们自己的选择,我们都要给你们布置一系列在某种程度上彼此相关的司法意见书去阅读。这些司法意见可能在结果方面完全或者不完全相似。基于那些有法律上的相关性的事实,它们总是被认为具有相似之处。实际上,正是案件事实的相似之处,可以给你们提供初步指引,从而发现哪些类型的事实具有法律上的相关性,也就是,发现哪些类型的事实在法庭上发挥类似作用,或者哪些类型的事实在法庭上发挥根本作用。另一方面,事实状况很少完全相似。有些极其引人注目的问题摆在你们面前,其中一个问题是:如果你们发现两个呈现不同结果的并列案件,那么是案件事实或者程序安排方面的哪些不同,导致了结果上的差异。我必须重申的是,在检视司法意见的语言时,你们必须注意两个问题:其一,什么样类型的事实是至关重要的,以及此类事实对法院具有什么样的意义?其二,如果案件状况在其他方面类似,那么,在事实或者程序安排方面,什么样的差异会导致法院作出不同的裁判?

这就是判例制度的博弈,也就是,匹配判例的博弈。接下来,我们就要概略地运用比较与辨异的逻辑方法。

在这里,需要讲三个问题。第一个问题是,通过在不同案件中对事实与问题的匹配,我们重新回到起点,既可以在一定程度上获知法院在特定案件中是否过度归纳概括,也可以在一定程度上获知法院宣称的全部判决理由的真实意义。睿智博学的鲍威尔(T. R. Powell)教授评论指出,"美国最高法院大法官绝不是像他们所说的或者像人们所想的那样一群傻瓜"。我们研究问题,希望能在比较概括的案件用语中发现一些矛盾之处。我们研究问题,希望能预先发现一些差异,使我们可据以协调并统一案件的后果,即使法院在裁决中设定的规则可能会相互矛盾。我们准备缩减案件事实的种类,使此案规则仅仅适用于此类新削减的特定案例类型,使彼案规则仅仅适用于彼类新的特定案例类型——然后再将这两类案例结合起来。第一个案例涉及这样一个人,他发出要约,并且说明可以在他人承诺之前撤销该要约。法院裁决他人不得以其承诺为由起诉这个人,并且宣称只有双方当事人的意思同时达成一致,才能缔结合同。第二个案例涉及这样一个人,他发出类似的要约,并且已经邮寄了一份撤销通知,但有人在收到撤销通知前,已经向他发出了一封承诺函。法院裁决他人可以其承诺为由起诉这个人,并且宣称要约在送达前的任何时刻都可以重新发出,直至承诺函适时寄出时为止。这里有两项规则,将两者结合起来,并且使其意义相符,是有些困难的;而使这两个案例中的裁决彼此相符,也会有些困难。我们开始研究,试图找到一种能公平对待这两项裁决的方法。我们或许可以得出这样的结论,也就是,对于两种主观意思来说,不必要求同时达成一致意见,如果已经收到某项要约的人认为——并且是合理地认为,当他完成承诺的最后一步时,要约人会信守该要约。为了检验在案例中确定下来的规则,同样也为了检验我们始终致力于建构、以涵括这两项规则的尝试性构想,我打算做两件事。第一件,也是最容易做的事,是对那些事实稍加变化,从而使案件更趋向极限,直到我们找到那个貌似未超越的限度。例如,假定我们基于要约人提供的全部信息,认为——并且是合理地认为——要约人仍然坚持他提出的要约;但是,他自己的秘书未能注意到撤销函已经送达,怎么办呢? 我们或许可以超乎预料地很快找到终点,却不得不重新修改和限缩我们之前作出的概括,甚至按照完全不同的方式重新概括。第二件事,也是更困难的检验方法,就是博览群书,查找案例,在这样的案例中,案件事实发生变化,并且已经证实这样的变化具有重要意义。第一种方法是凭直觉对假定前提进行修正,第二种方法是用实验检验假定前提是否合理。这两种方法都是必要的。第一种方法省时间,第二种方法更确定。因为你们知道,你们可以从案例教科书中选取样本,作为讨论的基础,可以利用充足的案例解决问题,开启你们的思考。在确信你们的结论——无论是你们自己得出的结论,还是你们从班级讨论中获得的结论——正确之前,你们必须去读书,因为那些作者阅读过更多的案例,并且弄明白他们都说了些什么。

我接下来要说的全部基于下述假定——这也是我所考虑的案例法的第二个关键问题——任何地方的所有案例都可以汇集在一起。毋庸置疑,首先,这也是你们必须预设的前提假定。如果案例有可能汇集在一起,你们就必须那样做。同时,还有一点你们不应该忽视的是,我们的法律是在各州的范围内建立起来的,而不是在整个国家范围内建立起来的。50个州最高法院加上诸多联邦法院一起运作,偶尔出现相互冲突的规则,是无法避免的。令人吃惊的是,竟然很少会有相互冲突的规则。假如某个州(比如宾夕法尼亚)制定了一项规则,而另外一个州(比如纽约)就会制定另外一项规则,实际上,即便有15个以上的州遵从纽约州的规则,也绝不可能改变宾夕法尼亚州的规则。因此,就这一点而言,在某种意义上,并不存在共同适用的法律。这时候,我们面对的情况是,依据某一种规则裁判的15个州,依据另一种规则裁判的1个州,以及自身的法律仍未确定的30个州。然而,在这种情况下,我们仍在讨论"共同适用的法律",原因就在于,如果有自己的权威依据的话,每个州主要遵守各自的权威(尽管这是真实的),但对于所有的州来说,共同之处在于它们都有一个规模庞大的基础性组织机构体系,至少显示出某种兄弟姐妹式的相似性,甚至可以被视为完全相同的。此外,对待法律权威的方式,思维方式,运作方式,解读判例、依据判例（或者制定法）进行推理的方式——这些普通法的技艺，在美国各个州的所有法院中，都是非常相似的。最后，如果在某个州，问题未能得到解决的话，该州法院会诉诸联邦法院的裁决，后者从整体上相当于一个共同适用的法律库。如果仅有一种判决方法，尽管法院以前从未对该问题作出过裁决，但仍有可能率先展开自己的论证："问题会得到合理解决。"如果裁决在该问题上存在分歧，那么，法院更有可能不尊重任何可能存在的绝对多数方意见。然而，无论是尊重多数方或者少数方的意见，还是选择其自身所属的第三方，法院都会把其他州的资源当作本州资源一样加以利用，只是其中几乎没有哪一个州会利用至高无上的权威施予赏罚。

因此，在进行判例比较时，如果无法将这些判例汇集在一起，你们最后或许会面临这样的问题：这些判例代表两种相互冲突的观点。

然而，在那样做之前，你们必须确信那些判例源于不同的司法管辖区，否则的话，就不得不将其中一个判例视为对其他判例的直接否决。然后，我还得说一下期限问题。在你们正在比较的判例中，判例的日期也很重要。因为你们必须假定，像任何其他人类制度一样，随着时间的流逝、经验的积累、环境的变化，法律已经经历了——并且仍将继续经历——形成、阐释、变迁。因而，在一系列判例中，早期的判例，尽管或许至今仍然保持不变，但却更有可能成为表明最早一批存在问题的判例的先兆，而不是代表在其所源生的情况下最终的解决办法。这尤其适合于 1800 年以前的判例，在许多部门法领域也适合于更晚近的判例。但无论怎样，如果把某个判例与其他判例汇集在一起很困难的话，你们就应该把该判例放在适当的时空范围内加以考量。

当你们开始比较判例时,需要对你们说的第三个问题是,基于你们的材料,实际上通常是基于全部现有的材料,也不可能实现完美无缺的比较与区分。在第一个判例中,你们看到了事实 a、事实 b 和事实 c,诉讼程序 m 及结果 x。在第二个判例中,如果幸运的话,你们会再次看到诉讼程序 m,但这次却是事实 a、事实 b 和事实 d 以及结果 y。现在,你们如何才能确切地获知,在第二个判例中,导致结果发生变化的是事实 c 的缺失,还是新事实 d 的出现?法院或许会告诉你们。但是,我再次强调,你们比较判例的目的是检验法院的说法。接下来,你们转向第三个判例。你们再一次看到了结果 x,以及事实 b、事实 c 和事实 e,但事实 a 缺失了,并且这一次的诉讼程序不是 m,而是 n。这就在一定程度上强化了你们这样的怀疑,也就是,事实 c 是导致结果发生变化的那个因素。但是,这仍然缺乏关键的检验。生活中的判例,不可能轻易把握。我们或许可以掌握一种科学的预测方法,并且可以在材料允许的范围内使用这种方法。到目前为止,我们没有一门可以非常准确地预测结果的科学。请你们记住这一点:仅仅是一种科学的方法。你们的科学把你们幸运地带上了赛场。但是,当比赛开始时,你们却要依靠技艺与预感。

好吧,我们讲到哪儿了?我们已经讲了判例的背景。我们已经讲了判例是由什么构成的。我们已经讲了必须通过阅读和分析来了解判例的诸多事实、程序问题以及判决结果。我们已经讲了应该把多个判例放在一起比较,从而辨别哪些事实具有法律效果,以及我们必须据此将其归入哪一种类型的事实。根据这样的比较,我们可以判断法院的真实意图在多大程度上符合——甚至是判决理由中的——语词的表达。

但是,如果你们就此得出结论认为,某个法院的真实意图并不完全符合在其拟定的明确判决理由中的说法,而判例实际上必须比法院自身声称的限度更为严格地限定在事实上,那么,你们就要准备好接受我在这次演讲之前暗示的那种区分,即在判决理由、法院自身关于判例规则的说法与真正的判例规则之间的区分,也就是说,创制的判例应当得到后来其他法院的遵循。因为在构成英美法上的遵循先例原则的诸多重要因素中,有一个因素是:任何后来的法院总是可以重新检验某个先例,并且可以根据下述原则——法院只能对在其之前发生的事情作出判决,我们现在必须据此阅读古老的判例——得出结论认为,在早期法院之前发生的纠纷比该法院认定的更加严格,因而需要适用更严格的规则。实际上,还可以更进一步论证。我们可以继续说,之所以无法权威地制定比较宽泛的规则,是因为如果那样做的话,就会超出早期法院的权力限度。

你们还应该知道,你们的工作就是通过比较大量的相关判例,阐明某项规则,如果可以的话,还要将规则协调一致地适用于所有相关判例,并且依据事实检验你们的阐释是否违背形式可能有所变化的规则。最终,如果有时间的话,检验你们的阐释是否不同于有些学者关于该主题的观点以及其他判例。

过早地求助学者,并不恰当。那样做只是在强烈的诱惑下略过你们自己比较判例的过程。如果愿意挑战的话,你们可以冒险试试。如果你们不把学者的说法当成答案,而只是作为一种假设,如果你们有耐心检验学者的说法是否与书本上的判例相冲突,如果你们有耐心阅读学者引用的某些判例,辨明那些判例在多大程度上能证实学者自己的结论,那么,在过早向学者求教时,情况可能会好一些。然而,在其他方面,如果你们想借此走上捷径,那么,你们就只会自讨苦吃。

现在,你们走进了教室。在课堂上,你们会发现有位老师正在对我之前描述过的同一过程高谈阔论,只是他更熟练,具备更多的知识与更深的洞察。他可以指出你们之前未曾发现的特点。他可以在你们面前审理你们之前从未思考过的案例。他可以运用具体事实状态及其背景的丰富知识从一个案例的背景展开讨论。因此,如果还没有遇到这样的老师,那么,对你们来说,比较判例,就既是必不可少的,也是至关重要的,而且比较判例还是从事判例法研究最根本的构成要素。因为仅仅通过聆听他变戏法似的讲解,你们是学不会比较判例的。只有通过对比他的结论和你们自己的结论,批判地分析你们依照他的讲解而亲身经历的过程,才能真正学会比较判例。实际上,如果不亲自尝试参与游戏,你们就不会理解他的讲解。能在橄榄球比赛中看懂比赛线路的人,一定是本人曾经沿着这样的线路参加过比赛的人。一位来自哈勒姆区(Harlem)*的观众会随着踢踏舞的节奏舞动,而没去过那里的你们甚至可能还不了解踢踏舞有多难跳。我再次申明:你们必须日复一日坚持不懈地将这场游戏进行到底,否则,你们就会在课堂学习中一无所获。同时,随着技艺的不断提高,你们同样也会开始批判站在讲台上的人。只要他是人,你们就会在他今天授课的内容与 5 周前的言行之间发现矛盾之处。对他来说,那会是有益的。对你们来说,也肯定更有帮助。

到现在为止,应该为你们的案例课堂准备些什么呢?你们的案例是由老师布置的。在使用案例前,你们应该整理出案例摘要。经验证明,学生应当认真准备好案例摘要。如果是为了即将展开的讨论,整理案例摘要还是很有用的。如果是为了今后的复习,整理案例摘要也是不可或缺的。对此,你们不要有任何怀疑。日复

---

* 哈勒姆区(Harlem),美国纽约市的一个黑人居住区,毗邻哥伦比亚大学。——译者注

一日,每天 10 页或 15 页,你们需要记住足够充分的资料,才有可能跟得上课堂讲授。但是,如果你们打算一次复习 300 页,400 页或者 500 页资料,就会发现你们的头脑对大多数案例一片空白,并且根本没有时间有效地填补空白。在这里,有且只有一种答案:整理你们的案例简介、概括或者摘要。

从另外一个方面讲,案例摘要也是很有用的。在对案例教科书进行课堂讨论时,你们无法记录下来足够充分的笔记,而你们却会在某个地方需要有某个案例的要点以及关于案例要点讨论的笔记。典型的方案就是在纸上整理出案例摘要,然后在你们的笔记中把这些案例摘要粘贴成彼此关联的段落。对此,我想稍加评论。你们会发现,课堂讨论经常会证明你们所做的案例摘要很糟糕。在粘贴之前,你们要做的就是修改案例摘要,一定要适当地修改。

还有一点。我认为,整理案例摘要是很有用的,并且是不可或缺的。整理案例摘要也是最令人遗憾的陷阱,只要有法科学生不注意脚下的路,就会落入这样的陷阱。因为在时间逼迫下的实务练习——正如眼睛会在夜晚或者因电影的诱惑而变得疲累一样——就是一个又一个地、因而也是盲目地整理案例摘要。现在,如果我要在讨论中再强调一点的话,那就是:案例阅读本身既是毫无意义的,也是毫无用处的;既是徒劳无功的,也是枯燥乏味的。整理案例摘要,最早是从分配的第二个案例开始的。只有在阅读过第二个案例之后,你们才会知道如何对待第一个案例。我认为,整理案例摘要,是一个记录在某个案例中有什么会影响到其他案例提出的问题的问题。如果我已经对本案涉及的主题有所了解,那么,每一个案例摘要都应该依赖于本案在上述基础上增加的内容。因此,要想聪明地整理出任何一个案例摘要,必须至少阅读两个案例。假如转向第三个和第四个案例,你们只是在阅读案例和整理案例摘要时,才完成了对这些案例与此前诉至法庭的案例的比较。这个案例增加了一些什么样的内容,又存在什么样的差异,从而能让我进一步认清我已经知道的东西,这正是整理案例摘要的要旨。基于同样的原因,无论在什么情况下研究法律,你们都必须怀疑你们的案例摘要,甚至怀疑你们以前整理过的最早的案例摘要。在法律研究中,案例摘要整理得越早,你们在整理案例摘要时就知道得越少,因而,案例摘要就越没有价值。再一次认真阅读最早发现的案例,你们就明白啦!在任何一项赶鸭子上架式的法律研究工作中,有一半早期整理出来的案例摘要是没太多用处的。经过深入的研究和更新的阅读,才会形成丰富的案例积累。随着你们智慧的不断增长,这些案例也会启发更多的智慧。

那么,一份案例摘要应该包括哪些内容呢?

(1)检索目录:案例教科书的标题及页码。

(2)标定援引的法律、州及日期。之后,次序在相当程度上就无关紧要了。我给你们提供了一个合理而有用的次序。

(3)准确地讲,原告想要什么?他提出了什么请求?这是一个至关重要的问题,而且是在案例摘要中几乎经常会被忽略的问题,也是指向案件核心问题的出发点。

(4)与之相应,被告想要什么,以及如何指向案件的核心问题所在?

(5)初审法院做了些什么,也就是,下级法院的判决是什么?

(6)最后,当事人对初审法院的哪些行为提起了上诉?只有在整理出来的案例摘要包括这些事项时,你们才算是为查找案件相关事实或者相关法律规则做好了准备。只有在查明这些事项时,你们才能指向案件的核心问题。

（7）我认为,接下来,记录上诉结果是有用的。你们会看到为什么记录上诉结果是有用的,因为它可以立刻澄清法院的某段特定语词对判决来说是否不可或缺。

（8）接着就是被法院认定的案件事实。我提醒你们——我严肃地提醒你们——不要过度裁减案件事实。如果你们希望了解规则会对人们产生什么样的影响,当法院提供案件事实时,你们就不得不留心关注更为显著的事实细节。我知道你们会对事实细节失去耐心,但一定要遵守这一规则,我的朋友们。如果你们对案件事实感到厌烦,那你们肯定需要这些事实。如果你们不需要事实,如果你们已经在一定程度上了解了案件的背景,这些事实就不再令人乏味,反而会引起你们的兴趣。如果案件事实使你们感到困扰和心烦意乱,那就表明,你们对案件的全部意义所知甚少,亟需对这些事实展开研究。

接下来,哪些案件事实才是至关重要的呢? 我要再次强调我的观点。对你们来说,仅有一个案例是于事无补的,必须要有一组案例,才能帮助你们解决问题。因此,在整理任何一个案例摘要之前,你们阅读的案例越多,你们就会整理得越好,只要你们整理每一个案例摘要时都能比较所有的相关案例。

最后,记住这一点:正是在——根据其他案例而阐明、选择、划分的——案件事实与由程序安排导致的问题发生交叉的情况下,并且,也只有在这种情况下,才能发现案件的细节问题。

（9）在查明案件事实之后,沿着法院行动的路线,可以根据更有实质意义的材料陈述判决理由。

（10）如果你们不喜欢法院的语言,或许还可以根据其他判例记录你们认为在判例中应该怎么样阐述规则。

此外,记录是一个需要谨慎裁量的问题。

(11) 基于我打算呈现出来的一些理由,我始终认为,指明法院使用的某些有意义的论证方法,是有用的。

(12) 法律的初学者会在判例中发现许多关于法律是非常有趣并且有助于增进知识的评论,尽管这些评论与其所学的法律无关。如果有学生把那些内容记录下来并且是自己记录下来的,如果那些记录有助于记忆并且不会妨碍复习的话,那么,我建议学生把这些内容记录下来。

关于案例摘要,大概就讲这么多吧。如果采纳了这个建议,你们就会发现,当整理出最后一份案例摘要时,你们整个班级就已经真正准备好了。因为如果没有事先把案例整合在一起,如果没有事先表述你们已经对所有案例得出的结论,你们就无法通过参考其他案例来逐个整理出四份案例摘要。你们最后的案例摘要会——至少是隐含地——涵盖所有其他的案例。我再一次强调,当把所有案例整合在一起,仔细考虑某些措辞态度时,你们才算真正准备好,你们才会知道其中任何一个案例实际意味着什么。

第四讲

判例制度：先例

有些心理学家热衷于谈论统觉团（apperceptive mass）。* 我并不是非常确信这个统觉团可能是什么，也不确信它究竟是什么。但我非常确信这些心理学家陷入了真理讨论的困境。正如凯勒（A. G. Keller）曾经说过的，问题的关键在于，仅就真理线索的确实掌握来说，我们是否应该具有超越这一困境的能力与耐心。

我们已经掌握的真理就是：你们从判例中几乎完全理解了你们赋予判例的意义，并且很难再有更多的意义。你们赋予多少，就会理解多少。你们无所赋予，就会一无所知。此外，每一个判例都会增加你们的理解，并且，理解增加的程度就是你们赋予判例多少意义的程度。

我在上一次演讲中详细阐述的要点，主要涉及案例摘要的整

---

* 一个观念若要由一个完全被抑制的状态进入一个现实观念的状态，需要跨越一些界限，这些界限被称为"意识阈"（conscious threshold）；任何观念要进入意识之内，就必须与意识中原有观念的整体相和谐，否则会被排斥，这个观念的整体被称为"统觉团"（apperceptive mass）。德国教育心理学家赫尔巴特（Johann F. Herbart, 1776—1841）最早提出了这个概念，以阐释诸种观念相互作用的规律，并且指出教育学应当建立在心理学的科学理论基础上。——译者注

理。现在,我要对这个问题再次展开详细阐述,并且主要围绕复审展开讨论。判例研究需要循序渐进,精耕细作。因为判例研究必须精耕细作,所以要日复一日地研究大量琐碎的材料。从表面上看,你们正在这样做,正在进行深入研究,尽管你们每天都会思考当天的案例。在这一点上,各位,我们只看到了事物的一面。你们似乎在研究案件材料。但是,如果你们那样做的话,你们每一天、每一周都要把新材料与旧材料结合在一起。你们要扩大——你们尤其要统合——你们在法律领域的"统觉团"。你们要运用你们所掌握的全部知识,研究每一个新案例以及第一个新的案例摘要。你们整理案例摘要的关键——"这个案例增加了什么内容?"——对你们自身价值的完善非常有帮助,与之相应,案例的新增内容也会提高你们既有技能的水平与品质。

我很清楚,你们以前听到过所有这一切。我知道,你们以前也听过那个我们很熟悉的青蛙的故事:在一口井中,它每天白天向上爬三尺,而每天晚上睡觉时又向下滑二尺。这只蒙昧无知的青蛙没能在昼夜之间坚持不懈。它对自己的统觉团一无所知。借用军事术语来讲,它没能巩固自己的地理优势。因为青蛙没有尾巴,所以它看不到尾部之外的问题。

然而,你们或许会说自己比青蛙强。根据推测,至少在理论上,你们都很有智慧。院长办公室保证你们都应该通过了法学院的个人精神鉴定。因此,我告诉你们,使这种缓慢的判例教学获得动力的唯一道路就是日复一日地加快学习进程,这时候,你们就应该理解我的意思了。你们不会大幅度增加有待研究的新材料的数量。你们从新材料中获取知识的数量与品质可以与日俱增。然而,你们也仅仅是在一条道路上:日积月累地温习、整理、巩固你们已经掌握的知识。课堂讲授对你们来说是很有用的。但是,我以前就坚持认为,只有你们自己预先尝试解决这些问题,并且准备好领会课堂讲授,课堂讲授才会是有用的。而且,我现在仍然坚持认为,你们只有自己——或者作为一个团队——解决这些问题,并且构建你们认为是为将来准备的部分有用的知识储备时,课堂讲授才会是有用的。课堂讲授,作为一种催化剂,就是你们所希望的一切。但课堂讲授本身却仅仅是一场虽然付出更高的代价,却比基斯(Keith)还糟糕的表演。*

到现在为止,我已经给你们讲清楚了。在这次演讲之前,我希望在材料上讲述得足够细密,在方法上阐释得足够精致,能让你们恰当地理解,促使你们在某种程度上认识讲述的意义。正好用最后一点结束这场劝导:在你们的老师中,虽然有许多人讲授某些判例已经有10次或者20次,但每次在讲授判例前,他们仍然会反复研究那些判例,并持之以恒。他们经常会在同样的材料中发现新内容、新视角、新问题。与此同时,他们在不断增大他们的统觉团。他们成功地驯服了这只野兽!

同样是在这个问题上,我还想强调另外一点。那就是,记笔记几乎必不可少。好记性不如烂笔头,也就是用书写的方式记录下来。看似容易记住的东西,总在不经意间溜走。如果你们想要巩固记忆的话,你们就需要记笔记。但是,记笔记,就像整理案件摘要一样,是一种危险的工具。有价值的笔记往往很难记录下来。先于记录的总是批评。怎么才算是有价值的笔记,不好说明,有价值的笔记是对所欲言说之物的选择,是充分的研究,是精心的整理——是对指导老师提出的疑问的保留,是对你们遇到的独立疑问的保留。如果你们积极地——尽管静默不语——参与讨论,你们的思想必须随着课堂的进程解开那些疑问。那些东西应该记录在你们的笔记中。那么,老师提供给你们的信息就具有了某种参

---

* 基斯秀(The Keith Show),是一种世界闻名的滑稽娱乐表演。——译者注

考价值。你们可以理解信息的背景。你们可以判断它究竟是裁定（holding），还仅仅是意见（dictum）。

61   用这样的方式记笔记，非常困难，也非常缓慢。越是遇到困难之处——反应，然后重述——你们就越是需要记笔记。因为要根据讨论的内容从周围混乱的语词中选出基本要素，你们就不得不关注整个讨论过程，聆听并且利用这些语词材料。因此，聪明地整理案件摘要，非常困难，也非常缓慢。坚持每天巩固你们的笔记，非常困难，也非常缓慢。完成这些工作需要努力，有些是智力上的，有些是精神上的。在学习法律时，这些内容就是你们的基本变位、变格以及语法，也是你们的工厂、引擎、机器。它们一旦被发现，并且经过你们的艰辛努力，它们一旦被整合在一起，并且运转起来——那么，你们就真正掌握了它们。成本全部投入，在一两个月内，就会产生收益；在 6 个月内，你们就会发现它们是意想不到的财源。接下来，就在你们的邻居漫不经心地度过橄榄球赛季、开车遇到事故并且突然熄火时，你们的车已经加好油，正在平稳运行。这是一种青蛙也看不见的隐蔽的智慧。*

好吧，这就是我所要说的。让我们继续讨论一些有趣的事情。

我们昨天已经讨论了如何比较判例，并且从中归纳出规则的技艺。今天我们再进一步。我们要讨论，在掌握这种归纳规则的方法后，你们应该如何运用这种方法。我们还要讨论一些蕴含在判例之中较少系统化的知识，如果你们能聪明地发现这种知识的

---

* 蛙眼视网膜的神经细胞分成五类，其中一类仅对颜色起反应，其他四类仅对运动目标的某个特征起反应：（1）对运动目标的反差起反应，能抽取目标的暗前缘和后缘的特征；（2）能抽取运动目标的凸边特征；（3）仅能看见运动目标的四周边缘；（4）仅能看见运动目标的暗前缘的明暗变化。这四层神经细胞将分别获取的目标特征传输到大脑视觉中枢，迭合成一个完整的图像。因此，青蛙仅能看见运动的目标，而对静止的景物毫无反应。——译者注

话。这两种类型的研究相互关联。这两种研究让我们回归判例，它们是值得我们去提炼的矿石。

因为判例在某种程度上向我们展示出将会产生何种类型的纠纷。在这里，正如在评估规则的效果时，我们必须确实地回顾，上诉法院认定或者采纳的事实被压缩与歪曲了。因此，即便是案件事实把相关事件呈现在我们面前，我们也不该把对此类事件在任何程度上的准确描述当作事实本身。然而，正如历史学家所知道的，可以从记述中选出许多东西拼凑在一起，虽然那些记述或许是有偏见的、不完全的，甚至是以宣传为目的而不准确的。就我对案件"事实"的持续引证来说，我相信，你们会理解我为什么总是觉得你们应该阅读、并且也会阅读到涉及此类"事实"的判例，就像历史学家阅读文献一样——寻找偏见、疏忽、歪曲的证据，并且断定这些事实并不是人们从实验室的证据中得到的事实，而是人们从（比方说）一位善于书写的记者的"伦敦来信"中得到的事实。

在我看来，判例向我们暗示了有可能会出现哪些类型的纠纷。然而，作为法律意义上的判例，它们首先所指的不是生活中的纠纷，而是法庭上的争辩。这时候，我会主张，法庭上的争辩仅仅是生活纠纷中很小的一部分。我会进一步论证，生活纠纷又是人生事务中一个更小的部分。当我们试图界定判例的意义时，这两点都需要强调。案件事实是典型的吗？哪些事实是典型的呢？

你们要找到一大批注定要被提起诉讼的案件。与杀人狂和嗜睡症一样，这些案件与我们的正常生活息息相关。之所以会把这些案件诉诸法庭，是因为它们太过独特以至于正常的社交方式无法为案件的判决提供确凿的依据，甚至是因为社会上正常的矫正机制无力解决案件纠纷。从这样的案件中产生的规则，或许是很有用的。实际上，对于律师来说，这些规则至关重要。就像专治眼睛、耳朵疾病的医生一样,律师专门处理这样的琐碎事件。律师眼中的常规案件就是普通人的意外事故,是不幸的,一辈子的事。实际上,对遍布于整个群体或者整个社会的外行人来说,这样的案件是异乎寻常的。我很是怀疑,我们研究的大量规则是否仅仅涉及这些病态的案件。这些内容几乎不会涉及与我们生活有关的规则。根据推测,任何涉及此类规则的案件在生活中都是异乎寻常、出乎意料的。我们顶多是把这样的案件作为可能性很小的意外事件纳入考量范围——然而,为了避免此类事件的发生,或许有必要寻求保护或者加以预防。那么,此类规则就是裁判规则(rules for decision)、司法官员的规则、顶级专家的规则。这些规则之所以能引起你们的关注,是因为对你们来说,这些规则暗含着普通人不会考虑到的意外事件,但在有人向你寻求法律建议时,这些意外事件或许会经常为你们创造条件,给他们提供更充分的预防服务。

63 然而,对你们学习和理解法律来说,更重要的、更不可或缺的、更具有焦点意义的,既是这样的案件,它们适用的规则更贴近生活的规范,也是这样的纠纷,它们代表着常见的利益冲突的整个群体。在这里,制定的规则是人们可以预见其适用的规则,即便是在人们没有预见的情况下,此类规则的适用也会对他们产生威慑。因此,规则可以、应当并且经常指引人们的行为,使人们免于卷入诉讼。极为常见的是,你们会在制度不断增长的边缘发现这样的案件。人们认为新型的合同、市场组织、保险、公司股票前景可观,值得尝试。到目前为止,这些新型案件的边界及地位仍未确定,纠纷便开始出现了。双方当事人各自都坦诚地认为有利于自己的观点是正确的。这可能存在疑问。利害关系人的看法、态度还是不确定的,他们会有波动,并且存在分歧。人们或许会就争论的问题达成妥协,并且不把纠纷诉至法院,除非试错与模仿的社会过程已经得出确凿无误的结果。然而,同样可能发生的是,纠纷导致诉讼。或许,纠纷还会被有意地塑造成一个判例。或许,纠纷是因社会事件所致,并且仅仅是因为一方当事人顽固不化。无论怎样,它都会成为一个判例。法院对有些制度一知半解,却要对制度的某些特征作出判断。而**一旦作出判决,这样的判例就会影响、限制、阻止制度进一步的发展。如果(很有可能)法院将来遵循自身曾经作出的判决,那么该项判决就不仅会影响法律进一步的发展,还会影响社会进一步的行动。**因此,判决或许是两个世纪以前作出的,但仍然会对今天的社会组织产生影响,并且留下自己的痕迹。一方面,法院具有凌驾于社会之上的权力。另一方面,社会也有凌驾于法院之上的权力。**正是社会而不是法院,引发并首先塑造了新的制度;也正是社会,促使法院采取行动。**只有通过社会的观察,法院才能选择一些概念,来描述新制度所满足的及其所拒绝的是什么样的需求。在一定程度上,法院直接观察社会。在一定程度上,法院也观察它们自己过去在相似情况下所作判决的积累,也就是,观察法律既有的"习惯做法"。无论如何,如果需求急迫并且重复出现,那么,对这些需求的认可迟早会融入法律。要么它们会引导法院突破并背离以前的范式,要么律师就会寻找某种途径把新酒注入旧瓶,并且使酒瓶具有伸缩性从而改变形状,从长远来看,这会在所有社会制度上留下痕迹。否则,如果法院坚持自我,禁止律师进行尝试,并且,如果需求再次出现的周期足够长、难度足够大,那么,就会通过立法的方式再作改变。

并不是每一起案件都是纯粹由病态引起的,现在,每一起案件都是在这个伟大的实验室中所做的一次尝试,而问题在于,如何从这种尝试中汲取营养,帮助你们获得法律方面的训练。

不仅仅是为了这个目的,实际上,**无论目的是什么,首先要做的是设想当事人之间最初的交易。他们是什么人?他们可能做什么?特别是,每个人想要什么,以及为什么他想要?**如果你们能按时间顺序依次观察到这些事实,如果你们能观察到依次发生的事实,当特定的人(假如他们得到或好或坏的建议)正在试图实现他们的欲求时——如果你们能观察到这些欲求,并且还能从当事人的立场设身处地地感受他们的欲求——在这种情况下,并且只有在这种情况下,案件对你们来说才是真实的,才会让你们记住,语词才能发挥作用,让你们开始思考。如果你们愿意的话,可以称之为"编戏剧"。如果你们愿意的话,可以称之为"写小说"。它们至少在下面这一点上很相似:如果那样做的话,就需要你们发挥自己的想象力——但要符合规则;还需要你们先把自己放在所描述的情境之中,然后观察、感受每一个事实的构造以及大致的关键所在。

因此,当某个事件引起案件纠纷时,也是一样的。在我看来,你们会发现在"交易"与"事件"之间作出区分并且铭记在心,是很有用的。如果是两个或者两个以上的当事人共同完成某事,就算是一笔"交易"。他们讨价还价,出售,租借,签订保险协议。在这种情况下,纠纷发生前,已经存在一笔交易。在这种情况下,总是会存在预先达成交易的可能性,并且交易旨在实现双方或者一方当事人的目的。因此,这不仅为各种法律保障保留了空间,也为律师在办公室的工作留下了余地。但是,我所谓的"事件"很少是双方当事人(即便是两者之一的话)的目的所在。例如,某人被杀死,对杀手来说,那可能是目的;但对死者来说,几乎不可能是目的。这就出现分歧了。实际上,在某种意义上,双方当事人共同完成交易,既然出现争执,他们就可能是有意为之的。然而,很少有人会事先想到这种分歧。无论怎样,设想同样也有助于处理事件。但是,事件的戏剧性特征通常会自然而然使你们展开的设想恰恰是你们可能需要的。因此,侵权案件的事实通常是"容易的"。但对合同案件或者财产案件的事实来说,更有可能的是,你们不得不让自己更努力工作。之所以让自己努力工作,在那种情况下,是因为这是你们必须做的。

然而,除了当事人想要的或者所做的之外,还有许多事情很戏剧化,特别是在交易活动中。在这里,你们常常会遇到这样的问题,假如你们是律师的话,你们会在协商的每个阶段针对这样的问题向当事人提供什么样的建议?到目前为止,你们如何分析案件事实?那些事实的法律意义是什么?案件事实的法律意义在多大程度上会对当事人恰当的行为方式产生影响?

如果你们能读懂事实,那么案件就不再枯燥无味。它就像多伦多啤酒一样泛起金色的泡沫。还会有许多小气泡升起:法院会像当事人一样阅读事实吗?法院能理解当事人的意图吗?为了用法律术语表达相关问题,法院对事实的解释是完美无缺的吗?

这会促使你们进行一种极为引人注目并且也非常有用的识别,也就是,在阅读案件时,你们必须在(一方面)依据一组假定事实制定的法律规则与(另一方面)法院对诉至法庭的事实的解释方式之间作出区分。我喜欢称之为"二级裁判"。在逻辑上,你们会先注意到对事实的解释。在案卷记录中,有一些关于证据的陈述,你们会对这些陈述形成一种理解,你们会准确地判断这些陈述的法律意义。这时候,你们对法律规则的适用会对你们已经判定的事实的意义产生影响。这根本没有触及初始证据,而仅仅是关注到在证据被彻底改变后保留下来的最终产物。

然而,在生活中,这个运行过程或许会反转,规则与判决也可能支配对事实的解释。因为,显而易见,如果后来的法院,在考虑一个大体相当的案件时,不喜欢先前法院作出的判决,那么,后来的法院就可能会通过以下两种方式作出一个相反的判决。要么它可以拒绝考虑此前法院制定的规则,而这不太可能;要么它可以接受该规则作为一项口头原则,可以引证这个先例作为裁判的权威,但仍会对法庭上的初始证据作出不同的解释,也就是,因为案件事实存在差异,所以不得适用该项规则。众所周知,例如,如果 A 向 B 提出一项要约,B 随后写信声称接受该要约,但却在拟定的协议上增加了一个新的、不同的条款,并且进一步限定只有包含该条款才能接受要约,那么,实际上 B 并没有接受要约。这项规则看起来很清晰。然而,这几乎毫无意义,除非你们开始认真对待我所谓的"一级裁判",并且看清法院在审理案件时如何把不同种类的文字解释为符合或者违反规则。例如,A 向 B 提供一份契据,周三 A 支付 B 3 万美元即可获得其在格林威治村(Greenwich Village)* 的马厩。A 在纽约,B 在费城。该项要约本身是要在纽约支付 3 万美元。B 回复说,"同意要约在吉拉德国家银行**承兑,并且把你的契据转寄到这里"。这是一个全新的条款,还是一个仅仅要求 A 变更支付地点的提议?在涉及"规则"的世界中,仅仅依据普遍共识,无法厘清这一问题。在我看来,除非你们认真研究"一级裁判"——对眼前案件事实的解释——否则你们就无法理解规则。我不在乎你们对描述事实的语词了解多少,而只在意你们是否真正理解那些语词具体指代什么意思。对你们整合判例来说,这是很重要的,也有助于节省时间。因为,仅仅因你们不喜欢法院解释证据的方式而反对法院制定的法律规则,是不划算的。你们可以理解并且

---

* 格林威治村(Greenwich Village)位于纽约市曼哈顿下城西区,多数居住者为社会上层家庭,19 世纪晚期至 20 世纪中期,许多放荡不羁的艺术家聚居于此,是"垮掉运动"(the Beat movement)的诞生地。——译者注

** 原文为"girard national",此处应是指"吉拉德国家银行"(the Girard National Bank)。斯蒂芬·吉拉德(Stephen Girard)1811 年收购美国第一银行(the First Bank of the United States)的大部分股票后在费城创办了一家银行,早期被称为"吉拉德银行"(Girard Bank),至 19 世纪末成为举世闻名的"吉拉德国家银行"。参见 Josiah Granville Leach, *The History of the Girard National Bank of Philadelphia, 1832—1902*, Hardpress Publishing, 2013。——译者注

同意已宣布的法律规则,但仍然保留你们对证据的不同看法。然而,为了明智的争辩,你们必须澄清问题。另一方面,当你们看到规则对生活、真实的纠纷、真实的交易产生影响时,显然,"一级裁判"就会成为你们关注的中心。

接下来我将会讲述关于法院的下一个观点。你们会发现,有些法院在进行解释工作时迫切希望能发现当事人的真实处境是什么,并且希望能像当事人本人对语词、证据的关注一样,读懂当事人的语词,解释琐碎的证据。这样的法院觉得他们正在进入你们理应进入的情境。他们引导着你们。其他一些法院看起来保持着崇高的中立姿态。他们不仅制定法律规则,而且还解释案件事实,就好像是为了法律而生的。我认为,我们应该从对证据的解释中找到这些法院在态度上的分歧。

"态度"这一概念具有比较宽泛的意义。我在上一次演讲中曾经多次提到过:我们发现在两起案件中,两个法院根据两个互相矛盾的理由——两项不同的规则,两项相互冲突的规则——作出两个判决。我也提到了创设第三项规则的可能性,正如俗语所说,这项规则可以调和案件——这项规则或许不同于在两起案件中确定的规则,但却能确保两起案件的判决结果是正当的,并且实际上限定了两起案件的判决结果。一般来说,要想实现这一目的,需要经过以下步骤:进行对比,找出那些既可以区分案件、法院又未予关注的特征,并且强调这一鉴别特征就是支持判决结果的理由。这样的鉴别特征可能是一个事实问题,也可能是在案件的程序安排方面存在的差异。无论怎样,从我们的角度看,引人注目的地方是,已经进行的对比并没有引起讨论中的两个法院太多的关注。究竟是什么让我们注意到态度的问题?假如,如果法院愿意的话,它会发现这样的对比足以调和案件——也就是说,这样的对比从专业上可以使我们的建议解决方案成为可能,问题在于,法院愿意这么做吗？任何一个法院都愿意这么做吗？讨论中的两个法院愿意这么做吗？或者，如果摆在法院面前的事实类似于显然相反的案件中的事实，两个法院——其中每一个，或者某一个法院——就会说："我们不会依照法院先前的做法进行裁判，因为在第一个案件中，我们已经确立了相反的规则。"

在这里，你们注意到，我们已经离开了纯粹逻辑的领域。我们实际上已经离开了纯粹科学的观察与推理的领域。逻辑与科学可能会告诉我们——并且比较确定地告诉我们——那些教义上的可能性是什么。逻辑与科学可能会告诉我们——如果不自相矛盾的话——那些案件的判决结果是否能达到足以整合在一起的确定性。逻辑与科学甚至可能还会为我们提供一种论证工具，旨在向法院证明应当以这种方式将案件整合在一起。但是，某一特定法院是否愿意采纳论证中所包含的那种可能性呢？对此，逻辑与科学无法给我们提供确定无疑的回答。

但是，在有些情况下，在寻找纯粹原理时给我们造成很大麻烦的那些案件细节，现在会给我们带来帮助。法院的措词，法院选出着重强调的要点，法院在应对引证的判例与律师的论辩时表现出来的耐心或者焦躁，法院对当事人表面看来的真实想法——在证据解释层面——所呈现出来的关注或者缺乏关注，法院据以推理的逻辑工具的迟钝或者敏锐，所有这些都为预测特定法院在后来的案件中如何作出回应奠定了基础，尽管这种预测不是确定无疑的，但却非常有帮助。

在进行这样的预测时，最有帮助的是，其他法官间或提出的附加的司法意见。在英格兰上诉法院中，对每一位法官来说，对案件发表意见是司空见惯的常例。法官有时会自己陈述事实，法官经常是先提出自己的推理，最后得出结论。你们会发现，对事实的陈述经常存在差异,特别是在重点强调与编排布置方面存在差异。你们还会发现,看起来对不同的法官具有说服力的法律论证方法也存在差异。偶尔——但却很少——在判决结果上也存在分歧。这就需要注意了。在审阅了同样的记录并聆听了同样的法律论证后,如果不同的法官以不同的方式强调——甚至选择——那些他们认定符合"本案"的事实,那么或许可以推论认为,选择与陈述事实的方式或许是一种暗示法官的思考及其对案件的反应的有用线索。此外,如果不同的法官在达成一个判决结果时发现有说服力的不同论证方法,那么或许可以推论认为,相对于法官们对法律规则的那些语词形式的反应而言,法官们对事实的反应更接近,至少是更可预测的。如果有人认为必然可以根据一般公式推导出结论,那么,当他发现这些英格兰法官在同样的案件中宣示了不同的规则,又将这些规则作为同样判决的基础时,无疑,上面的讨论必定会让任何持有这种观点的人犹豫不决。法官个人意见中的规则存在差异,英格兰的这种司法惯例导致的一个后果是,关于哪一份司法意见——对此后的法院来说——代表"本案适用的规则",经常会在一段时间里存在疑问。因而,法院总是会提供各种各样的——也可以说是相互矛盾竞争的——判决理由。

大体上,美国法院主要习惯于给出一份书面司法意见,这或许是因为,如果只由一位法官为每一个案件准备一份司法意见,那么,法院就可以更快地完成工作;或者是因为,法院更喜欢在案件中适用某一项规则,但律师却经常无法确定该项规则是什么(如果能避免这样的麻烦就好了);或者也可能是因为,相对于英格兰法官来说,美国法官大体上在口头提出司法意见方面缺乏训练,除了撰写书面意见之外,不愿意准备口头司法意见,因而自然在一定程度上把注意力放在埋头书写上。然而,这并没有完全根除古英格兰的惯例。我们仍然会发现附加的司法意见。有时是附随意见

(concurring opinions),在这样的意见中,附议法官认为不能赞同法庭最终意见的部分推理;有时是反对意见(dissenting opinions),在这样的意见中,法官强烈意识到法庭判决中有应该反对之处,因而不满足于投票反对法庭意见,还要把他反对的观点记录在案。在这里,令人感兴趣的是,如果发现这样的反对意见,它就会给我们提供第二个观察点,从而据以预测法院未来的行动。

此外,我还可以补充,尽管很难概括反对意见对将来的影响,但对有些问题的概括似乎是可能的。首先,在审判案件的法院中,反对意见证明已经发生了一场争论并得到了解决,而法庭多数方几乎必定会仍居原位,至少会与法院全体法官保留同样长的任期。有些案件(尽管很少见)却是这一规则最大的例外,在这样的案件中,按照卡多佐的话说,反对意见"是新时代的声音",太过陌生,以至于到今天仍然无法接受这一"新时代的声音"。在宣布判决的法院之外,反对意见的影响是含混不清的。它总是在一定程度上削弱了判例的权威性。部分因为判决是由一个存在意见分歧的法庭作出的,部分因为在法庭多数方的推理及其心理影响弱化的同时,出现了另外一种推理方法。然而,经常会遇到这样的观点,有时看起来很有意义,那就是,反对意见的事实恰恰证明了法庭进行了特别谨慎的考量,因而应当是强化了而不是减弱了判例的权威性。

我认为,我们现在已经准备好讨论先例(precedent)问题了,并且希望能从中学到些什么。在讨论这个问题时,我担心,会像在谈论法律时那样背离正统的观念。这样的奇思实际上是另一个妙想的推论。因为,许多或者绝大多数常见的关于先例的著述,都是将法官关于先例的言说当作原始材料,有鉴于此,我打算把法官关于先例的所作所为而不是他们的言说作为我研究的原始材料。

首先,什么是先例?暂不考虑我们的法律与法律原理的特别之处,总体上讲,先例在于某一位政府官员在类似情况下不断重复的行动,实质上就是他或者他的前任先前的所作所为。因而,先例的基础就是与我们所认知的整个社会的习俗或者制度以及个人的习惯相当的官方惯例。在这样宽泛的意义上,塑造先例的因素与导致习惯和制度形成的因素是相同的。解决问题需要花费时间和精力。如果你们已经解决了一个问题,那么重新提出这个问题,似乎就是愚蠢之举了。实际上,你们很有可能会对重新提出问题的意见失去耐心。无论是惯性,还是便利,都会帮助你们继续在已经建成的大厦上添砖加瓦,也会帮助你们将曾经作出的判决——曾经找到的解决方案——融入你们正在运用的技艺中,而无需重新审视之前究竟是什么促使你们找到了解决方案。从这一点来看,你们会注意到,任何一位政府官员的行动中都会有塑造先例的激励因素,无论其是否需要先例,也无论其是否承认已经存在先例。从这个角度来看,"先例"仅仅是对政府官员或官方惯例的一种稍显庄重的称谓。显然,除非确实有这样的惯例,否则很难知道有官方或政府官员的存在。更明显的是,书面记录先例的制度的存在,很有可能在相当大程度上扩展了政府官员惯例的背景适用范围,甚至,也更可能扩大向外的适用范围——外部模仿的可能性。最后,显然,如果先例的书面记录得以保留,并且还能得到认真而持续的查阅,那么,在这些未经公示的惯例中表现出来的可能变化就会大幅减少。在此,就法律方面而言,律师制度就变得非常重要了。因为,法院或许制作并保留了记录,但却仍然很少给予关注;或者,可能只是给予漫不经心的对待;或者,如果法院后来改变了他们对此类案件的看法的话,甚至可能会刻意地忽视一份不便使用的记录,有鉴于此,律师就会寻找便于支持其观点的判例记录,利用法院先前已经作出的判决向其施压,通过查找、解释、竭力主张先前的判例,鼓动人们提起诉讼。

在这一点上，进入整幅图景的还有一种伦理因素，这一因素主张法院（及其他政府官员）不仅实际上继续坚持，而且也应当继续坚持他们之前的所作所为。在这里，同样，第一个类似之处在于社会习俗或者个人习惯。我既不知道为什么（原因），也不知道怎么样（方式），但我却注意到这样的事实，也就是某人所做之事，除了作为纯粹的惯例之外，在适当的时候还会获得另外一个层面上的价值、另外一种意味——一种在政策、伦理或者道德层面上的意味。某人所做之事变成了应做的"正当"之事；不仅是预期发生的事情，也是对其意外发生可以接受并对其不能发生有所不满的事情。对习惯受到干扰的个人来说，这是真实的；对社会交往来说，当预期发生的事件——以及基于对他人习惯的认知而形成的预期——得以实现或者未能实现时，这也是真实的。实际上，就社会问题来说，在很大程度上，会通过既有的和预期的社会方式形成强迫人们遵守的明显的群体压力。

现在，法律人把所有这一切全部都施加在法律身上。接下来，让我们谈一谈司法意识（judicial conscience）问题。

除了这个不合逻辑、缺乏理性的事实——应然（oughtness）依附于惯例——之外，对政府官员特别是对法官来说，它们就是支持这种具有伦理因素的政策的理由。继续维持过去的惯例，就可以为一位缺乏经验的新任政府官员提供其前任累积的经验。如果一无所知，他可以向自己的前任学习，并且可以通过了解前任的所作所为而获得帮助。如果懒惰，他可以关注前任的做法，并且从前任的工作中获得帮助。如果愚蠢，他可以从前任的智慧中获得帮助。如果存在偏见或者腐败，那么，把他的行为对照过去既有的惯例，就可以对他的偏见与腐败进行公开的制约，限制其纵容偏见与腐败的空间。最后，即使他的前任在塑造惯例时或许本身也是懒惰的、无知的、愚蠢的、有偏见的，但只要能了解到他们会继续维持习惯的做法,就可以提供一个人们可据以预测法院所作所为的根据,提供一个人们可据以提前调整他们的预期与事务的根据。即便是恶法,了解它也是有帮助的。因而,容易理解的是,在普通法制度中,最早形成的是遵循先例的习惯,然后才制定了先例应被遵循的法律规范。我们已经见过了这项原则采取的主要形式,实际上就是这样的准则,即必须根据一般规则把每一个案件作为一个实例来加以判决。对几乎所有的法律制度来说,这项准则在很大程度上是普遍适用的,其他的则应被视为辅助性准则,之所以创设此类准则是为了帮助我们运用过去的判决,并且根据过去的判决作出判断。

但是,接下来你们应该想到,尽管我所说的一切都是对先例的支持,但也有反对意见。或许正是前任的无知、愚蠢、懒惰或者偏见,束缚了一位新的优秀法官。也有可能条件发生了变化,先例在确立之初是好的,但以后慢慢就过时了。最早制定的规则(诉至法院的案件可能表述得很糟糕),可能无法预测后来困扰法院的纠纷的类型。**我们的社会在不断变化,而法律若想适应社会,就必须随之改变。我们的社会是稳定的,否则就不会构成一个社会,而法律如果想适应社会,就必须保持稳定。两个道理同时都是真实的。**或许,某种程度的和谐正是沿着这条路线形成的:在重大问题上,绝大多数需要稳定性;在细节问题上,多数需要变化。无论怎样,我们现在的任务是,研究我们真正享有的先例制度实际上如何运作,竟然能同时实现稳定与变化。

我们还是先转向我所谓的正统先例原则,就实质内容而言,你们已经对它很熟悉了。每个案件确定一项规则——判例的规则。从表面上看,专门的判决理由就是判例的规则,因为它是法院据以作出判决的依据。但是,后来的法院可以重新审查判例,可以援引"法官无权判决未起诉的案件"这一规则,可以通过重新审查案件事实或者程序问题,认定实际诉至法院的案件情况,还可以坚持主张已经作出的裁判必须得到理解,进而得以严格限定。在极端情况下,这样会导致众所周知的结果,也就是,明确"将案件限定于相关的特定事实"。只有在针对诸如暗红色别克轿车里红头发的沃波尔斯(Walpoles)这样的特定事实时,这样的规则才能具有约束力。当你们发现像这样谈论一个过去的案例时,你们就知道实际上该判例已经被推翻了。在这样的情况下,只有一种惯例——稍显不合理的惯例——才能阻止对该判例的断然推翻。主张审理先前案件的法院作出的判决是错误的,肯定让人觉得是不合适的;要是该案是由此刻谈论的同一法院审判的话,就尤其不合适。这看起来让人觉得会削弱法院不会犯错的信条。因此,尽管这样的信条得到了口头的夸赞,但先前法院确立的规则却已被拆解。对该项规则的死刑执行是依循庄重、文雅的司法仪式进行的。

现在,这种关于先例权威性的正统观点——我所谓的"严格观点"——在我看来仅仅是完全相互矛盾的两种观点之一。在实践中,正是这一信条被适用在不受欢迎的先例之中。这是公认的、合法的、值得尊重的删减先例的技艺,旨在使律师在论辩时、法庭在判决时免受先例的约束。这是一把手术刀。

我认为,这种观点之所以是正统的,是因为它比另一种观点得到了更多的讨论。考虑一下这样的状况。剖析一个案件并不那么容易,它需要思考,需要有意识的思考,需要分析。如果仅仅是审视案件,阅读案件的语言,以及运用某个明确表述的语句,那就根本不存在什么伟大的技艺和巨大的困境了。然而,要深入地探究与案件有关的语词,敏锐地重新审查诉至法庭的案件,把案件要点的细微之处从容不迫地呈现出来,表明案件使用的语词完全没有切中要害,却是很困难的。因此,区别案件的技艺就会导致最严密的审查。论证区别的技艺就逐渐系统化了。因而,当人们开始谈论先例的权威或者学说时,就会自然而然地转向有意识地关注如何思考这样的问题;他们挑选案例,分析,论证,都是在这样的状况下进行的。他们把这些内容整合在一起,称之为"学说"。我怀疑,还有支持这一正统观点的另外一个理由,那就是,只有更精密的思维——具有敏锐的心理分析能力的思维——才能完成这项工作,也正是更精密的思维——掌握前沿的尖端技术的思维——书写了它,从而确立了他们撰写此类著作的传统。对他们来说必定是,迟钝的思维竭尽全力做好的事情也是糟糕的,而更精密的思维仅仅是按部就班完成的事情也是好的。他们部分地切中了要害,而你们就可以轻松地从这种严格的先例学说转向其他的学说。如果能做到这一点,你们就能解决这两个问题了。反过来,就不一定了。那么,这种严格的学说就应该是学习的技艺,但又不应该错把它当成了全部。

因为,当你们转向真实的法庭运作,或者,实际上是律师的论辩时,除了第一种观点之外,你们还会发现一种完全不同的实际发挥作用的先例理论。为了给它一个称谓,我打算称之为"松散的先例论"。这种观点认为,法院应当裁决——并且实际上具有权威性地裁决——其据以决定终止法庭辩论或者(在正当辩论之后)宣布判决的每个要点或者所有要点。无论法庭陈述多么宽泛,无论对于事实或程序问题多么没有必要,如果适用的规则是法院设定的,那么,法院作出的决定就是生效的裁决。实际上,这种观点经常被运用在司法意见中,特别是被运用在装模作样的附带意见中。在极端情况下,这种观点会导致这样的结果:仅仅思考和辩论从过去司法意见中发现的语言,还在完全不参考产生该语言的案件事实的情况下援引并运用这样的语言。

现在,显而易见,这种观点已经变成了一种工具,不是为了根据法官的标准剪裁过去的司法意见,而是在发现过去的司法意见方便实用的情况下,把它们当作跳板。这是一种利用受人欢迎的先例的工具。律师和法官都在以这样的方式利用这样的工具。根据那些最受人尊敬的法院以及声望一般的法院的习惯做法来判断,与其他学说一样,这种先例学说也是公认的、合理的、受人尊敬的。

因而,关于这一先例学说,我想请你们牢牢地记住,它是双头的,是两面的。它既不是一种学说,也不是一条学说路线,而是两种学说、两条学说路线,它们可以同时适用于同一个先例,但彼此又相互矛盾。其中,一种学说是为了去除那些被认为会造成麻烦的先例,另一种学说则是为了利用那些看似有益的先例。这两种学说同时并存。整理同一份案件摘要的同一位律师,撰写同一份司法意见的同一位法官,或许会利用一种学说(严格的学说),同时运用另一种学说(松散的学说),对待先例,删除一半,建构另一半。如果认识不到这一点,你们就无法理解法律如何能不断变化和发展,却始终站在历史的基础上。如果认识不到这一点,你们就无法知道如何才能避免法院过去的错误,总是利用法官在撰写司法意见时的每一个幸运洞察,并发现其表达的意思。实际上,在我看来,我们在这里或许可以部分地回答下面这样的问题,也就是,无论好坏,先例都无法利用有说服力的前任法官的工作支持缺乏说服力的现任法官,却可以根据缺乏说服力的法官的错误约束有说服力的法官。再一次审视这个关于先例学说困境的问题。严格的观点——剪裁先前的判例——是很难运用的。无知又愚蠢的法官发现很难运用严格的观点,因为先前的判例会约束他。然而,老练的法官——我们愿意赋予其自由——却因而能随心所欲。他手持利剑,游刃有余。

如果不能看清楚这种实际发挥作用的先例学说的两面性,你们就无法理解,在细节方面,如果仅仅从规则本身,你们所能预测的东西多么有限;为了预测,你们必须在多大程度上转向法官对事实及其身边生活的反应。就此而言,可以再考虑一下英格兰的法院,为什么所有的法官都一致同意判决结论,却对判决结果所应依据什么样的规则存在分歧。

如果把这种两面性的先例学说放在案例课堂的学习中,在我看来,很有可能会导致这样的结果:你们可以从最大价值的角度把每一个判例看作先例,至少从最大价值的角度把每一个判例看作最优的先例。你们会记得,我曾经建议你们尽量用法院自身的语词记录判决理由。你们现在就能理解我要做的事情了。相反,与最大价值相对,你们也会从最小价值的角度把每一个判例看作先例。在这样做时,你们就会关注判例中的细节问题,越细越好。第一个问题是,一个承认先例的后来的法院在多大程度上能公平地使这个判例站得住脚?你们还有可能再加上——尽管这会是稍有瑕疵的权威——看似已经经过深思熟虑的司法意见。第二个问题是,在这种情况下,有多少内容即便是希望规避该判例的后来的法院也无法绕开?

你们现在拥有了作为新案件的任何一方律师都可以依据判例进行争辩的工具。你们可以利用这些工具解决对法院将要做什么的预测的问题。对于某个在事实上与先前案件稍有差异的后来案件,同一法院会采取什么样的观点?它会选择严格的还是松散的观点?在你们之前已经形成司法意见的其他法院会如何利用这一判例?在这里,你们会回到我之前讨论过的态度问题。在这里,你们会利用一切——你们所了解的法官个人,特定法院的各种倾向,或者,实际上是在行业范围内、案件情况下或者一般期限内法官或者法院的倾向——无论在何种情况下,只要你们可以预期在后来的案件中该情况对法院具有显而易见且至关重要的意义。但是,你们始终都会记得,每一个先例不是只有一种价值,而是有两种价值,这两种价值相距甚远,无论后来的法院赋予先例哪一种价值,这种价值赋予都是值得尊敬的,在传统上是合理的,在教义上是正确的。尤为重要的是,当你们把这种知识注入自己的法律训练中时,我希望,你们会发现,在很难预测的案件中,各种先例的意义必定含混不清,除非法院能确定其中每一个先例究竟是可以接受的,还是不可以接受的。因而,落在你们头上的说服工作,不仅要求提供一个依据权威得到你们为之奋斗的结果的技艺阶梯,而且,如果你们打算按照自己设计的方案使用先例,那么这项工作就要求你们(针对事实问题)说服法院相信你们的诉求是合理的。

人们——很奇怪会有那么多人——认为先例可以提供或者已经提供了某一种确定答案,不需要再做判断和说服,或者认为我所作的描述要么体现了法院不适当的含混表达,要么背离了法院黄金时代的办案风格——这些人根本不了解他们生活在其中的先例制度。

第五讲

船、鞋子与封蜡

就法律以及法律研究来说,除了判例制度之外,还有很多内容值得学习。既然最有压力的任务已经完成了,并且你们至少在一定程度上理解了什么是判例研究,那么,我们就可以舒适地休息一下,更自由地放任我们的想象,并且在法律的牧场上闲逛一会儿,就像我们看到的每天溜达的老马。然而,法律的放牧仍未结束,还包括下列广泛的内容:逻辑,法律的历史,以及令状簿册(Register of Writs);欧陆法,夏延人的法律*,少年法院;霍菲尔德(Hohfeld)的分析,联邦宪法;布拉克顿(Blacton)和布莱克斯通(Blackstone),曼斯菲尔德(Mansfield),柯克(Coke)和边沁(Bentham);英格兰法如何来到美国;制定法,涉身政治的法官,法律识别与检索;律师准入,律师职业;图书馆的使用,法典,法律的迟延。让我们从中挑出一些,点上烟斗,吸一口,然后,在烟雾中欣赏美景。

---

* 夏延人(Cheyenne)是生活在北美大平原上的一支印第安人,在初与欧洲殖民者接触时,他们居住在明尼苏达;18世纪时,他们向西越过密西西比河,抵达南北达科塔。卢埃林和霍贝尔(E. A. Hoebel)在研究夏延人法律制度的基础上,提出了一种研究法律的人类学方法。在此,"夏延人的法律"喻指区别于欧陆法的"原始人的法"。参见 Karl N. Llewellyn and E. Adamson Hoebel, *The Cheyenne Way: Conflict and Case Law in Primitive Jurisprudence*, University of Oklahoma Press, 1941。——译者注

布莱克斯通

曼斯菲尔德

柯克

边沁

一、逻辑

或许,首先要讨论的是逻辑在法律中发挥的作用。因为,如果你们还记得,我对逻辑的评价有点苛刻。有一种观点认为——我觉得仍然有人持有这种观点——法律由原则(principles)与规则(rules)构成。一位大师级的工匠能把这些原则与规则编排在一个庞大的等级体系中。最理想的是,位于这个等级体系顶端的是一个单一的大前提,那就是至高无上的秩序的统治者。在这个统治者之下的是克利格(Kleagles)、克拉克桑(Klaxons)、克劳(Klaws)*,等等,以至更为普通的法律规则。紧接着,就是根据这些普通的规则对案件排序:对事实的简单认定,把每个案件列于适当指定的位置,根据小前提(大前提即划分案件的规则)为每个案件设定一个开庭期。曾经也有人不那么理想化地、踌躇满志地将这样的排序适用在一些特定的法律领域。实际上,我强烈要求你们去整合一组案例,其实就是想为某个细小的法律领域建构一个具有这种属性的微型体系。

现在,这样一种由诸多命题构成的逻辑体系,无论规模多么适度,都不可避免地脱离了现实中的案例。归纳性构造的实质在于大前提的创设,它不仅包括可以观察到的现象,还包括所有类似的现象。因而,对于判例规则最适当的、最纯粹描述性的逻辑编排,总是非常宽泛,足以涵盖比你们刚开始接触的更多的判例。对于更多这样的判例,在被视为一个描述体系时,逻辑的编排就会作出如下评论:"如果我对案件的描述是正确的,那么将来的案件 a 和 b 就会有结果 x,就像已经对案件 a 和 b 作出了宣判一样,案件 a′和 b′也会有 x 那样的结果;但将来的案件 c 和 d 会有类似先例的结果,如果这些将来的案件会有类似先例的结果 y,那么案件 c′和 d′也会有类似先例的结果 y。"

然而,在法律意义上,你们的逻辑体系不会仅停留在编排既有的可观察材料的层面,或者仅限于对这种编排的描述。在有关先例的事实与学说的支持下,你们的逻辑体系将其内容转换至应然

---

* 克利格(Kleagle),是在"三K党"(Ku Klux Klan)中主要负责征募新成员的高级指挥官。此处,作者应是喻指居于金字塔式的法律体系中间的各种法律原则和规则。——译者注

层面(这并不影响逻辑)。因而,这种逻辑体系的评论在语气和内容上都会有变化。这时候,这样的逻辑体系会作出如下评论:"如果我对公认学说的描述是正确的,那么,将来的案件 a 和 b 就会有结果 x——这些案件应当有那样的结果,而如果法官恪尽职守,他就会负责使案件产生那样的结果。"因为你们的逻辑体系现在已经融入它的每一份初始资料——融入据以建构逻辑体系的每一份判决——应然的理念。这些初始资料的表述不再仅仅指涉法院如何基于既定事实作出判决。这样的表述已经——幸亏有先例的补充——各自逐渐变成同时关涉某个法院现实中如何判决以及将来的法院应当如何判决的陈述。通过向将来的法律官员描述一项由先例赋予的权威命令,描述这样一份资料就相当于是宣布一份判决。

因而,你们从案例整合中推导出来的规则,不仅是描述性规则,也是应然性规则。如果规则是正确的,就可以从大前提中得出结论,对于将来的某个特定案件,也应该以这样的方式而不是其他方式作出判决;实际上,还应该对大前提补充说明一层含义,也就是,审理将来案件的法官会恪尽职守。

那么,在对法院实际上会作出什么样的判决的预测层面上,当你们按照这种方式创设规则时,明显有三个可以批评的地方。人们或许可以通过质疑你们的逻辑来批评规则:你们会在推理时出错;你们会(比如说)过于在意律师极为常见的逻辑错误、模棱两可的中庸之道、一语双关等。或者,我们在这里重新回到可观察材料的层面上,你们或许应该以这样的方式创设你们所谓的规则,从而使其无法涵盖在你们之前的某些案例,或者无法涵盖与那些案件裁决相反的某些案例。其次,要讨论的不是你们逻辑上的演绎推理,而是你们归纳推理的适当性。最后,有人或许还会批评你们关于将来法官的言外之意;你们或许完全可以选择一个前提,涵盖你们的材料,你们或许可以合理地推导出后面的结论——但将来的法官却有可能不受这些约束。用我上一次演讲中的话来说,将来的法官或许不会接受你们的推理。此外,我们已经看到,**每一个先例——随着将来法官可能会有的态度变化——都是模棱两可的**,根据实际需要或宽或严,因此,显而易见,你们最初的归纳推理必定遵循将来的法官在这方面的态度,否则就无法与法官的所作所为保持一致。

由此可见,越来越清晰的是,一旦付诸实践,你们在适用规则时的演绎推理部分(在理论上)或许就是完全确定的,有鉴于此,你们先前的归纳推理,不是从确定的材料,而是从不确定的材料展开的。因而,在你们赋予其必然任意的形式,从而可以在逻辑上掌握推理时,实际上也是一种有判断、直觉、预测等因素融入其中的推理。显而易见,在选择你们赋予推理的确定形式时,你们必定受到这种欲求——你们的结论可以在事实上、在生活中发挥作用——的指引。因而,你们必定会根据对法院如何把其中每一个案例当作先例的预期来裁剪个案的初始材料。仅此而言,在你们作为非诉讼参与人的角色中,商务顾问(business adviser)——预测法院将要做什么的人——的目的旨在准备诉讼事务。

但是,作为一名辩护律师(advocate),作为一名要上法庭进行辩论的辩护律师,问题就稍有不同了。在这里,你们归纳出来的规则具有一种在观察者的研究中缺失的显著特征。除了书本上选定的案例之外,规则还必须适用于你们正在处理的实际案件,并且还必须令人信服地适用于案件,还必须能按照你们的需要对案件作出判决。在这里,你们的归纳推理工作有一个预定的目标。你们现在提出的归纳推理所依据的,更多地是你们对规则的欲求,以及你们对规则可能进行怎样推导的预期,而不是当前法院的态度。这并没有改变构造一个逻辑合理的规则体系——搭建一个我所谓的据以实现目标的坚固的技艺阶梯——的职责。但是,它却可以影响你们处理先前案例含混不清的初始材料的方法。此外,你们的技艺阶梯在演绎推理方面也必定是令人信服的,因而,它也可以影响你们强调、编排、划分讨论中的案件事实的方法,从而阐明案件事实中那些便于纳入你们确立的前提范畴的重要内容,"在规则的范围内"对该案作出明确界定。

到目前为止,我做了一个假设,那就是,仅就逻辑结构体系的纯粹演绎方面来说,只要你们进入事实领域,就会找到确定的结论。实际上,现在应该是时候对这一假设提出质疑了。这会让我们再一次面对生活中各种各样的事实状况,再一次面对法院判决中"解释初始证据"的程度问题。最终所要面对的是,即使是在根据——事实上——它的本意对证据进行解释时,仍然有待完成查明证据的法律意义的工作,那就是把个别事实或者事实的集合划分成法律意义上抽象的种类,而这些正是法律规则的术语:"轿车"或"机动车","道路"或"公路",等等。例如,我们在一家私人公园中应该如何使用踏板车?在这种情况下,首先在选择初始证据时,其次在解释或者变更已经选择的初始证据时,最后在依据法律意义划分其重要性仅次于事实——意义已经确定——的材料时,都需要作出判断。对辩护律师来说,根据模棱两可的先例,不仅在归纳推理方面,而且在演绎推理方面,都应该让人们相信把任何具体的事实归入抽象的事实种类之中,是法律意义上的规则可以期待解决的一切。实际上,法律的逻辑,无论在方法上可能从形式逻辑中获得多少助益,无论多么恰到好处地实现协调一致,在据以搭建技艺阶梯的存在争议冲突的论域中,都会失去所有严密的精确,失去所有牢固的根基。

这是导致逻辑混乱的一个原因吗?不是。逻辑上的错误会给你们的案件制造麻烦。即使在其他方面是好的,那也是糟糕的。

但是，错把你们的逻辑当成"说服"，就是一个更大的错误。如果每一方的材料都存在歧义的话，就会出现不利于你们的、与你们的逻辑同样无可挑剔的逻辑阶梯。即便在你们最初搭建阶梯时，以及在你们进行论辩时，留待你们解决的仍然是"说服"问题。

到目前为止，我们已经从观察者（或建议者）的视角以及辩护律师的视角审视了逻辑与法律的关系。我们已经了解了律师应该如何把他们对法官态度的理解附加在自己的逻辑上；以及，除此之外，辩护律师还应该如何采取必要手段，说服法官接受辩护律师可据以得出有利于自己的结论的大前提。那么，法官自身呢？法官是一台可以自动运行，观察者只需要发现并且仅有一种姿态或者态度的机器吗？法官是一个可以由辩护律师随意摆弄的风向标吗？因案件材料的意义模棱两可所形成的自由空间使法官可以通过这样或那样的方式，有时宽宥案件当事人，有时反复无常，有时责令当事人抵偿，法官是一个不受约束、随心所欲作出判决的暴君吗？就最后一个问题来说，在限定范围内，法官是暴君；但更真实的是，法官不是暴君。法官确实可以通过这样或者那样的方式作出判决，但不是肆意作出判决。对法官来说，这个逻辑阶梯——或者几个这样的逻辑阶梯——就是使法官自身与过去的判决保持联系的方法。作为一名法官，他希望做的正是如此。作为一名法官，即使不希望这样做，他也不得不这样做。这就是公众对于法官工作的制衡。这也是法官对自身工作的自我制约。因为尽管有可能从类似案例中搭建起许多不同的逻辑阶梯，并且再次运用到类似的纠纷中，但实际上并没有那么多已经建构起来的、能经受住考验的逻辑阶梯。其中，仅有一少部分，或者仅有一个，能得到先前判例非常明确的遵守。你们已经看到了制约法官行为的界限。最后，当完成这一切时，法官仍然可以随意选择——在某种意义上。然而，在另一种意义上，他又不能随意选择——因为他是法官。作为一个人,法官的"态度"——他的生命的合成物——限定了他。作为一名法官,他的良知——对他的态度产生强大影响力的因素——限定了他。在面对两种清晰的可能性时,判断哪一种逻辑阶梯能导致公正或者明智的结论,这就是法官的工作。法官需要完成这样的工作,并且基本上都能很好地完成这样的工作。但实际上,法官通常不会这么做。先前的判例经常排成一个逻辑阶梯,极具说服力,以至于法官甚至找不到尝试不同逻辑排列的机会。因此,除非结果耸人听闻——是法官的听闻,不是你们的!——并且在枪口下被迫承认一个不同的后果,否则法官绝不会追求正义。法官会"依法"判决,不会多费心思。特别是,回到先前提及的话题,这种说法适合于缺乏说服力的、缺少审判技艺的法官。为法官提出一个逻辑合理的阶梯,他会觉得不自在;法官的职责在于适用法律;找到一个可替代这个逻辑阶梯的,不是法官的技艺,或许是一个更有智慧或者更有经验的头脑。我们再一次看到智慧被制度化,被运用并且被转化为一种有效运行的制度:正是遵循着逻辑,缺乏说服力的法官被囚禁在前任法官建造的围城之内;经由逻辑的方法,在判决需要时,有说服力的法官可以翻越围城。无论是其中某一个方面,还是两个方面,都增进了公共福利。

现在,这种特别的逻辑方法,这种与其说旨在从案件中查明什么,不如说是为了判决当前案件而从一组判例中归纳大前提的逻辑建构——正是我们判例法制度的精髓。然而,这并不适合于每一种法律制度,即便是每一种基于判例法建构起来的制度。古典时期的罗马法学家,尽管他们也是个案处理,但看起来似乎是在建构一个不可思议的制度体系;优士丁尼法典之前的法兰克和日耳曼法学家在这条道路上存在着巨大的差距。法律制度即法律(整体以及每一部分)的逻辑构造,有一个描述这种法律制度的拉丁文词组:法律的优雅(Elegantia juris)。我们的罪恶缺乏优雅,甚至格调,我们的美德是一种朴实耐用、富有乡土气息的常识。

从这个角度看,我认为,你们会理解其中部分指导老师的态度。他们对某个命题的演绎推论几乎毫无兴趣。他们在坚持演绎推理方面毫无耐心。在规则范围内向他们展示一个难办的案例,也不会让他们产生任何面临决战的兴奋感。一旦认识到案件难办,他们就会抛弃规则,并且重述规则以避免麻烦。他们看起来似乎并不消沉。那些经过严格演绎推理训练的学生会有些吃惊——还经常会心生厌恶。我觉得,那些学生没有什么太重要的理由。一个人,受过专门训练,并且知道我们的法院会像他一样工作。他所查找的并不是——一般意义上——有效的规则,而是适用于当前问题的规则。他所关注的是,创设与权威机构相一致的前提,以及根据需要判决他所面对的案件的前提。前提就是前提,特别是——不涉及说服问题。这就是他要教给你们的。他能教给你们的事,是值得学习的。那就是,在选择大前提时,应该保持适当的弹性。这是一个实用主义的世界。多数大前提仍然受制于人们需要的并且已经确定下来的结论。

我不想把你们的训练仅限于此。你们还必须在实践中运用演绎推理。幸运的是,你们还会面对其他一些创设并且运用大前提的指导老师。尽管他们也经常会跟其他人一样缺乏逻辑上的说服力。他们也是自身的训练场所——我们的法律——的产物。而我们的法律不喜欢定义——除了特别的界定。在我们的制定法中,比较谨慎的法律包括了一些定义。但是,对一般意义上的法律来说,则完全没有。"在这个行为中",就是它们所意指的意思。即便是在这里,它们也缺乏——并且也有理由缺乏——清教徒充满自信的意味。这些定义包含了如下内容:"除非这样的语境或者主题有其他方面的要求",否则 x 就是指 a 或 b 或 c。现在,缺乏术语界定的演绎推理,就是一种警察抓小偷的游戏;你们可以享有你们抓住的任何东西。你们还会在这种学术推理的实践运用中——正如法学家一样——发现我们认为最困难的、含混不清的任务经常被忽略,那就是,原始事实在普遍"重要的"法律类型中的分配。

简单点说,从逻辑方面看,我们的法律有很多东西要学,而我们(作为你们的指导老师)也要学习不少东西。但是,正如我希望能表明的,这并不意味着你们不需要它,而是意味着你们有机会改进现在流行的司法技艺——如果你们会用判例知识与常识在每一个案件终结处来调适你们的逻辑。

同时,从这个角度看,你们会在判例研究中发现另外一种价值。每一个司法意见都是一个——根据先前判例进行的——法律推理的例证。每一个司法意见都是关于某个法庭认定裁判具有说服力的例证。无论是关于逻辑的法律运用,还是关于说服,在这里总有些东西值得学习。这里需要注意的是,无论是糟糕的推理,还是合理的推理,其中几乎都有值得学习的东西。一份精致的司法意见就是一个司法审判工作的典范。但是,一份拙劣的司法意见也会提供一个你们不得不应对的思维类型的例证。

仅此而言,我还想要求你们注意观察,逻辑论证与法庭辩论是有区别的;证明两个事物之间存在特定的逻辑关系与通过讨论和描述赋予两者这样的逻辑关系、进而说服其他人相信存在这样的关系,也是不一样的。你们总是试图根据规则处理事实,而在依据规则陈述事实时,没有比上述情况更值得关注的了。你们在论证时使用情感语词,旨在把态度引向你们的论证想要达到的结果,而这种对情感语词的使用,在技术上是类似的,但在逻辑上是不同的。正如你们先前看到的,这种愚蠢的判例出现在传统的诉讼程序中。我希望你们能密切关注法官司法意见中的这些问题。这些问题并不总是,却经常意味着有缺陷的逻辑正在被遮蔽。

二、规则、惯例、政策、制定法

到目前为止，我已经提出了作为应然规则（rules of Ought）——告诉法官及其他法律官员应该做什么的规则——的法律规则问题，并且我在第一次演讲中已经指出，法律实际上就是法律官员所作所为的规则。在此，我必须解释清楚两者之间的关系，同时，还要解释清楚两者在整个制定法体系中的地位。

或许，可以给出答案的最好方法是，稍微回头看一看我在前言中的观点，并且替代性地主张——作为一个修正的前提假设来说——法律的核心部分必须包含法律官员的所作所为，而规则必须帮助人们要么预测法律官员将要做什么，要么促使法律官员做些什么，只有在这种情况下，规则才有现实意义。或者，如果你们想要阐述法律纠纷方面的内容——在较为宽泛的意义上，既包括族群内最为原始的法律形式，也包括我们称之为国家的更大族群之间依然原始的法律形式——那么，活法（living law）的核心在于实际上如何解决纠纷，并且只有在与解决纠纷相关的情况下，规则才有现实意义。但是，无论你们是否赞同我的这个观点，你们必定会赞同需要兼顾规则与结果。这是一个问题。如果你们能知道你们正在讨论的问题或者你们的目标在哪里，就绝不会将二者混淆。这是另一个问题。

在这里，观察并且逐个剖析我们所谓的关于法律的多层次讨论，特别是在案例课上，对你们来说会是有益的。但跨层次讨论绝不会是有益的。人们必须始终清醒地知道自己正在谈论哪一层次，他人正在谈论哪一层次，并且确信能校正不同层次上的差异。此外，人们还必须知道并且表明如何在不同层次的法律问题讨论中进行转换。另外,这还涉及欺诈、误解以及普通无行为能力等问题。

(1) a. 首先是关于法院在某个特定案件中实际上作出什么样的判决的问题——推翻判决,责令重新审理——以及关于法院宣布什么样的明示判决理由(express ratio decidendi)的问题。这些都是可以观察到的事实。这些事实是一切讨论的起点。除非你们掌握这些事实,否则,关于任何问题的任何论辩都是毫无意义的。

b. 接着是关于判例规则——源自与大量其他判例的比较——是什么的问题。这并不是那么简单,但确定判例规则的法律程序是清晰的。技艺精湛的观察者经常会赞同以下两点:(i) 可以用判例制定合理的最大安全性规则(safe maximum rule);(ii) 必须允许判例包含合理的最小确定性规则(certain minimum rule)。

(2) 与前两个问题相比较来说,还有一个涉及法院解释或者转化初始证据的方式、态度及准确性的问题。在这里,开始出现判断因素,你们和我或许都不赞同它。但至少我们可以使这个层次的讨论区别于前面刚刚讲过的那些层次的讨论。在这里,我们先假定事实源于我们正在讨论的法院解释,并且,我们还要关注依据已经转化的事实制定的规则。

(3) 有一个涉及——在某个特定法院,或者总体上讲——案件可能具有的先例价值是什么的问题。在这里,同样也会在很大程度上出现判断因素,并且无法预期会形成客观的一致意见;因为我们必须思考我们在第二层次工作的结果,还必须要考虑更多的问题。然而,在这里,同样地,仅就所有人赞同的话语层次来说,这是一个预测法院实际上将要做什么的问题。你们可以——如果你们愿意的话——从应然的层面表述这个问题:法院对案件的理解影响着自身的所作所为。我认为,后一种表述很容易令人产生误解,必定复杂而繁琐,但也确实合情合理。

(4)有一个评判这个案件——及其对其他案件的影响——会对外行人产生什么影响的问题:法院的判决与那些受法院影响之人的行为方式之间的关系。我再次强调,这完全是一个描述或者预测层次上的问题,但却是一个非常复杂的问题,也是一个相对于第三个问题而言涉及甚至来自案件之外更多信息的问题。这些影响或许取决于(例如)那些对后来案件的结果作出极不准确预测的人——这些人对案件存在极度误解,还取决于他们意在通往一个想象中的法院办案环境,而非他们自己所处的真实环境的自我重新调整。

(5)a. 有一个涉及评估法院在案件审理中的行为——包括法院行为在何种程度上是可欲的——的问题。这当然是所有问题中最复杂的问题,因为它包括了所有前面提到的以及各种各样的前提,同样也涉及应当将什么样的价值作为基线与目标。至少对于理解而言至关重要的是,你们只有在处理了前面四个问题之后,才能着手解决这个问题。最后,这个评估的问题,尽管预设了其他问题,也绝不会触及据以讨论这些问题的层面。

b. 还有一个涉及从学说的视角评估法院的判决或者理由的问题。在这里,假设权威机构设定了某个前提或者概念,从而在比较前提的情况下,检验法院的行为在教义方面是否正确。教义方面缺乏思想的思想家们使用同样的技艺,在同样的逻辑层面上,不在于检视案件是否"正确",而在于检视它是否符合某个特定的假设前提,无论是学说,还是预测——换句话说,也就是检验它是否符合对从其他案件中归纳出来的"规则"的某种阐释。显而易见的是,这还没有触及第(3)个或第(4)个问题,(实际上)甚至是第(5)a. 个问题。

接下来,有一位思维僵化的理论家建议排除任何来自法律领域的此类问题。然而,我认为,同样显而易见,对所有这些问题来说,至关重要的仍然是法院将要做什么的问题。我认为,在研究完一组判例并评估法院究竟在多大程度上遵循先前法院的判决之后,人们就可以开始构思概括性陈述,并且对法院的行动进行概括性预测了。我会毫不犹豫地把这些预测当作规则;然而,就此而言,这些预测既是法院行动的规则,也是对法院惯例的陈述。正是根据先例原则,法院自身也才同时将这些预测视为法院行动的规则,也就是法院的准则。仅此而言,这两个关于预测与应然(Ought)的短语适用于同一范畴。然而,如果你们放弃相对比较固化的预测意图,你们就会陷入困境,正是由于这个原因,如果有人告诉你们某项特定规则就是那个恰当的规则,而不是"一项准确的预测",这时候,你们听到的就是他基于无人知晓的东西而提出的价值判断。如果你们能记住事实并且以判例为依据,特别是在检验一项规则是否以及在多大程度上可以令人信服地承认是一项应然规则时,如果你们能记住检验的标准是:法院会在多大程度上遵守该项规则——那么,无论使用何种语言,你们都会万无一失。

我该如何让这一观点符合制定法的事实呢?我们生活在一个理论上权力分立的政治制度之下。就此而言,至少,理论实际上是适用的,法院与立法机构都同意在立法机构适当通过法律时,法院应该受到制定法的约束。但制定法毕竟是规则,表现为各种形式的书本语言。

到目前为止,这些就是制定法与判例法之间的主要区别。法官对规则的创设,总是在特定案例中并始终围绕着特定案例而展开,而且是向后看的(looking backward)。判例创造规则;法官坚持以特定案例为依据;法官创设的规则通常具有较强的判断力,并且非常严格。任何的革新都有条不紊地局限在相当严格的限度范围内——部分革新可以在实践中尽量使新的判决符合旧的法律;即便是在语词上,也很难使大胆的革新符合旧的规则。可以通过有意识的政策限定部分革新;判例法规则(尽管是新的)得以适用,就好像它们始终都是法律;这源于我们普通法的传统,也就是"法官只宣布而不创设法律"。如果知道判决的效力会溯及既往,并且无法预测新的判决在多大程度上会破坏人们的预期,那么法官就会非常谨慎地转而寻求新的理由。接下来,如果要对一起案件作出判决,就会面对浩如烟海的普通法——普通法在盎格鲁-美利坚判例法传统的范围内,特别是在美国,可以适用于任何一个法院。最后,在这里也是至关重要的,判例法在语词表达方面是不确定的,很不容易作出清晰的界定。要不然,你们为什么还要学习法律呢?

但是,相对而言,**制定法在整体上是创制出来的,涵盖了较为宽泛的领域,并且是向前看的**(looking forward)。**制定法仅仅适用于发生在其生效之后的事件与交易,而那种原有的审慎要素逐渐消失。此外,制定法也是一种公认的重新调整法律的机制。制定法不仅反映单个的纠纷,而且还反映整体上不同类型的纠纷。从本质上讲,制定法是政治性的,而不是司法性的;制定法是根据权力制衡原理重新调整纠纷;制定法不是通过规则的细微变化来裁决单个案件,而是重新安排大量相互冲突的利益。**同样,法律的制定也局限在一定的范围内,从整体上看,属于与社会有关的限制自由活动的领域;但相对于法院来说,立法机构却是一匹脱缰的野马。最后,在语词表达方面,制定法是明确而严格的。仅就单个州来说,制定法的效力是地方性的。你们的推理不可能从制定法导向判例法。某个州的制定法不会提供任何依据,支持在另一个没有类似制定法的州得出类似的结论。更可能的是,恰好得出相反的结论。制定法的存在反而强调在有制定法的州——进而在有制定法的任何地方——都不适用普通法。

好吧,请注意,那些用确定语词表达的制定法规则使我们完全摆脱了预测的问题。那里只有应然,纯粹的应然。对此,恐怕我得表示怀疑了。因为制定法的基础恰恰是法律的普遍性。如果没有记住任何特定的案例——或者在某些情况下,太过强调对某个特定案例的记忆,而没有根据经验反复灌输给法官审慎的态度——那么制定法的语言就要面对一系列特定的案件。与前面提到的推理问题一样,关键在于如何划分这些全新的含混不清的具体事实,这些事实能否纳入制定法的分类中呢?活的制定法的意义——例如,一项判例法规则的意义——就取决于对这一问题的回答。接下来,如果想要理解制定法的话,我们就必须转而预测法院将要做什么。如果可以的话,我们就会借助法官的所作所为来进行合理的预测。

我在这里并没有讲到宪法,也没有谈到法官认定宪法优于立法、否认某项特定的制定法合法有效的权力。我只是在讨论制定法的意义,法官坚持在宣示与实践中让自己遵守法律,并且法官仅仅是"适用"法律而已。

我描述的大部分情况都属于判例固有的特性。在国外,有些地方凭借祈祷和技艺制定法律,法官经年累月把自己视为近乎机械的法律解释者,即使是在那些地方,我们也会遇到这样的情况。即使是在那些地方,我们也会发现,我们必须求助于判决——在大多数情况下——去理解制定法的意义,而欧陆人早就意识到这一事实了。但是,在我们的判例法制度中,还有很多其他的原因。首先(要解决这个问题),我们可以看到大量制定拙劣的法律,以至于起草者是否了解他们想要的东西都值得怀疑,更不用说他们用自己的语词所表达的意思了。随着政府立法起草机构实践的不断丰富,这种弊病正在减少。其次,我们到现在仍然可以看到在法院与立法机构(有相当的公共职能,有相当的威信,重视交易技艺)之间存在一定程度的分歧。法院始终把普通法看作一个内在融贯的制度体系,可以用合理的方法解决所有可能发生的纠纷。但是,制定法却在不断改革和侵扰普通法的制度体系,当然,制定法也是普通法机体上的瑕疵。在我们看来,系统的、完整的、专门的法律编纂是很奇怪的,尽管对欧陆人来说,这是众所周知的。我们看到了单个的制定法——瑕疵,我们也正在以这样的方式对待制定法。在一定程度上,这是有原因的。制定法确实需要适应判例法。制定法不可能孤立存在。任何语言都不会孤立存在。语言只能根据生活的背景来描述生活。在(不明确的)制定法中使用的法律术语,必须根据产生术语的法律来描述这些术语的意义。只有案例的背景才能说明法律制定者试图阐明或改变的法律是什么,那么,也必须在这样的背景下探求法律制定者的意图。如果你们对此表示怀疑的话,可以翻阅针对某个调整对象——例如,货物买卖——的阐释清晰的制定法,例如《货物买卖法》(the Sales Act),你们或许会认为任何一个商人都很熟悉这部法律。在读过10个或20个法条后,你们对案件仍然一无所知,这时候,你们就会明白法律条文并没有给你们解释清楚多少问题。最后,正如我所说的,制定法需要适应判例法。这种适应只有通过使两者结合在一起才能完成。这种必要的适应在某种程度上必定是相互的;人们不可能认为立法机构——带着其设想的单一目标——想要歪曲并且消灭它没有提及的所有邻近的现行法律。

然而,从另一个方面看,与制定法的这种对抗还远没有抓到重点。制定法的颁布恰恰是为了终止变化。因而,应该划出制定法的范围。赋予制定法以普通法的意义是一回事,利用人为的解释削弱制定法则是另外一回事。我怀疑,正如我之前指出的,对于技艺的自豪感与嫉妒心在相当程度上催生了这一伟大的格言,即制定法对普通法的削减应当经过严格的解释——也就是说,制定法应该被赋予的意义很少能与其可能被赋予的意义保持一致。另外一种足以催生这一伟大格言的因素几乎肯定可以归因于法官在阅读和书写方面受到的训练：首先，以财产法方面的律师为例，他们把财产转让限定在意义最接近的术语范围内（人们愿意让赋予术语的意义超过他们必须赋予其意义的范围吗？）；其次，以具有熟练技艺的诉状起草者为例，他们受过专门训练，想方设法对相关文书作出不利于拒绝接受这些文书的当事人的解释。不难看出，在我们的古老制定法中，绝大部分废话让法官很不情愿地作出判决，这反映了一场不利于法院的智慧对决。

另一方面，我们还有另外一个更为晚近的至关重要的格言：补救性制定法（remedial statutes）应当得到自由解释。这个格言代表了一种更好的洞察。但是，在这里应该注意的是，就先例来说，在整个普通法中，法律技艺提供给法官的是一个两面性的前提。在法官需要时，正如他正在审理的案件所导致的，如果看起来制定法难以适用，法官就可以严格解释制定法——作为"对普通法的削减"；而如果制定法比较明确，法官就可以自由解释制定法——作为"对普通法的补救"。

在结束对制定法的讲解之前，我还要强调另外一个问题：如果制定法是地方性的，其效力是地域性的，如果制定法无法为普通法的供给（reservoir of law）提供推理的依据，那么，当你们在一起案件中遇到一部制定法时，你们能一带而过吗？制定法不会对判决产生一般性影响吗？你们不需要牢记制定法吗？作为纯粹的资料，或许你们不需要制定法，除非类似的制定法在其他地方显示出存在的迹象。但是，作为一个法律技艺问题，在你们的案例教科书中，一部制定法比一个普通法判决更值得深入研究。无论制定法的具体内容可能是什么，它都会向法院提出一个问题：如何解释——如何对待制定法？关于这个问题，法院的进路与解决方法非常典型,适用于我们所有的法院,这是一个你们必须了解的典型过程,甚至是一个除了令人厌烦的琐碎细节之外你们无从理解的过程。你们不可能像读一个判例那样去阅读一部制定法。人们不可能心情愉悦地反复陈述呈现为不同形式的同一思想。每一个语词都有它存在的意义。你们掌握了每一个语词,却忽略了整体的意义。人们不敢有任何限制。在一部制定法中,实际上几乎很少有格言。所以,请认真对待你们遇到的每一部制定法中的每一个语词吧!

三、正当性、权利、霍菲尔德*

回头看看,我发现,已经讲过法院应该如何解释制定法了。我毫不怀疑,在某些场合下,我或许会随意评论法院应该做什么。长久以来,法律始终被当成一个特别涉及应然范畴的问题,以至于很难让人们转而思考实然层面的问题,很难客观地把它呈现出来。然而,也不会完全停留在实然的层面。只要法律官员还在处理人们的事务,我们就必须考虑我们希望他们如何处理事务。在我们当中,有些更有抱负的人会坚持"正当的"处理。另外一些人或许想知道谁知道什么是"正当的",以及他们可能如何表达这样的处理;然而,关于应当如何处理,他们仍然坚持认为他们自己的判断是最优的。

---

* 韦斯利·霍菲尔德(Wesley N. Hohfeld, 1879—1918),美国法学家,1901 年毕业于加州大学(伯克利),1904 年毕业于哈佛大学法学院,曾担任《哈佛法律评论》编辑,自 1905 年至 1918 年先后任教于斯坦福大学、耶鲁大学法学院。其代表作品包括《应用于法律推理中的一些基本法律概念》(Some Fundamental Legal Conceptions as Applied in Legal Reasoning, 23 *Yale Law Journal* 16[1913])及《应用于司法推理中的基本法律概念》(Fundamental Legal Conceptions as Applied in Judicial Reasoning, 26 *Yale Law Journal* 710[1917])。——译者注

韦斯利·霍菲尔德

这一层面的问题,就是我所说的社会价值问题,始终关注那些思考法律的外部人——路人或者哲学家,政治科学家或者改革者。在某种程度上,这是一个在思考时过于精打细算的问题。更容易看到的是规则,而不是规则的效力;如果你们把遗嘱写成契据(等同于实际行动的书本上的规则),看起来似乎更容易获益。在某种程度上,这应当归因于研究对象的性质:如果我们是门外汉的话,我们想从法律中得到的是结果,也就是社会处理的结果。这就是旨在创造结果的法律人(law-men)的事务。公民的事务仅仅是指令他们去做什么。最终,在评判什么是正当的事情上,法律人世代相传赋予自身一种像祭司一样的地位;对道德境界问题的讨论恰好切合了法律的尊严。在埋头钻研时,我发现了一种高贵的尊严。我发现不同的道德境界会引发不同的实际行动,并且较高的道德境界会使有效的实际行动每天都有所提升。然而,这只是个人的奇思异想。这个问题很少能使门外汉产生兴趣,更不会引起大多数法律人的关注。

因此,我要转而讨论普通人感兴趣的话题,法律的正当方法,法律的权利。在这里,你们很快就会产生巨大的困惑。在适用于法律领域时,在有些人运用它时,权利意味着正当的或正确的,在道德上是完好的,在社会上是可欲的。在这个意义上,正当的法律就是正义。就其本身来说,这是一个有争议的问题。人们在什么是正当的问题上仍然存在分歧。我们可以通过区分"社会的正义"(在社会整体建构上的正义)和我所谓的"法律的正义"(在任何特定时期社会建构的体系范围内都可以实现的正义)来对这种分歧稍作限定。任何人关于这两种正义的观点都是相互关联的,但对第二种正义的需求必定比对第一种正义的需求更为谦和。在"社会的正义"方面,人们都会批评整个法律,以及实际上其他的社会制度。人们会把制度中存在的诸多罪恶归咎于制度;人们还会把本应由自然(而非社会)承担责任的诸多痛苦和不幸也归咎于制度。他们的诉求就会拥护立法或者宪法修正,甚至支持革命。但在"法律的正义"方面,人们必须关注并批评法院。如果能意识到的话,人们就会发现,法院必须在由特定规则构成的体系范围内活动。从社会上看来,无论规则对某人或者其他人多么不公,规则依然如故。在某种程度上,法院就是规则的喉舌。法院能做的事,法院能做的一切,就是随时随地在琐碎细节方面轻微地消解一般方案的机械僵化。即便如此,也仍然会有发生纠纷和争端的空间。那些批评一般方案的人,无论从整体上,还是在局部范围内,都会要求法院充分行使——甚或超越——自己的权力。如果法院稍加改变,就会有人喊"狼来了"。但在这两个方面,大多数人都缺乏我之前谈到的判断力。他们不会区分"法律的正义"和"社会的正义"。他们要求获得两种正义,并且按照他们自己想要的形式,同时从所有法律官员(法官及其他官员)那里获得两种正义。如果他们没能得到,他们就会诅咒"法律"。在某种意义上,情况确实如此。对"法律"上不公的好斗意识会激发改革的力量,而公正的权衡或许会有效地抑制这样的力量。另一方面,那些能够看清事物的存在与变化方式的人,只要进入对抗状态,就能更有效并且更持久地解决问题。

之所以在这里讨论我们初次接触的所有这些问题,是因为几乎每一个与法律打交道的人都会在我们讨论的某个阶段加入其对法院的行动及制定的规则的公正或正确的看法。还因为在那样做时,他们很少区分,并且几乎不能阐明他们正在谈论的是哪一种正义——"法律的正义",或是"社会的正义"。还因为他们甚至几乎不能确定据以主张特定案件公正与否的假定(价值前提)是什么;这就意味着,他们无法告诉你们接受他们的观点是否明智。最后——这特别适用于撰写法律著作的学者——因为学者的判断是依据特定案件公正与否而作出的,所以他们通常会英勇地为自己的观点辩护,而他们的观点会使自己无法明辨、探讨或者适当地考量那些不利于其观点的案例与权威。我们可以原谅学者忽视不利于其观点的政策论据,但是,如果有学者在热情地劝说法院改弦更张时,歪曲了法院事实上的所作所为,就很难再原谅他了。实际上,很少有学者能免于这样的指控。

关于正义与法律权利的问题,需要对另外一个有影响的问题开放,而这种影响甚至具有更直接的实践意义。法律的正当性导致了法律权利的问题,法律权利又导致了一般意义上的权利问题;而一般意义上的权利又是一个意义混乱的语词。首先是在法律和非法律的意义之间,在涉及法院和与法院完全无涉的问题之间。因为在常见的语言中——确切地讲,通常在法院的司法意见书中——不同的权利体现了行为或者关系的不同方面,而这些行为或者关系的不同方面是可欲的,并且得到了社会的认可。"此刻,你们不认为我在自己的权利范围之内吗?""我想要的一切就是我的权利。"这些既涉及我的需求或行动,也涉及社会上对我的需求或行动的认可。在这个意义上,我对人们认为应归我所有的东西享有权利。但是,显而易见,这些问题或许并不涉及法院,实际上只是促使法院作出不利于我的决定。当我坚持向左手边发牌,或者阻止你的错误引牌时,我或许会得到社会公众的认可。当我追上并痛打那个把洋葱砸到我眼睛上的人时,我或许会得到社会公众的认可。一方面,法院不会在意社会公众的认可;另一方面,法院会因此而对我处以罚款。所以,在法律的探讨中,人们必须一开始就(并且积极地)把权利这个词限定在纯粹的法律问题上。在不考虑法律的情况下,我们还有另外一个术语,足以指涉你们想要的或者需要的东西:利益(interest)。

然而,这并不是全部。权利,在法律意义上,是(就像在非法律意义的用法上)可享受利益的。正如在非法律意义的用法上,权利被当成是与个人相关的,个人享有权利。法律,在此处思考的范围内,被认为是由规则构成的。**个人权利源于规则。孕生权利的规则专指实体规则,这样的规则指引社会中的行为方式。如果一种权利受到侵犯,作为一项救济,你们就会获得另外一种不同的权利,一种"行动的权利",一种"次要的权利",一种"获得损害赔偿的权利"。**你们会看到,首要权利与救济权利的内容是不同的。作为一种首要权利,我有权要求你履行协议,或者离开我的土地,或者忍住不打我。但是,在所有这些情况下,我的次要权利可能仅仅是依法获得损害赔偿的权利。

在这个问题上,你们会遇到可以称之为快乐的理想主义者与悲观的犬儒主义者之间在观点上的分歧。理想主义者(顺便说一句,他们是正统而强有力的,并且在这个问题上控制着过去的法律思考)认为首要权利——我的权利,例如,你们应该履行与我达成的协议——几乎是不可或缺的。首要权利基本上是真实的。首要权利正是抽象的法律的实质。因而,理想主义者在主张你们享有一项完美无缺的权利(该权利——仅仅因为你们唯一的目击证人死亡——不得强制执行)时,并不觉得有太大的困难。仅有次要权利(救济),是不够的。为了抚慰你们,次要权利得以保留。救济——作为次要的权利——甚至在没有关注此类不幸的情况下,或许就被建构起来,以至于这些救济是不充分的,你们不可能依法获取你们首要权利的完整价值。此外,对于理想主义者来说,这是不幸的——但对于该权利来说,却无关紧要。

> 疯子、律师和情人
>
> 都是幻想的产儿。*

这一引用尽管似是而非,但在权利理论还没有开始构建之前,莎士比亚已经表达出来了。

另一方面,犬儒主义者认为,权利可以根据生活中的实际效果来加以恰当衡量。救济的不足就是权利的缺陷。准确地讲,权利的大小取决于法院将要做什么。实体法与程序法的区别是一种错觉,尽管这种错觉——以及任何其他错觉——的普遍流行导致了人的行为,因而必须加以考量。理想主义者所谓的实体权利不是实在物,甚至也不是模糊的实在物;实体权利是法律官员自我设定的目的:让你们履行协议,让你们离开我的土地。但是,我们只能

---

* 此句借自英国著名戏剧作家莎士比亚的戏剧作品《仲夏夜之梦》第五幕第一场,原文应是"疯子、情人和诗人,都是幻想的产儿"。——译者注

从法律效果方面观察法律。根据目的衡量效果,根据目的观察效果,并且为了观察而根据目的将效果加以排序,无疑,这样做是有益的;但是,再次强调,让我们不要错把语词当成结果。语词——实体法规则——源于实体法规则的权利概念,掌握这些语词或许是一个好的开端;对实现目标来说,掌握这些语词或许是必不可少的。两者皆是。但是,我们不应该仅仅停留在这里,所以,让我们继续吧。

你们会发现,我赞同犬儒主义者的观点。然而,即便你们现在站在我这一边,你们也得了解对方的观点。因为正是这样的观点持续影响着法庭的判决以及法律的写作。

除了理想主义者与犬儒主义者,或者正统论者与现实主义者——随便你们怎么称呼他们——之间的这场争辩之外,还有另外一场以权利为中心、针对霍菲尔德的分析、由科宾(Corbin)和库克(Cook)进一步推动的争辩。由于时间有限,我无法充分地评价这场争辩,只会尽量简要地概括这场争辩涉及的问题或者其中一部分。有人认为这对你们的法律研究很有好处,我也这么认为。

这场争辩涉及的问题的实质在于:专业语词在法律意义上的习惯用法曾经并且现在仍然在两个方面犯错误;这涉及语义在两个方面的含混不清:(1)同一术语有多个意义;(2)术语过于宽泛,以至于无法准确地适用于单个纠纷的各种细节。首先,无法在单一意义上使用术语,而只能在几个意义上使用同一个术语,并且是无意识地(无差别地)在几个意义上使用术语。这几乎无法避免造成混乱,产生错误的逻辑,也很难清晰地表述清晰的思想,甚至不可能形成清晰的思想。任何名副其实的逻辑学家都不会容忍这样的情况,任何科学家都不会容忍这样的情况。但是,法律根植于传统,而法律专业术语大部分来自世俗的语言:信托(trust)、代理(agency)、销售(sale)、合同(contract)、要约(offer)、撤销(revocation)、过失(negligence)。这些法律专业术语仍然保留着一些世俗的味道——并且,时多时少,风味迥异。仅就纯粹法律的术语来说,占主导地位的是一种类似的模棱两可的用法:一项特别运行的制度不接受任何学术机构对其专门术语的提炼与准确界定。首先,是模棱两可的术语。其次,是意义过于宽泛的术语:合同、信托、代理、销售、财产;每一个术语都包含多重意义。诚如霍菲尔德所言,这些术语是不能直接使用的,就像普通的盐和石英无法直接用于化学反应一样。人们当然能找到更小的普通元素,它们之间各种各样的组合构成了更大的复合物。人们找到一些数字,来描述它们,界定它们,表明它们的关系,赋予它们起清晰的名谓。其实,这些更小的普通元素证明了(正如在常见的法律适用中发现的)对权利这个概念的细分。讲到这里,我应该说,现在从犬儒主义的视角介绍了霍菲尔德,并且在前面的介绍中已经概述了他的观点。当然,我不确定霍菲尔德是否会赞同我这样的概述。但是,作为教师,我必须努力改善我自己,正如(我相信)你们也会努力改善你们自己。

96　　在这里,对法律专业术语的使用来说,至关重要的是霍菲尔德的三个主要分组:在其选择的严格意义上,权利(right)或主张(claim);特权(privilege)或自由(liberty);权力(power)。简单点说,正如科宾所言,义务(与权利相对的另一端)就是我必须做什么;特权就是我可以做什么;权力就是我能做什么。此外,权利也是其他一些人必须为我做什么。那么,在这个体系建构中,"必须""可以"和"能"都仅仅是指法院在特定情况下可能会做什么。必须做,就是让法院强制你们的行动;可以做,就是不受法院的干扰;能做,就是影响法院做什么。下面,让我们开始逐个讨论这些严格的概念吧。

　　一个人只享有针对另外一个人的权利。**所有这些法律关系都**

是人与人之间、并且仅仅是人与人之间的关系。总有一个人站在法律关系的某一端。A 享有一项要求 B 应做某事的权利。我再次强调,在这种情况下,假如 B 不那么做的话,A 就能请求法院找 B 的麻烦。但该权利使 B 站在另一端。B 负有的其实就是义务,与另一端的权利相对的义务。这种法律关系是同一的,唯一的区别在于视角不同。如果从可能会受到法院惩罚的那个人的角度来看,你们会把它当成义务。如果从可以要求法院惩罚对方的那个人的角度来看,你们又会把它当成权利。在任何一种情况下,无论看起来像一堵墙,还是像一棵树,你们看到的都是同一只大象。如果 B 负有对 A 做某事的义务,那就意味着,假如 B 不那么做的话,A 就能请求法院找 B 的麻烦。

接下来,我们再看看,这对犬儒主义者意味着什么。所谓义务的"履行"(例如,我认为,粉刷一幢房子,或者不把你叫成小偷,或者圈住我的牛,不让它进入你的花园),对犬儒主义者来说,仅仅是一种特定形式的行动或者节制,旨在避免法院强制义务承担者采取行动。对犬儒主义者来说,根本没有所谓义务的内容,也没有任何道德的力量。在他们看来,这仅仅是一个关于法院将要做什么的纯粹预测的问题。如果我不粉刷这幢房子的话,法院就会爬上我的房梁。另一方面,对义务的衡量是非常明确的。有两个方面:如果真要爬的话,法院爬上房梁有多大难度?法院爬上房梁在多大程度上是适当的?义务会随着爬上房梁的体力或概率的消减而减少。这也就是说,权利也随之减少。就实践的目的来说,可能性似乎就是确定性;爬上房梁和阻止爬上房梁的必要行动一样,似乎都令人无法接受,这样说有时或许是适宜的。但是,如果不关注这样的事实——对于任何个人义务的承担者来说,可能履行义务的程度以及爬上房梁的限度,都是具体情势的关键——的话,那就会得不偿失。现在,只剩下最后一个问题了。基于这些假定事实,有并且仅有一个检验是否存在义务的特定标准,那就是:法院针对审理中的诉求作出支持原告、反对被告的判决。请你们注意,这就是"定义"。

就义务来说,支持被告的判决是不明确的。它可能意味着,从来就没有什么义务——例如,被告从来没有作出过承诺,或者承诺没有对价(consideration),并且也没有法律上的利益;或者它可能意味着,尽管有义务,但被告只是在做他不得不为之事——"履行";或者它可能意味着,原告无法为了自身利益而采取必要措施,促使被告即刻履行义务,例如,原告坚持要求在不提供报价的情况下取得货物;或者它可能意味着,原告错误地提起了诉讼——并且,无论判定被告是否真正承担义务,诉讼都是不必要的。但是,支持原告的判决总是表明存在义务。同样地,判决支持反诉中的被告(他实际上是作为原告进行诉讼的),并且为了方便起见,诉讼程序只允许同时审理两项反诉请求,因为诉讼双方当事人在很大程度上都是基于同一法律事务。

到目前为止,我们讨论的是权利—义务。如果是霍菲尔德,他会提醒你们在使用"权利"这个术语之前一定要关注"义务"。谁是你们始终要考虑的特定的义务承担者?你们能让对预期的义务承担者履行义务行为的描述,完全符合你们认为的对方(权利享有者)有权要求的行为吗?如果不能的话,在霍菲尔德看来,你们就不是在谈论我所谓的权利。你们享有按照自己的意愿使用你们手表的权利吗?接着,谁在另一端承担义务?每个人——每个负有不烦扰或者不干扰你们的义务的人?X的"不干扰"符合并且包含让你们按照自己的意愿使用你们手表的意思吗?有些问题在这里讨论并不适合,那些问题是什么呢?

在回答这个问题时,霍菲尔德会求助于他的第二组概念:特权

(privileges)。你们按照自己的意愿使用你们的手表,在他看来,根本不是"权利",而是"特权"。这并不是在另一方当事人无法做某事时,你们就能得分;而是在你们做某事时,另一方当事人不能得分。这种情况完全不同于"权利—义务"。这无法根据这样的预测——除非发生某事,否则无法要求法院采取行动——加以衡量。 98
这可以根据这样的预测——即便发生某事,也无法要求法院采取行动——加以衡量。如果我能采取行动,并且不会面临法院干涉的危险,那么我就享有特权。但是,特权还会让某个特定的人站在另一端。特权,从另一端的角度看,就是霍菲尔德所谓的"无权利"(no-right)。如果 A 享有砸碎自己手表的特权,那么 B 就不享有砸碎 A 的手表的权利。我认为,如果你们把"无权利"替换成"不得分"(no-kick)这个术语,你们就能更清晰地理解它的意思。这个词不优雅,但很实用。这个词形象地表达了霍菲尔德的另一个观点:特权,就像侵权法中的权利一样,通常都是一大批一大批地出现,它们在内容上很类似,它们之间的区别仅仅在于处在法律关系另一端的人有所不同。我享有一大堆可以销毁我的手表的特权,其中每一项特权都可以对抗你们能确定的任何人——如果我有权的话,你们能确定的每个人就都不会得分。但是,我或许会专门跟 B 签订契约,把我的手表卖给他。据此,尽管我仍然保留对抗你和 C 以及无数其他人的优先权(prior privileges),但我还是失去了对抗这个预期购买者 B 的特权。接下来,你们就要开始理解霍菲尔德思想的功用了。在日常生活中,每当你们系鞋带、吃午饭、抽雪茄时,就设想自己背负着成千上万的特权,这看起来太过复杂累赘了。但是,就其全部的理论建构而言,霍菲尔德是一个很注重实效的人。他的思想建立在法院审理的案件之上:每一个案件中的每一个原告,每一个被告,每一个问题;需要检验的每一项特权或者每一项权利;原被告之间的每一种关系。在这里,如果将 A 的权利

第五讲 船、鞋子与封蜡 | 123

限定于 B 的义务,并且把 A 的特权对应于 B 的不得分(no-kick),无疑,关于这个问题的思考就厘清了。

特权这个概念直接涉及你们对侵权法的学习。A 殴打了 B。显而易见,A 负有不那么做的义务。但是,B 正在殴打 A,A 是在正当防卫,那么,A 有权殴打 B。B 没有权利。法院作出支持被告 A 的判决。如果你们认为 A 有权殴打 B,但却不能判决 A 获得损害赔偿,相对这种情况而言,对案例的分类就会更加清晰。对案例的分析也会更加清晰。因为如果一项对被告有利的判决不是基于原告的程序性过错,而是基于特定的事实,那么,法院就会依据其中一些被认定为重要的事实,通过法庭判决为被告创设一项特权——然而,如果根据严格的先例原则,就绝不可能通过法庭判决为任何人创设任何权利。

另一方面,在合同法中,你们尤其会遇到霍菲尔德的第三类关系。这种关系在很大程度上区别于另外两种关系。可以说,"权利—义务"与"特权—无权利"是既有法律地位的构成要素。这些要素涉及的是一个暂被视为静态的领域。"权力—责任"(Power-liability),作为第三类法律关系,涉及的是一个动态的领域,涉及法律状况因人的行为而发生的变化。"权力—责任"的最终目标旨在创造被我们当作原被告之间"权利—义务"或者"特权—无权利"关系的那些条件。但是,到目前为止,那种预期的创造并没有发生。接下来,为了考察权力,我们要背弃犬儒主义的观点了。暂且基于方便的考虑,我们假定,权利与特权至关重要——主要是为了更方便地划分不同步骤,而这些步骤可以指引我们预测法院将要做什么。就你们的思考与讨论来说,这是危险的事情。然而,我希望,我们可以经受住这场风暴。

正如霍菲尔德所言,权力是这样一种状况,即 A 能以某种重要的方式改变 B 的某种法律关系,改变 B 的任何一种法律关系。因而,权力是一种与法院的所作所为存在稍许偏差的预测。像大多数特权一样,大多数权力并不是那么重要。如果愿意的话,我们可以想象这些权力,但却无关紧要。或许我得知自己拥有一种权力,通过殴打你来为你创设一项你以前不曾享有的、可以即时向我请求损害赔偿的权利,这也几乎没有什么意义。重要的在于这种状况的义务方面,而不是权力方面。然而,如果问题在于我是否享有一种违反你我之间签订的合同的权力,从而不仅赋予你一项可以即时请求损害赔偿的权利,而且还将你对损害赔偿的请求限定在某个特定期限内,那么,权力这个概念就有助于更加清晰地解释所谓请求履行权的真实内涵。

在许多领域中,权力这个概念都是非常有价值的。因此,当我向你提出一个要约时,我就是在为你创设一种承诺的权力,并且,如果我们根据你现在(不受我的影响,仅凭你自己的行动)能够在改变我们彼此之间关系时完成的事情来考虑权力的话,我们之间的整个协商过程就都能解释清楚了。但是,从另外一端的角度看,法律关系可能会受到对方影响的人——在这种情况下,被动的一方当事人——的权力,不会被忽视。这样的当事人会被告知负有或者承担一种义务,而义务的履行会导致法律关系的改变(例如,对要约的承诺)。"权力"这个术语被剥夺了本身令人不悦的事务的内涵,我可能会非常想要你接受我的要约。在这里,"责任"这个术语看起来仅指一个意思:一个人基于自身动机而采取的某个行动,会改变另一个人的某种法律关系,这个因而受到影响的人就要承担法律责任。

接下来,我就要跟你们谈谈这些奇怪术语的功用了。判例是复杂的,很难比较。有太多的事实,有太多可谈的话题。很难触及每一个问题的核心,甚至很难系统地加以表述,从而阐明它们之间

100

的相互关系。但在每一个判例中,如果仔细观察的话,你们就会发现问题都集中在霍菲尔德划分的在特定原被告之间的某一种关系上。被告是否负有一种对原告的义务——以及被告有没有"履行"义务?被告是否享有一种做其所做之事(不利于原告)的特权?是否存在一种特定的权力——以及如果存在的话,这样的权力得到正当行使了吗?其中任何一个问题都处在争论的中心。这样看来,借用更优雅的思想术语,以及更优雅的思想工具,你们就可以理清问题。这样看来,你们就可以为了比较而理清一系列问题——你们可以敏锐地观察到每一项判决在多大程度上与其他判决有关。显而易见,是因为你们的术语很清晰。准确地讲,是因为你们的术语很严谨。

接下来,如果准备系统地讨论更多的法律,而不是用那些内容随不同文本而异的一般术语东拉西扯的话,你们就要从这些清晰的术语中建构起你们的一般概念——从而形成一个清晰明确的整体。你们之所以能够运用一个整体,是因为你们了解它的组成部分,是因为你们了解它的结构体系。"合同"是一种 A 对 B 或者 B 对 A(通常更多地是双方同时互负)的义务,该义务源于某一种协议。但是,首先应当注意到,即使双方的义务是现实的(例如在一个买卖协议中),在任何一个特定的案件中,可能也只有一种义务涉讼。你们怎么知道,在拒绝 B 从 A 那里获得赔偿时,法院依据同样的事实,不会让 A 从 B 那里获得赔偿呢?你们不得不一个一个地面对、查明这些义务。此外,你们还会注意到,"合同"通常是由当事人相互交流的一系列话语构成的,法院都用要约与承诺的术语来讨论这些问题。但是,如果你们注意到是哪些情况赋予 B(基于自己的动机)干预 A 享有的依法设定的权力,你们就会更清晰地理解案件状况;接下来,你们就会追问究竟 B 会对 A 的法律设定产生什么样的影响,并且 B 必须采取什么样的措施影响 A 的法律设定。因为你们接下来会发现,即使在"承诺"之后,B 仍然享有与 A 有关的权力——因为所有人都喜欢承诺权;此外,对于 A 的意向来说,这些权力通常都是不可撤销的。A 失去了撤销权;但我们或许仍然与 B 所享有的可以即时要求 A 做某事的任何权利相去甚远。根据这样的分析,"合同"也无法在语义模糊的情况下同时适用于许多案例。合同之所以越来越明确,就是因为你们理解了合同的构成要素。你们之所以必须使合同越来越明确,就是因为这些构成要素(而不是整个"合同")一个一个地出现在构成法律——以及构成你们工作——的个别判例之中,并且成为那些判例的转折点。

四、初审法院?人民?

在终止我们关于封蜡、卷心菜以及国王的讨论之前,还有一个有待讨论的问题,在所有零散混杂的重要问题中,这是最重要的一个问题。这个问题不得不同时涉及统觉团、法律是什么、隐藏在判例背后的是什么、程序法与实体法的关系、你们的研究与实践的关系以及你们的研究、实践与整个世界的关系。这个问题就是对所有当前和过去关于法律的讨论的几乎无药可救的偏见。我们讨论立法机构以及最高法院。我们几乎不讨论其他问题。你们发现我正在尽力让你们看清隐藏在判例背后的是什么。难道是基于自身的原因吗?根本不是,仅仅是为了让你们能够理解上诉法院的司法意见。你们发现我正在试图分析"法院"与"法官"的工作——一会儿批评,一会儿又赞赏。是什么样的法官呢?上诉法院的法官。你们发现我正在讨论"法律"、法律是什么以及法官在做什么。我认为,法律的核心就是官员——所有法律官员——的所作所为,并且在刚刚提出这种看法后,我就告别自己的讲台,转而开始一讲又一讲地仅仅讨论这些高级复审法院(courts of high review):它们在做什么。

很显然,我在表达自己的观点。正如我所说的,如果上诉法官所做的远比上诉法官所说的更重要,那可能仅仅是因为对其他人、门外汉以及法官对他们作出判决的可怜家伙来说具有重要意义,而在我看来,这也只是重要意义的初始表现。在这样的基础上,你们肯定会问我:上诉法院是怎样影响民众的呢?如果有 1000 个案件上诉至最高法院,就会有 10000 个案件终止在中级上诉法院。如果有 1000 个案件诉至中级法院,就会有 10000 个或者 20000 个案件根本没有上诉。此外,如果有 1000 个初审案件在上级法院——郡(县)法院、巡回法院或者高等法院——审理,就会有 10000 或 20000 个初审案件在某些下级的初审法院——小额诉求法院、市法院、地方法官或治安法官的法院——得到终局裁决。因此,在不断流动的成千上万没有上诉的案件中,存在着法律官员对社会的影响——即使在诉讼的领域内。此外,还存在着行政机构的重大影响。根据我自己的表述说明与前提预设,这些都是很重要的事项。我竟然在自己的讲述中忽视了这些事项,真没想到。

然而,我还能做些什么呢?就像每一个都在努力研究法律的人一样,我也受到了统觉团的约束。我清楚地看到了我曾经学会看到的东西。与其他人一样,我还受到了这个古老的真理——效用限定了视野,效用越来越重要,以至于好像效用就是全部——的约束。我有关于地方法官工作的记录吗?我应该怎样获得那些记录呢?有关于地方法官工作的记录吗?如果有的话,我必须自己去查找吗?但是,上诉法院却使查阅地方法官工作记录变得很方便。上诉法院发行(刊印、装订)的判例汇编,在我看来,都可以在图书馆中找到。这种方便的信息来源充满诱惑。人们之所以研究它,首先,是因为它就在那里,并且也正是因为研究它,人们才将其融入意识形态之中。意识形态发展、传播,得到认可,获得力量以及自身的存在形式,变成一种至关重要的事物:最高法院的规则与观念。除此之外,还有一些重要的问题。实际上,如果案件被上诉,上诉法院的判决就是最终判决,判了就算的判决。因此,我们不能忽视上诉法院。在重大的——值得上诉的——问题上,我们可能并且必须重点研究上级法院。即使在无足轻重的问题上,我们也应看到,上诉法院的规则有利于上诉法院强制影响下级法院,下级法院则试图对上诉法院言听计从,我们可以据此推测下级法院可能做什么。然后,我们就有借口、有理由去关注这些上级法院。然而,这难道就是让我们的研究止步于上级法院的理由或者借口吗?

  我们有什么样的正当理由来支持司法系统本身——我并没有说行政系统——保持统一协调的运作?我们观察各个州的最高法院,发现它们的表达不同于它们的实践。在各个州的最高法院的工作中,我们发现,可以部分地相信他们的规则,但也只是部分相信而已。在各个州的最高法院的工作中,传动带在规则与结果之间滑落。那么,在差距不断变大,并且我们全力奔跑时,我们难道不能假定会出现更大的过错吗?在每一个阶段,法官越少受到赞誉,就会有越多的法官犯错,我们难道不会猜测,法官能力的平均值也会越低吗?我们难道不会推测,有其他介入因素会驱使法官犯错,就像上级法院规则的因素一样越来越趋于无效,传动带与传动装置之间的相互作用以一些奇怪的、无法预料的方式转动机器吗?无知、偏见、意外、喜好、懒惰,甚至腐败,有多少、多长时间,什么时候,以及在什么地方可能发生?程序体系的建构在规则与结果之间居于什么样的地位?然而,你们会根据结果来了解它们。对社会来说,法律就是法律的所作所为。你们能在所有关于上诉法院的专门研究中发现关于法律所作所为的描述吗?

此外,情况通常如此,我根本没有解决办法。我们可以提出一个至关重要的问题:查明规则的官方说法的必要手段有哪些,以及最高级别的司法官员在如何适用规则方面具有哪些经验?在有些人的事情严重到有必要考虑法律官员时,按照那些门外汉对法律执业惯例以及相关信息意义的理解,来查找某一项执业惯例以及某一种信息。我们也可以时常关注以这种方式描绘出来的图画的边界。但是,当你们越来越深地钻入这幅图画的某个局部画面,而忽视了所有其余画面时,我们无法避免这幅图画被歪曲。我们无法让你们注意其余的画面。我们既没有智慧,也没有知识——我们没有,任何人都没有。我们应该(也正在)把获得必要的知识作为第一个起点。别无其他,仅仅是第一个起点。在通往智慧的道路上,我们应该抵达了第一个阶段:我们当中已经有人开始猜测,我们当中任何人的知识在什么程度上是有限的。与此同时,你们的任务就是,让你们自己总是——尽可能地——根据已知的知识去探寻未知的领域;这项规则对什么人至关重要?以及,即便对那个人重要,这项规则究竟又在多大程度上至关重要呢?

第六讲

法学院提供了什么

　　法学院拥有完全可以满足你们需要的或者至少是听课需要的专业知识,从而使你们完成案例课。现在,是该回到我们开始的地方,再一次关注法律究竟是什么了。我打算带你们沿着三条不同的路径展开观察。首先,是第一条观察路径:法学院关于法律职业的导向是什么?法学院能提供什么来满足你们的需要?为什么有些东西法学院提供,有些东西不提供?有哪些东西是你们实践中需要的,法学院却没有提供?对这些问题的回答是:法学院可以提供给你们实践中需要的几乎所有东西。此外,不可避免,我还会谈一些关于你们如何留在法学院的问题。接着,是第二条观察路径:法律的哪些内容与我们的文明相关?它有价值吗?它是如何成为那个样子的?它还增加了什么?最后,部分源于前两条路径,还有值得探究的第三条路径,作为这一系列演讲的结束语:在学习法律的过程中,存在哪些可能性?为了什么样的目的?在学习过程中,有哪些东西是值得接受的?

　　现在回到法学院,首先,谈一谈法学院的课程。课程的目标是什么?我们已经看到,它至少有两个目标:一是使你们有能力胜任法律执业,二是使你们能够适应法学院设置的课程。那么,就让我从如何使你们有能力胜任法律执业谈起吧。

在这里,我假定,你们在法学院遇到的第一件事,像任何人通常都会遇到的第一件事一样,就是你们需要"学习法律"。你们需要信息、知识,你们要对规则无所不知。我是传谕者——我讲话时,不要插嘴。* 先生们,我们会让你们做到!但是,有三年的时间,我们必须全力以赴,辛勤耕耘,努力学习,我们无法绕过这一过程,而且,我可以公道地说,这一过程可能会伴随我们一生。任何法律体系都会显得太过庞大。在高度发达的文明中,法律过于庞大,以至于无法完全理解。社会如此复杂,以至于我们在它面前感到窒息,而我们自己的法律就是在如此复杂的社会中对各种利益冲突的规制。尽管如此,我们或许仍有希望学会很多——因为规则都是抽象的。虽然人们不得不为了理解每一项规则的意义而钻研十几个判例,但规则的抽象表达可以简化"理应关涉的"理由。制定的规则(彼此相互协调一致)不再需要把它的适用范围扩展得过于宽泛。因此,无论在法国还是在德国,绝大部分规则都被简化成系统的法典,法律研究可以迅速穿越这些延伸的领域,尽力满足有志于研究全部法律的人。法典是经过深思熟虑清晰构想出来的、编排有序的文本,主要用语足够简明,适用范围足够宽泛,因此,研究法律的任务就变得相对容易了。同样,也因为实际上德国仅有一套法律体系,法国也仅有一套法律体系,仅有一个立法机构,一个最高法院,因而学习法律的任务变得更容易了。尽管如此,教师们却要放下手边的工作,转而拼命进行各种貌似不可能的

---

* 此句(I am sir Oracle—and when I ope my mouth let no dog bark)借自英国著名戏剧作家莎士比亚的戏剧作品《威尼斯商人》(I am Sir Oracle—and when I ope my lips, let no dog bark)。朱生豪先生的译文是:"我的说话都是纶音天语,我要是一张开嘴唇来,不许有一头狗乱叫!"参见〔英〕莎士比亚:《莎士比亚全集》(二),朱生豪等译,人民文学出版社 1994 年版,第 8 页。——译者注

尝试。尽管如此,对于教师授课内容过度抽象化的担忧却与日俱增。在德国,更有甚者,例如,有一种为期三年的法律实习生,在获准从事法律执业前,需要在法学院完成三年或者四年的理论学习。

除了少数几个根本没有实习制的州,以及那些只有松散且较短实习期的州之外,美国的大多数州都采用三年的实习期。从这个角度看,无论优劣,我们没有法典。我们制定的法律大多是把那些恰巧貌似值得立法的东西毫无次序地堆在一起。美国的制定法是编排无序的规则集合体,甚至很少尝试涵括整个法律体系。除了制定法之外,我们的法律还有很多隐藏在判例中,因而很难寻找,很难发掘,很难表述,臃肿庞杂,使用不便。既没有唯一的立法机构,也没有唯一的最高法院,而是有五十一个最高法院,每一个都说话算数,并且向公众发布各自的法律。回去看一看书架,量一量存放法律的书架到底有多长,问一问图书管理员书架每年增加多长。不会吧,我们多元司法管辖制度的性质,我们制定法的偶然汇集,我们判例资料的具体归纳法——这一切使我们学习法律(就像知识一样)完全变成徒劳。

接下来,该做什么呢?我们可以选出一些看起来特别有用的知识领域,即我们觉得每一个法律人都需要了解的知识领域。这些领域实际上非常有限。我个人可能仅仅关注某些与程序以及证据有关的领域。还有其他一些我比较确信的知识领域,在我们的制度中,就是具有如下基本特征、可以在工作中使用和思考的工具:人们必须对这些知识非常熟悉,才能像法律人一样思考,才能对某种情况作出评估,才能让自己在各种法律部门之间游刃有余。此外,法律人还需要一些可以直接用于执业实践的知识。例如,合同法、侵权法、信托法、公司法、财产法、衡平法,等等。从此往后,关于知识的问题就会很少提及了。或许,某个学生能直接使用他恰巧在这些课程中获得的全部知识或者与这些知识类似的任何知

107

识,但这样的可能性都是微乎其微的。更确切地说,这些知识变成了一种学习工具。假如没有这样的知识,就无法理解法律。因此,必须重视这样的知识。但是,如果从职业用途的角度来看,这样的知识本身并没有什么特别的价值。有人可以设置二十门法学院没有、任何学院都没有设置的课程,并且用这些课程来替代法学院提供的二十门课程,但在比较重要的效用方面,也不会有什么太大的差别。好吧,再查看一下你们手上附有法学院目录的课程指南。记下《法律百科全书》主要条款的目录,然后拿它们跟法学院的目录比较一下。此外,任何一位精力充沛的教师都会在《法律百科全书》还没有关注的材料的基础上开设几门课程,当然也是高水平的并且对你们有益的课程。或者,从我们"提供"的任何"一门课程"中分设出三门。

因此,在详细讨论完这些多数人确信需要的零散的琐碎问题之后,我们就要转而讨论大学教师试图为你们讲授的知识方面的问题;通过教育培养使你们有能力在你们真正理解时去寻找想要的东西,以及让你们了解它将来会变成什么。然而,我们在这两个问题上所做的工作是令人惋惜的。如果说我们根本没做这样的工作,这并非夸大其辞。接下来,就是你们的第一项课外作业:搞清楚如何了解你们想要的东西的法律意义;搞清楚在你们需要时如何得到它。在第一年里,这个作业并不特别重要,但它却是你们下一年的主要工作!

下一年以及再下一年,另外一项主要工作就是补充知识,自我阅读。之所以是你需要的知识,是因为你就是你,而不是因为你是班里的某一个成员。那些知识涉及你们未来的执业,或者你们的利益,或者你们当前一些习惯做法中的不足。因此,知识不可能像雨滴一样同时落在守法者和违法者头上,而是必须加以裁剪,适合你们的需要。这尤其体现在以下三个问题上:首先,是你们打算去从事法律执业的那个州的判例。仅仅了解一个"主流的"美国观点,是不够的。如果案件在芝加哥起诉,你们就需要了解伊利诺伊州的法律;该州的法律或许是其自身特有的。你们应该尽早在笔记以及独立的阅读中注意这个问题。即便案件在该州解决,也并不是说,你们自己州的法律是唯一值得关注的问题。如果你们还没有意识到,方法在任何地方都是一样的,并且除了利用耗费法院大量时间精力的案件细节去寻找你们正在学习的法院办案的方法之外,你们都无法掌握方法,那么,我就是一直在白费口舌。此外,无论是交易还是邮寄,都直接跨越了州界。你们需要充分意识到,法律将来会成为什么样子。你们自己已经确定下来的法律也存在漏洞,这些漏洞可以通过对将来发生事情的关注来加以弥补。但是,你们必须持续积累关于你们自己的地方性法律的条理清晰的记录。

紧接着,第二个问题就是:你们各个地方制定法的文本内容。令人吃惊的是,你们在努力研究判例,希望能了解精致而古老的普通法规则时,如果地方立法机构始终忙于修订这些精致规则的话,那么,这些制定法文本对你们几乎没有任何帮助。各个州究竟基于什么样的研究对象来制定法律呢?制定法的内容是什么?接下来,再回到判例:法院会用判例做什么呢?你们会发现课堂上讲授的这些内容是不够的。

最后,还有一些法律领域,你们没有时间在课堂上学习了。实际上,有些法律领域的知识,法学院的课程是无法提供的。这时候,你们可能会有一点不满。你们是美国人,而美国人都知道,教育都是包装生产的。例如香水,成分虽然是无形的,但包装必须吸引人;如果买了,你就拥有了。没有课程,就没有教育。如果没有教师的讲授,你们就会陷入一片黑暗。你们会感到不满,但你们的不满对你们没有任何帮助。就这个问题而言,无论是在社会上,还是在法律上,都无公平可言。当然,还有书。——这是一个有趣的想法。认真读书,或许也是法律教育的组成部分？甚至持续阅读一些书籍,或许也是法律教育的组成部分？有时候,我很想知道学生在来法学院之前会把法律教育想象成什么样子。——你们可能要认真对待这样的问题:如果你们是在寻找知识的话,那么,从书本上获得知识的时间远比在案例"课"上花费的时间要少得多。此外,你们还可能要认真对待这样的问题:任何一门所谓的课程都绝对无法涵盖一个与知识相关的学习科目。在课程建设或者案例教科书编订方面,第一项工作就是确定在本研究主题下哪些部分应予排除,哪些部分不应论及。你们能认识到这一点,是很重要的。我再次强调,即便是这些"课",也并不是一开始就涵盖了根据同一题名所涉及的相关"领域"。首先,就某一个学习科目来说,从书本上读到的整体观点总是优于在课程中学到的观点；其次,在教师"讲授"整本案例教科书时,根本没有什么优点可言——许多非常重要的内容通常都被案例教科书的主编省略了,而不是保留在教科书中让教师去排除。第三,即便你们不惜一切代价获得了包装教育理论,你们仍会陷入困境:你们的"1 磅"仅有 9 盎司,你们的"1 打"也只是从 7 个到 3 个不等。

因此,在讨论"对规则的理解"时,总体上讲,答案就是:涵盖整个领域是不可能的,但半数左右的课程所涉及的材料,对大多数法律人来说,却是很有价值的。我们并不打算向你们讲授那些你们需要了解的规则。我们据以工作的理论基础是,我们的法学院是一所需要用全部时间投入学习与工作的法学院。这样的理论意味着,学生应当得到的不是课程,而是教育,并且他们应当每周把 50 个小时的时间用在受教育上。

另一方面,我们勤奋并且熟练地努力工作,就是为了帮助你们在遇到案件时有能力处理好。这就涉及判例法技艺的问题。以后我就不再重复讨论这个问题了,我只想强调,在这里,不再是我们教——而是你们学。如果是你们学,那么,我们或许会根据需求去教你们;然而,我们的任务就像在播种:必须要播种,必须要施肥,但播种很快就完成了;真正决定收成好坏的,是时间、土壤以及天气。此外,你们还会注意到,关于案例课的主题,任何宽泛而综合的分析都应该交由你们完成。我们可以分段提供帮助。整体上讲,我们法学院那些比较明智的老师仍然会主要让你们自己完成这样的分析。这是支持检查的第二个原因。第一个原因——每天以及每周检查——旨在根据技术工作的要求奠定扎实的知识基础。第二个原因是支持总体检查的原因:为了从整体上理解主题——获得一个整体的看法;换句话说,从对你们的整体训练出发,为了把材料都装进你们的脑子里,帮助你们能够很快找到适合自己的方法,并且,无论去哪里,都会得到一种驱动式的引导。

我们让你们从另外一项技术开始:源于判例的论证。但是,同样是在这里,课堂训练只能触及以最严格的观点为基础的论证。基于整体规模的论证——留给你们完成。看一下,这样的论证包括:分析情况,选择相关问题,以及设计应该提出的问题。这就形成了一项涉及综合分析的双重工作。你们一开始就把与该问题有关的法律汇集在一起。当海恩斯(Hines)或者哈里斯(Harris)手里拿着雪茄,一面跟你说话,一面摆出王牌时,并没有给他们的案例贴上"侵权案件"的标签。更有可能的是,案件情况涉及侵权法、审判程序、公司法的要素(你们或许确实了解这些要素,但却只是分别知道每一个要素),以及你们可能从未听说过的涉及某个方面的公共规章(public regulations)。所有要素都应分类整理。所有要素都应得到理解。所有要素都应加以组合。按照这样的分析,接下来就是围绕案情,重新整合来自不同"领域"的法律。查明一些可能性;通过阅读,去发现其他的可能性;查找判例或者制定法,发现它们之间的关系;查明它们如何整合在一起,并且相互影响;衡量它们各自相对的重要作用。有效整合的下一个任务是:设计论证。为论证设计一个开头、中间和结尾。使中间部分从开头部分产生,使结尾部分成为前两部分的必然发展结果。认真思考说服的策略:哪个观点需要关注,哪些事实需要强调。你们究竟是应该首先提出一个强有力的观点,从而塑造一个深刻的印象,或者是应该最后再提出一个强有力的观点,从而保留一个深刻的印象,还是应该放弃一切,只留下最重要的观点,在突出重点的清晰度与影响力方面碰碰运气呢？这样的问题正是我们法律职业的根本所在,但到目前为止,却仍然在课堂上没有一席之地。你们可以在课外的模拟法庭——学生针对模拟案例进行辩论的赛场——上开始这些方面的训练。模拟法庭活动不仅会把你们带进图书馆,而且还会让你们展开对发现法律的第一轮抨击。模拟法庭活动还会帮助你们与某个群体迅速建立起联系,而你们希望获得的法律教育恰恰可能蕴含在这些学生群体之中。

先讲到这里,现在,我想向你们提出一些忠告。我一直试图在墙上依次写下的是,摆在你们面前的这项任务既宏大艰巨,也令人不知所措,而法学院的正规课程不足以完成这样的任务。"提克勒(TEKEL):你在天平上称量,显示出你的亏欠。"* 仅仅依靠讲课,是完成不了这项工作的。更确切地讲,你们必须用全部时间全身心地投入到法律学习之中。你们要咀嚼法律,谈论法律,思考法律,畅饮法律,甚至在你们睡觉时梦呓法律与判决。让你们自己沉

---

* 出自《旧约》中《但以理书》第 5 章第 27 节。"tekel"是亚兰语中的"teqel"或"teqil",即"称量"的意思。这个难解的词被写在墙上,是上帝对古巴比伦的伯沙撒王(因道德上的亏欠)所作的判决。每个人都要被放在圣所的天平上称量,以评判他们的品德和灵魂是否与上帝赐予的恩典和福运相称。作出的判决是不能上诉的。因此,所有人都必须时刻保持警醒,以免在永远决定个人命运时,因没有准备好而显出"亏欠"(wanting)。——译者注

浸在法律中——这是你们唯一的希望。为此,除了课堂、案例教科书、你们自己之外,你们还需要一些东西。你们需要同伴,你们需要旁边的邻居。如果这些需要是不可或缺的话,就要用铁钩紧紧地钩住他们:实际上,要煞费苦心。团队的努力有助于思想的深化。团队的努力会形成不同的意见,会导致争端以及有争议的实践,会促成协作的思考以及商谈的实践,会制造对疲惫倦怠者的激励以及对以理服人者的赞赏。三股拧成的绳不易断,团队的努力孕育着救赎。

即使你们只是粗略地看了一下那些构成法律执业的要素,也能明白刚才所讲的这一切,始终围绕着案件的审判。在这里,法学院的课程提供了一定的背景知识:第一年学习程序法,第二年学习程序法和证据法。但是,当你们从当事人那里查明事实——你们的当事人未能适当保留下来的那些不适当的事实——时,那些课程会告诉你们什么呢?如果你们的当事人在法庭作证、交叉询问过程中,因为陈述了你们未被告知的事实而导致你们败诉时,那些课程会告诉你们应该做什么吗?在依据对陪审团的影响来衡量证据时,那些课程又会告诉你们什么呢?是关于概括的技艺吗?还是关于——审判前,不是为了找到适用于案件的"法律",而是为了说服法庭而展开的——案件的初始分析?那些课程帮助你们形成了对案件处理方式与方法的第一印象,以及对如何确保你们的案件记录不被撤销或者攻击他人的案件记录的第一印象。剩下的问题就要涉及你们怎么样走进法庭,观察法官,归纳并努力解决问题,摸索法官办案的方法,查明这些方法在多大程度上可以帮助你们思考选择道路。

接下来,谈一谈关于上诉审判程序的问题。你们研习的绝大多数"案件"都是上诉案件。但是,你们知道如何撰写案件摘要吗?你们能看懂法庭记录吗?你们能在查阅法庭记录时判断哪些案件

111

会在上诉中获胜,或者,同样具有指导意义的是,判断在初审中犯错的辩护律师会在多大程度上操控庭审进程,从而应对你们提出的反对理由吗?如果认为这是第一重要的审判程序工作,你们的模拟法庭就会在课余时间给你们提供一些审判程序的练习。这才是你们的模拟法庭——而不是你们的课程。

接下来,谈一谈关于提供法律事务咨询的问题。幸亏法律教育中出现了新鲜的激励因素,你们才得以在理解规则的事务意义方面受到相当的训练,甚至在从各种法律角度判断案情方面受到相当的训练。但是,在根据委托人的需求判断同样的案情方面受到多少训练呢?在与对方或者他们的委托人进行谈判的技艺方面受到多少训练呢?协商,就是在根据你们的案件坚持以及放弃诉讼请求时,在什么样的程度上作出让步。在恰当时机亮出底牌——在恰当时机增加一些诉讼请求时,你们能接受对方的胜诉,只是为了最终迫使对方——作为对方的一个让步——同意你们想要的那一项诉讼请求。你们要独自完成自己的谈判,同时要处理许多其他的谈判;你们要认真讨论每一次谈判,并且准确地选定最有利的立场,这样做的价值在于可以使其中任何一次谈判都成为所有谈判的基点。以下依此类推。仅就你们的委托人来说,有些事情应该让你们意识到可能面对的危险——委托人会要求你们根据不完全的事实陈述提出法律建议,如果你们提供给他这样的建议,委托人就会根据你们的建议采取行动,如果案件出了差错,他就会认为应该由你们负责。作为律师,你们应该有足够的判断力去怀疑更多的事实,所以,你们要怀疑事实是否确凿,要识别出那些事实,而无论你们的当事人是否想要说出那些事实。有谁会告诉你们,"某个"公司委托你们多半意味着某一位高级职员向你们咨询不是为了获得你们提供的建议,而是在他自己判断失误时找个人推卸责任呢?有谁会告诉你们,一位谨慎的律师从不会根据不确定的案情提供建议,却会在他的法律意见中仔细、全面地重述被告知的事实,并且仅仅凭借对事实的陈述特意提出建议呢?

我们再来谈一谈关于撰写法律文书的问题。你们当中的大多数人毫无经验,还不会使用法律文书语言。你们还不会撰写一份整洁的关于啤酒和麦酒的诉求论证——或者一份关于啤酒和麦酒的异议论证。你们还不会撰写一份适当得体的原告诉状,更不用说一份敏锐犀利的法律声明了。有一种解决问题的方法,那就是实践。但你们还没有任何实践经验。即便问题得以解决,仍然还有法律文书写作的任务。就撰写法律文书来说,我不知道还有什么比它更困难的技艺,我不知道还有什么比它更迷人的技艺。法律是既定的,我们会假定你们了解法律。案情也是既定的,我们也会假定你们了解案情。不仅是你们的委托人想要的,而且是他有可能得到的。现在,先记住这些要点,然后将它们付诸行动;寻找表达它们的语词,使用简洁、准确、扼要的语词;掌握以法律风险为核心的语词;保持语词在第一段与第四段之间的前后一致;在阅读那些语词时,不仅要从你们想要达到的目的着眼,而且还要敏锐地从对方律师的角度观察,并且在面对 15 个意料之外的麻烦事时,还要注意到这些麻烦事表明了哪些法律上的问题——先生们,这就是法律文书的撰写。我把它介绍给你们。到目前为止,比较恰当的标语仍然是:提克勒!

我没有讲法律实践中其他日益变化的方面,这些工作与法院无关,却涉及税务官员、建筑专员、劳工抚恤专员、立法委员会及其他人员。我没有讲太多法律实践中其他方面的问题。然而,我必须简单谈论一个问题:如何通过学校教育培养你们在预测案件结果、法院判决方面的能力?假如法律在任何一个细节上都有不确定性,法院根据事实与先例作出判决,就应该为这样的法院保留自由裁量的余地,法院的态度变得至关重要,如果我所说的这些观点都是正确的——那么,对你们的法律实践来说,预测就是不可或缺的。如果你们作出恰当的预测,委托人会向你们支付费用;如果你们预测错误,委托人也会付费给你们。当然,就不会有第二次了。

那么,这样的预测并不是一个纯粹猜测的问题。假如从街上随便拉一个人,那么,他的预测就一文不值。卓越的预测能力是一种由很强的判断力、丰富的想象力以及渊博的知识共同构成的合力。越是了解法院的所作所为,预测就越熟练。了解越深刻,预测就越熟练。因此,你们参加法学院判例研究会的活动,通过另一种方式为你们所有的法律实践奠定基础。唯一的问题在于:来自课堂上的基础还不够扎实。你们还需要更多的判例,更多更多的判例,更多更多更多的判例。你们是否能记住案件的细节、裁决以及在什么地方能再找到那些案例,都没有那么重要。真正重要的是,持久而认真地阅读案例——不断反复地观察、关注、理解法院的各种反应。如果你们查明了案件事实,在看到结果之前,首先就是预测。接着,再回头看一看。如果你们是正确的,你们的案件是法庭上呈现的那些案件吗?如果你们是错误的,你们又错在什么地方了呢?你们需要的是善良与邪恶的纠葛、盲目与激情的缠绕、愚蠢与明智的混杂。因为你们将不得不对各式各样的法官及其判决作出预测。现在的案例教科书提供给你们的基本上是较好的而不是较差的案例。为了得到一个合理的样本,你们肯定要求助于先前教科书中的内容。因此,案例教科书提供给你们的基本上是存在疑问的而不是容易解决的案例。同样,为了洞察案件,你们肯定要求助于先前教科书中对当前有益的内容。我再一次强调,无论你们是否记得那些具体的规则,都不会有太大的差别。只要你们做了,就是好的。但是,即使你们没有做,也仍然会留下一份无形的、异乎寻常的积淀——正是这样的积淀才会渗透在你们将来的各种预测之中。或许,权威主要是被发现的。一个将要出现的结果,一种将要形成的理论——这一切都是目标。

我现在谈论的是你们在法学院学习的问题。这个问题涉及你们如何处理案件、撰写案件摘要以及如何复习功课。关于这些问题，我已经讲得很多了——或许，还有下面这句话：如果你们已经在笔记的恰当段落下面划上了红色标记，那么，在复习时就放松一下眼睛，节省一点时间吧。

但是，还需要就考试再说几句。我们法学院有两种类型的考试。撰写论文式的考试由问题构成。A这样做，B那样做，C逃跑了，究竟是谁的责任？带着这样的问题，首先要做的就是阅读案例。聪明的人按照时间顺序阅读，按照事件发生的先后顺序逐一确认事实，然后查明每一个事实发生时的意义。之后，他就只需要每一次处理一个新的、变化的事实。等到读完时，他就要分析案例了。如果发现案件比较复杂的话，他会随时记录以免忘记，同时还把打算探讨的法律要点也记录下来。在转而寻找答案时，他就应该设计一个论证。就像我此前建议过的，论证应该从结论开始。如果你们不知道目标在哪里，那就很难到达。如果没有目标，就不会有开始，也肯定不会有中间的经过。我坚持这样的观点。我之所以坚持这样的观点，是因为学生经常会陷入目标选择错误的困境。他们会非常紧张。他们会立刻研究整个问题，就像正在匆匆忙忙吃早餐的上班族。他们会对整个问题留下太多彼此冲突的印象，以至于他们在读过之后甚至比没读之前更紧张了。就在那些彼此冲突的印象纠缠在一起时，他们会因太过紧张而咬坏一半的水笔，突然看看表，发现时间已经过去了一半。于是，他们会仓促参与讨论，写上半页纸，然后突然冒出一个新想法，推翻之前的立场，从而又多了一个疑虑。最后用"时间紧迫，未能完成"来结束他们的回答。但是，如果你们知道目标在哪里，你们就能到达。剩下的时间就能完全用于整理筹划。在用论文方式回答问题时，你们有可能会莫名其妙地绕着问题胡思乱想,总想试图说明所有不同情况下可能发生的后果。可以那样做,如果你们有时间的话,但首先要完成其他任务。

最后一点:如果需要(根据事实或者法律)对案件作出一系列判决的话,那你们就要有一个结论做一个判决,并且说明你们对某个怀疑作出了判定,以及你们是如何对其作出判定的。如果你们判定怀疑的方法解决了所有的难题,那就如实说出来。切记,不要停下来!指导老师希望你们能继续讨论其他那些难题,尽管你们已经成功地解决了那些难题。因此,你们要继续讨论:"另一方面,如果以另外一种方式解决这个怀疑的话,那么……"以论文方式回答问题,简单点说,就是为了检验你们的分析、判断以及论证的能力,同样,也包括检验你们在规则冲突的情况下对政策的判断。但是,指导老师也想要考察你们该门科目的知识。正如老师们所说的,如果做不到这一点,其他都是无用的;但是,如果没有其他的辅助,仅仅做到这一点又是绝对不够的。你们还需要其他一些知识,即使在案例课堂上也是如此。你们应该先把这些知识记下来,然后再依赖它们,利用它们。

另外一种类型的考试就是判断对错。构成此类考试的是大量的陈述,由学生标明对错。这种考试类型的重大意义在于,可以在较短的时间里涵盖较为宽泛的领域,首先是引导你们关注特定的要点,其次是节省你们在书写方面的体力工作。你们既不要把这种判断对错的考试当成一种纯粹的记忆练习,也不要把它看成是一种纯粹的知识测试。这类考试可以设计问题,设计一系列问题,在一定程度上检验你们的综合能力,这在论文式考试中是很难实现的,而且这类考试还可以提供一系列事实,然后再针对那些事实设计判断对错的问题,几乎与论文式考试一样,这也可以检验你们的分析能力。但是,一般而言,判断对错——或者多项选择——问题并不能检验你们设计完成一个论证的能力。正是基于这样的原因,我们才时常通过撰写论文的方式来弥补判断对错的不足。

现在,判断对错问题可能会变成一件麻烦事。起初,总是会有那么一种未曾言说的对错标准。选择你们的导师的观点作为标准,通常是比较安全的。在选修一门课程时所要做的诸多功课中,有一项就是要在考试中判断导师希望你们怎么回答。对于论文式考试来说,这个建议是恰当的。有些老师喜欢看到学生在借用自己的观点时使用的恭维之语。有些老师偏爱辩驳。有些老师坚持认为,你们运用的材料应当恰恰是他们最赞同的材料。有些老师没有这样的偏好。有些老师对政策性论证非常感兴趣——即便是这些老师,我再次强调,也会坚持要求你们在致力于政策分析之前陈述案件的裁决。然而,有些老师几乎只对(就像案件所表明的)结果感兴趣。有些老师希望你们只使用课程材料。另一方面,有些老师承诺从整体上考察该门课程,而不在乎考试内容应该覆盖课程的范围。这就需要你们关注指导老师的类型与特点,而且,对老师的类型与特点的判断(即使是在论文式考试中)与今后对法官的判断,是同样重要的。但是,在判断对错的考试中,这些东西必不可少,成为法学院持续存在的问题,而你们的行动必须以此为根据。

至于律师考试,我们就无法控制了,我也没有太多要说的。律师考试对法学院的课程安排有一定的影响。律师考试对法学院课程安排的影响在于:因为我们知道你们会(在第三年里并且之后很快)同时阅读关于律师考试的书,拓展并且巩固你们关于某个特定州的法律信息与知识,就此来说,我们始终觉得我们有能力根据律师考试完成对你们在这方面的训练。我们可以比较自如地掌控法律教育,为你们提供你们可能需要的技艺,而不是内幕信息。仅就律师考试来说,我认为,我们可以确信任何在法学院接受教育并且能坚持下来的人都能掌握足以通过律师考试的技能。除此之外,他们还需要的就是关于制定法、程序法以及相关州的判例的知识了。就像我之前提到的,你们可以去图书馆查找这些材料。

但是,在根据知识与实践的关系设置课程之前,法学院还要注意如何在三年里面合理安排你们的学业。我已经说过,在法学院学习的第一年,主要是把处理案件必不可少的技艺教给你们。同时,第一年的学习也为法学院与法律实践奠定了基础。用一句套话来说,第一年学习的目的在于使你们"像律师一样思考"。第一年最难做的功课是让你们丢掉常识,暂时放弃你们的道德规范。你们对社会政策的看法,你们的正义感——把这些东西与你们稀里糊涂的想法以及概念边界模糊不清的所有观念全都抛到脑后。你们需要获得的是严密思考、冷静分析、深入整理资料、理解(且只能理解)并掌控法律体系的能力。如此看来,把普通人变成律师,既不容易,也不安全。因为一个单纯的法律机构就可能构成一个社会威胁(social danger)。实际上,一个单纯的法律机构甚至都不是一个好的法律人。它不仅缺乏洞察力与判断力,而且还缺乏对社会经历中遇到的各种不确定的事物进行预测的能力。尽管如此,想在不先牺牲掉某些人性的情况下获得这样的法律技艺,仍然是一个几乎不可能的过程。因此,我们应该先尽快地削减人(homo)的全部天性,尽管接下来我们应及时努力培养的[法律]智慧(sapiens)——我们希望——会重新恢复人的本性。*

在法学院第一年的学习中,必不可少的功课就是程序法,因为正是程序法为解决所有课程中所有案例的法律争点的程序问题提

---

* 在这里,卢埃林巧妙地把"智人"(the homo sapiens)这个词拆成"人"(homo)与"智慧"(sapiens),分别用在两个具有对比关系的单句中,从而在一个复合句中同时达到既形成鲜明对比、又保持紧密关联的修辞效果。——译者注

供了适当的、必要的工具。通常认为,合同法的主要内容应该是与协议有关的一般法律理论,并且为你们以后遇到的其他法律问题(诸如销售、保险、合伙、抵押等)奠定基础。侵权法课程很重要,它的意义不在于为分析具体法律问题奠定了基础,而在于清理了交易之外的领域,应该尽早清理这些领域,从而避免规范交易行为的法律(合同法)使整个法律图景变得模糊不清。法律制度的发展,就像部分侵权法和部分程序法一样,旨在揭示一个至关重要的法律现象:即法律的成长与法律行为,不仅受到过去特定先例的限制,而且也受到整个法律史的影响。对你们来说,在一定程度上,这些历史方面的因素是陌生的、死去的,也是毫无价值的。然而,无论多么陌生,这些历史因素既没有死去,也并非毫无价值。它们之所以没有死去,是因为它们依然控制着当前法律制度的发展。它们之所以并非毫无价值,是因为透过它们,并且也只有透过它们,你们才能理解当前法律制度是如何发展的,当前法律制度的发展是怎样保持前后一致的,以及法律制度为什么是最有效且最恰当的社会工具。仅仅学习法律制度实际上是什么样子,是不够的。我已经谈到过既有法律制度的势利态度。相对于其他任何地方来说,这一点在法律领域更引人注目。而且,相对其他任何地方来说,在这样的势利之徒中,更多的是那些表面孤傲的没落贵族的纨绔子弟。零散的法律碎片,微不足道甚至毫无价值地残存着,至今仍未遭到质疑。如果说那些零散的法律碎片还有些许价值的话,那么,它们就像邻居家里仍在使用的老式吊桶,尽管其他设施都已经使用电泵了。现在,要学习这些呈现出当前形式,也只能呈现出当前形式的法律,几乎就不可避免地要把它们当然地视为眼前这种奇怪的样子,并且仅仅是因为当前这个样子的法律还没有受到过批评。只有经过对法律差别的洞察,才能形成透视法律的视角。如果要想洞察到差别,法律就必须呈现出各不相同的地方。如果

118

要想在恰当的时机认清楚那些体现、导致不同之处的残存碎片,就不仅要理解它们是什么,而且还要知道它们现在有什么价值。我们无法期待在每一项法律制度上都能实现这一点,因为没有那么多时间。但是,这种观点是可以发展的,还可以根据足够具体的材料讲清楚,并且这些具体的材料本身,也应当是有价值的。

你们的历史也会有另一面。例如,就地质学来说,改变过去的力量今天依然在发挥着作用。随着时间的流逝,判例法也在不断变迁。但是,仅就整合裁判的工作来说,在阅读现代案例时,你们几乎都不可避免地失去了对法律变迁的感知以及对变迁方式的洞察。也就是说,只有透过较长的时期,你们才能意识到、觉察到、感受到法律变迁以及变迁的方式与意义。

在第一年的后半年里,你们会第一次接触财产法。到时候,你们就会看到合同法——商事交易法——在相当程度上依赖于当事人的塑造。你们还会看到,只要涉及人的事务导致一个又一个的冲突,侵权法就会是一个始终不断变化的领域。程序法,乍看起来相当的刻板,慢慢就会被看成是法律人特有的仪式。接下来,你们就会遇到财产法,并且还会发现有一个完整的法律制度,该制度明确限定了当事人的行为模式,这样的确定性是侵权法与合同法根本无法想象的。这一制度有其独特的价值,特别是当你们以后遇到涉及诸如租赁与抵押等问题的法律制度,并且在第一次看到时,就希望能学会像处理商业交易一样对待此类问题,但却发现此类问题不仅由商事法律与概念构成,而且还同样涉及财产法的观点。与此同时,你们还要学习程序法,这会把你们引入一个更具灵活性的领域,这一领域涉及程序法以及我们称之为衡平法(equity)的法律。衡平法是一种起源于英国衡平法院的法律制度,超出了当时普通法的管辖范围,而当时的普通法由于制度过于僵化而无法适应不断变动的环境。在这里,你们又会遇到一个新的观点,预示着你们之后将不得不学习一些重要的法律制度:更正文书*、信托、抵押赎回、禁令救济以及土地买卖合同的特殊履行。在第一年的后半年里,你们还会并且是第一次遇到一种系统的研究立法而非判例的方法。在此之前,立法始终犹如这一背景中的海市蜃楼,若隐若现,你们对它更多的是猜想,而不是初识。是时候该将立法提出来了,不仅将其当作当前重要的法律程序之一,而且还可以将其当作一种足以比五十个案例更有效地彻底实现目的的工具。最后,你们还会学习刑法。我已经讲过,对你们当中的大多数人来说,无论怎样,刑法都不是一门与你们的生计有关的课程。在我看来,你们的职业训练中有一些开拓思想的、背景的或文化的课程,它们构成了一幅场景。在这幅场景中,这仅仅是一个开幕。之所以把刑法安排在第一年,就是因为通常认为学习刑法对于你们了解法律在社会中的地位来说是不可或缺的。

进入第二年时,你们就会遇到选修课制度。其间,法学院会给你们提供一些基本工具,也是最基本的教育背景。你们掌握的知识当然需要实践,甚至不断的实践。无论是知识的范围,还是技艺,在很大程度上都需要拓展提高。你们还会接触最基本的原始材料。然而,案例法不能每时每刻始终保持最大效用。你们的常识也已经消失殆尽了。现在是时候设法恢复常识,重塑常识了。也该是时候给你们讲一讲道德规范了。然而,这一次,在更好的装束——常识——的包裹之下,道德规范体系不再对抗法律或者影响你们理解法律问题,而是使法律充满活力,帮助你们解决与评判法律问题;不再是妨碍你们的技艺,而是促进你们的技艺。我认

---

* 更正文书(reformation of instrument),当事人或者利害关系人基于书面文书承担一定法律责任的,如果因偶发事件、错误、欺诈等原因致使文书不能表达当事人的真实意思,当事人或者法院可以更正文书。参见 Henry C. Black, *Black's Law Dictionary*, 4th Ed. Rev., St. Paul, West Publishing Co., 1968, p.1446。——译者注

为,通过毫不迟延地选择学习一门或者多门背景性课程,就可以很好地实现上述目的。家庭法中,你们可以看到法律与我们几乎最古老的制度纠葛在一起,当然,这项古老的制度本身在适应城市兴起以及古老社会群体渐趋分崩离析的同时,也在不断变迁与更迭。劳资关系中,你们可以看到法律先是标明所有支持社会变迁的提议;接下来,就是逐步推动那些提议的实现。宪法性法律(Constitional Law),即所谓的法律治理之巅,你们可以从中发现华盛顿的9位大法官会对立法机构在何种程度上可以或者不可以修正美国社会的运作机制提出他们的最终意见。比较法(Comparative Law),或者罗马法(Roman Law),对于重新检视我们自身的判例法制度,提出的挑战可能比历史更为严峻。

或者,可以重新捡起你们之前在制定法方面所做的功课,与在票据或者买卖方面的判例研究整合在一起,在这种情况下,整个法律"领域"都被纳入一部法典之中,而这部法典又将在你们面前得到逐字、逐条的解释以及整体的解释。经由精致细密的解释,你们对于法典的理解可以与此前半年研习的判例进行比较对照。可以重新捡起你们在程序法方面所做的功课,转而用于标注我们现代法院更为错综复杂的诉讼程序。或者,重新捡起你们在商事法律方面所做的功课,用在涉及商事组织方面内容的课堂上,据以描绘出一幅现代商业组织的图景,或者用在涉及债权人权利方面内容的课堂上,据以讲授催收债务法(law of debt collection),或者用在涉及证券方面内容的课堂上。

在进入法学院第二年的学习时,你们必须认清这样两个问题:一是你们选择的范围已经超出你们在课堂上的所作所为;二是时机到了,你们应该迫切需要在课外完成独立的研究。——我再补充一句:毕业即将来临,就在你们还有机会从事或许可以开拓思想的研究时,时间正在流逝。如果有这样的机会摆在那里,那么,第二年就是利用这些机会的黄金时期。第二年,课程中还会开始使用论文制度,论文是你们自己研究的成果,而你们必须在这样的课程中熟悉图书馆以及论文写作的技艺。

此前关于第二年的学习所说的一切,在第三年里也必须同样适用。然后,在这里就只有一个新问题,但原本也不应该成为一个新问题:为成为律师而准备的问题。任何一个稍有智慧之人,只要先学会了如何处理判例,就可以开始着手准备了。此理显而易见,无需赘述。

然而,还有三个问题,我应该强调一下。第一个问题,除了我刚才关于选修课程所谈及的事项之外,还有一个关于老师的问题。你们会发现,既有你们喜欢的老师,也有你们不喜欢的老师。你们会发现,为了让你们时刻保持清醒,有些老师用杂耍般的技艺轻松地给你们"变戏法",而另外一些老师却完全不会用任何花言巧语。在所有这一切当中,值得注意的是,这种让学生在整个课堂上保持清醒的技艺并不代表拥有智慧或者深刻的思想,而另一方面,缺少这样的技艺也不能说明没有智慧。在整个学院中,每一位老师都有值得你们学习的地方。如果你们能把眼光放在自己的教育背景之外,你们就会对那些把课堂氛围营造得太过愉悦的人表示怀疑。这样的老师或许是合理的,实际上,他也确实是合理的,否则我们也绝不会让他站在你们面前。**但是,你们从他那里学到的东西却不必然是合理的。**你们越是喜欢他的表演,你们从聆听表演中获得的就更多的是愉悦,而不是真正的思想。我再次强调,正是因为有这样一些被思想肤浅之人认为不务正业的表演者,你们才获得了如此巨大的受教育的机会。为了从他们的课堂上汲取营养,你们必须让自己保持清醒。为了让自己保持清醒——同样,你们又必须从他们的课堂上汲取营养。你们可曾认真考虑过这些所谓的"令人印象深刻的"老师为你们付出的代价——在你们学习的主动

121

性慢慢减弱时,在你们从其他课堂学到的知识逐渐遗失时,这些老师为你们付出的代价?

为师之道的另一方面在于,在老师中,没有什么人是不好的,同时,也没有什么人是不坏的。老师总是片面的。显然,我们每一个人都是片面的。而且,老师的教学甚至比老师本身更加片面。在一定程度上这既是我们老师成长的方式,也是深思熟虑的结果。你们应该见识见识这些片面的人,直到最后你们从他们每个人那里学到他们的优长,同时看到他们每个人的不足,我们认为这样做是适宜的。因而,你们在法律知识的均衡、丰富以及构成方面就会青出于蓝胜于蓝。

然而,如果你们有太过强烈的偏爱,就会破坏这样的均衡。多年以来,法学院不仅努力让所有的老师都能讲授有机会发挥其特长的课程,并且还会选择安排特别优秀的老师授课,从而想方设法达到这样的均衡,而你们恰恰可能会破坏这样的均衡。

第二个问题涉及非正式的指导。在你们当中,既有功课做得好的,也有不想做课堂作业的,如果有些学生能把自己投入更小群体的更密集的课业之中,那么,机会就会在第二年及以后向这些学生敞开。就如何开动脑筋抓住机遇而言,我应该不需要再多说什么了吧。

第三个问题与法律评论(law review)有关。在我们的法学院中,有一个独特的贵族群体。我们差不多可以说,这是一个完美的贵族群体。你们可以完全凭借自己的成绩赢得这一群体的成员资格。这一成员资格可以带来荣誉,但它带来的这种荣誉又是一种其他学生不可能做到的刻苦、用功与自我鞭策的责任。之所以这是一个卓异的贵族群体,是因为要保持连续的成员资格必须要有比其他非成员学生更高的成绩。请注意，法律评论是一份学术出版物，而法学院的名声在很大程度上依赖于此。这是一个有美国特色的事物。这是一个美国人引以为豪的事物。就我所知，在世界范围内，还没有哪一个法学院能把自己建立在在校学生研究工作之上的名声公之于众——更确切地说，一个也没有，除了美国的法律评论。为这样的机构服务，是一项特权。身为这样的机构的成员，是一项荣誉。凭借在法律评论的工作经历，你们可以确信一点：赢得此项荣誉，就得到了一种教育。所以，我希望你们把它当成第一年追求最高成就的目标，这是一个使你们能够在第二年开始真正法律训练的好机会。

那么，我们就到这里吧。假如安排两个人的工作量，法学院的课业需要花六年时间完成，或许你们当中的任何人都有能力做得很好。医学院的学生，若是一个人单独完成学业，需要六年时间，并且通常认为，他还只能为公众提供拙劣的服务。我认为，无论如何，医学院学生的课业都不应该比你们的更困难。从表面上看，对公众来说，他们的钱袋子显然不如健康更重要。

因此，先生们，你们可以看到这样的景象：一片荆棘丛。在你们学会厘清案例法的诸多细节之前，案例法的很多问题都有待清理，并且在你们学会厘清那些细节之前，还要先完成为期半年的程序法课程。因而，你们应该毫不犹豫地开始清理工作。这些有待清理的细节问题包括贯穿你们人生道路的逻辑、历史、规则的社会影响、霍菲尔德的分析，以及相互冲突的法学流派。还有详细的资料，包括未编号的、流动的、清晰的、混乱的、未标明的、参差不齐的资料。虽然所有这一切都会发生在课堂上，但你们还是需要有一个让你们开始关注其他混杂问题的理由。荆棘丛已经逼近，荆棘会划破衣衫、肌肤和眼睛。烈日当空，荆棘丛生，你们会无路可走，迷失方向,饥渴难耐。——我担心你们无法治愈。法律问题无法解决,只有创设更多法律。即便以跳进荆棘丛更深处为代价,也无法挽救你们的视野。但是,有人一定会说,如果你们能抵挡住成千上万个恶毒的钩刺,如果你们能奋力穿过,直到到达另一片荆棘丛,那么,划伤也会带来看得见的风景。

第二部分 另一片荆棘丛

第七讲

法律与文明

当人们把眼光从法律转向外面的世界时，导致的第一个结果就是使法律陷入貌似无足轻重的境地。外面的世界如此精彩。显然，外面的世界影响、改变并且重塑着法律本身。在经过更长一段时间之后——也就是，在眼睛适应了炫目的光芒之后——人们就会看到一幅更真实的图景。人们会意识到法律与外部世界之间因果关系的相互作用。人们开始有些怀疑这种相互作用的性质。我认为，人们在开始研究法律与文明的关系时会有一些发现，如果我在这里对人们的发现作一个简要概括的话，那就是，这样的发现对你们或许是有价值的，这样的发现可以缩短重新关注焦点的时间，这样的发现确实可以促使你们打破法律的表面张力，然后慢慢地观察、思考。

就"文明"（civilization）而言，我所意指的是人类学家所谓的"文化"（culture），也就是整个社会构造，包括我们的行为方式以及我们的组织方式，包括我们的物质与智识特质及其利用方式。就法律来说，你们应该大体上了解我的意指。但是，面对古老的时代与我们自身所处的时代而固执于某种单一的意义，却是不可行的。假如我仅仅因为某一社会中没有国家官员而否认该社会存在法律,你们是不会赞同我的。在国际联盟或者联合国成立之前,早就有国际法。法律与国家都在成长,缓慢地成长,与此同时,两者之间也越来越相互独立。如果想要观察法律与文明的关系,我们就必须观察法律在文明之中的发展——而我们观察到的东西也会因时间、地点的不同而有所差别。其中,唯一不可避免的共同因素就是处理纠纷。唯一不可避免的共同焦点就是处理纠纷的方式与其他生活方式之间的关系。因此,在谈论一种在国家和法院出现之前较为原始的文化时,我首要考虑的是,在不诉诸相互对抗的当事人施以暴力的情况下,有哪些得到公认的纠纷解决方式,或者即便利用暴力解决纠纷,但利用的暴力必须受到限制和约束。随着所关注的文化状态越来越先进,我会介绍与法律这一符号普遍相关的其他一些观念,例如,常设法庭(regular tribunal)。一旦国家出场,关于国家官员对纠纷的所作所为的各种观念自然随之而来,并且与(比方说)某位杰出市民出面调停解决罢工问题形成了鲜明对照。而在法律的另外一个方面,国家官员为了更大的便利与安全以及防止纠纷发生而采取的规制,也会发挥一定的作用。从一开始,就有一种观念认为,在所做的任何事中都有某种值得思考的规律、一定程度的重现与可预测性,以及某些事情应该会重复发生并且具有可预测性。这种观念也就是关于先例与规则的观念——因为这种观念就是任何一种法律制度或者其他制度的内容。

接下来,如果我把法律视为构成政府的组成部分,尤其是解决纠纷的政府机制,而把文明视为由我们赖以生活在一起的方式与我们生活在一起时的所作所为构成的整体,那么,我们就可以清晰地看到,法律就是构成文明的组成部分,而法律与文明的关系问题就成为一个类似于神经系统与人体关系的问题。这并不是一个可以转化成文明或者可以与文明进行比较的外来事物的问题。如果法律就是构成文明的重要组成部分,那么,这个问题就涉及法律在同一文明中发挥什么样的作用。

我认为,如果先把法律从秩序中识别出来,我们就可以找到解决上述问题的最好途径。如果某一群体的成员未能设法以某种方式生活在一起,如果他们各自的行为无法在一定程度上彼此获得指引(对每一个成员来说,涉及在横穿道路时其他人会怎么做),如果没有一定程度上的合作、自制、专业分工以及可预测性,那么,他们就不会生活在群体之中。"群体"之所以更像是一个群体,而不是一个少数个体在某个地点的偶然聚集,原因恰恰在于,这样的群体秩序变得越来越明晰,越来越确定,越来越宽泛。但仍然不甚清晰的是,是否正是因为群体行动缺乏秩序,才使得群体成员之间不存在纠纷。恰恰是在纠纷发生的意义上,纠纷意味着既有秩序的缺失。纠纷的解决,无论以何种方式,都意味着旧秩序的重建,或者依情况而定,也许意味着重新建构一个稍有不同的群体秩序。关于秩序的问题——百分之九十五或者百分之九十九——既涉及在群体成员中存在不同的行为方式或者行为模式,也涉及把不同的行为方式组合成相互关联的复杂行为方式系统——所有人共有的行为方式,以及对他人的行为方式有所补充的行为方式。我们正是把这样的行为方式系统看作制度。此外,纠纷的解决也是一个涉及首要行为方式的问题:只有在较为正式的行为方式遭遇阻碍时,才会发挥此类行为方式的功用。

接下来,在文明与秩序之间,看起来存在这样一些主要关系。如果仅仅因为文明是一种群体的生活方式,而没有秩序的群体生活是无法想象的,那么,秩序就是文明的一个组成部分。此外,看起来很清晰的是,我们认为,一个高度的文明,一个复杂的协作结构,一种可以为群体的生存提供某种高度保障的应对环境的有效方式,只有建立在相当程度的秩序基础之上,才是有可能的。在依赖西部地区或者阿根廷的肉制品、东部和南部地区的煤炭、巴西的咖啡以及底特律的汽车,并且担心我们是否会受到俄罗斯谷物销售困扰的情况下,我们的文明中必须有一套可以适当预测的行为方式系统,它既可以在一定程度上使专门生产商依赖市场,又足以让消费者相信在不受不当困扰的情况下找到某人供应他们想要的大多数必需品,否则,我们就无法维持当前专业化的经济生活。这看起来像是一个相当安全的假定,也就是,任何人如果具备足以纠集一伙持枪歹徒的魅力与才能,就完全可以随意地无视我们的预期,强取豪夺,那么,我们就会看到储蓄、投资及贸易持续恶化,结果就会越来越接近像阿尔巴尼亚那样的局势。在那里,生命卑微,财富消减,列强争霸的半封建制度维系着一个在我们看来非常规的准战争状态。* 因此,可以看出,某种秩序——实际上是高级的秩序——是一个复杂的文明赖以存在的必要基础;这一结论在一定程度上又得到了下述事实的支持,也就是,就我们所知,如果缺失这样的秩序,任何一种复杂的文明都无从兴起或者幸存。雇佣兵时代的意大利城市以及中国历史上的几个不同阶段,都是我碰巧知道的极端事例。就像我在学习证据法时看到的,这些事例都在强烈地暗示着可获得的成长的限度。任何现代意义上的工业文明都会在令人失望的交通、不断重复的强制贷款与征税的反复震荡之下停滞不前。特别是,小额商品交易陷入困境。商业贸易活动还可能进行,但大宗的商业贸易活动转向奢侈品领域,资金迅速周转,人们不再长期投资,除了在由军阀暂时垄断征税特权的相对较小的部门领域。"他是谁"对于"他不应经常被替换"几乎没有什

---

* 第一次世界大战期间,阿尔巴尼亚被奥匈帝国、意大利、法国等军队占领,1920年宣告独立。1922年12月,阿赫梅特·索古出任阿政府总理。1924年6月,资产阶级革命爆发,索古政府被推翻,建立了以范·诺利为领袖的民主政府,但同年12月又被索古推翻。1925年1月,索古宣布成立阿尔巴尼亚共和国,自任总统。1928年,改行君主制,之后索古又将"共和国"改为"王国",自封为"索古一世"。直至1946年1月,阿尔巴尼亚人民共和国宣告成立。——译者注

么影响。艺术可能会繁荣——实际上,军阀在这上面的花费也可以刺激艺术的发展。普通人觉得人生是令人失望的。考虑到落后的交通设施,如果庄稼时常歉收,局部地区发生饥荒就在所难免了。可以看一看,当前的中国是如何坚持应对这些问题的,甚至不断地从井然有序的民众的积蓄中募集款项的(本讲内容写于1930年——译者注)。

另一方面,看起来,高级的秩序会丧失变化的能力,导致社会僵化而无力应对突发事件。当然,这句话有两个方面的意思,这一表述或许仅仅是对其中一方面意思的重复。"高级的秩序"或许仅仅意味着一种无力应对变化的形势。但是,我认为还有比它更重要的问题。我认为,在一个几乎可以完全预测的体制中,人们很有可能会丧失思维的弹性,而对重新进行调整以适应变化来说,这种思维的弹性是必不可少的。如果没有经历过亟待解决的意外事件,就会很难从容地应对意外事件。因此,我觉得,我们既想要维持秩序以和睦相处,也希望能自由行事并且有一定的不可预测性,从而至少可以在社会中保持一些思维的弹性。对此,我怀疑,大多数现代人(当然包括我自己)还会不断努力——充分自由行事——使生活充满情趣。

正是呈现在社会中的这种自由行事,使人们极度需要法律。因为,肆意之地,纷争滋生。

在开始讨论纠纷问题之前,我想先谈谈另外一个问题。有一种纠纷之所以出现,不是因为社会的安排允许自由的个人行动,而是因为某个人或者某个群体,在不允许自由行动之处,拒绝遵守社会的安排。大体上,我们社会的基本秩序,以及就任何社会中的此一问题而言,并不是由法律创生的。在许多令人误解的观点中,有一种主张时常被用来支持法律对文明的贡献,那就是,基本秩序源

129 于法律。我再次强调，基本秩序并非源于法律，而是（至少就每一代人来说）源于教育的过程。正是因为教育的过程，法律才会发挥更大的作用。但法律发挥的这些更大的作用并不多余。官方的法律可以在公立学校的建立中发挥适当的作用。辖区内巡逻的警察可以在一定程度上防止小男孩砸窗户和偷苹果，使他们养成不去毁损和窃取他人财物的习惯。实际上，警察采取的各种行动，在避免孩子时常犯错方面，可以发挥相当重要的作用，从而避免了普通的错误变成可怕的事件。但是，从整体上看，法律和警察所做的一切即便合在一起，相对于教育来说，仍然是微不足道的。法律发挥的作用多半都是次要的。

但是，我认为，人们只有通过密切关注小孩子，才能认识到教育在群体中创生秩序时发挥着多大的作用。无疑，婴儿都是啼哭着降生到世上，带着些许的野性；小孩子调皮顽劣，尚未成熟定型，而我们的历史记录使我们对野蛮人一无所知。但从一开始，那少许的野性要经历一个习得的过程，于是，早在五岁时，就要让小孩子变成一个相当文明的人——并且，在有组织的教育开始发挥根深蒂固的影响之前，你们就会注意到这一点。教育，这一习得过程的完成，部分是通过孩子观察和模仿发生在他周围的事情，部分是通过认真而耐心的劝导（学习使用经过家庭允许的方式讲话），部分是通过一系列对孩子的尝试行动所做的无穷无尽的限制（并不总是足够的耐心）。孩子在找事做——或是破坏，或是捣乱，或是吵闹——时的聪明才智，取之不尽，用之不竭。但是，过去，孩子在这些方面所做的各种尝试，一方面，招致了一些否定和耳光，另一方面，也得到了许多赞许和爱抚，这既可以使他对禁止行为保持克制，又可以让他在获准行为方面释放自己的活力。这就是群体的行为方式，也是成员所属的群体的秩序，这种群体行为方式或秩序要么赞同，要么反对群体成员在讲话、攻击或者行为控制方面所做的各种尝试。与此同时,群体成员也理解了自己可以预期什么,以及群体或者社会对自己的预期。简单点说,群体成员变成了所属群体秩序的一个有序的组成部分——美国人而不是法国人,城市孩子而不是乡村孩子,从而具有了自己所属的团体与身份。

但是,我们知道,无论基于什么原因,对有些人来说,这一习得的过程是不完整的;对有些人来说,各种源自天性的欲求,无论是否受到我们可以查寻的特定偶然关联的刺激,都会打破公认的行为模式。当孩子在家时,会被看成顽皮淘气。当他离开家时,会被视为恶劣或者古怪,并且在某个碰巧的时候,被认为是行为不端——也有可能是才华横溢。当他成年时,我们既有可能将儿时的行为视为罪过,也有可能称之为伟大。我想再次强调的是,许多犯罪仅仅是我们为伟大付出的代价。因为维系这一伟大的精神不至凋零的教学安排,也存在同样的缺陷,使其他孩子充满活力、智慧或者固执地与规则背道而驰。我们不会像许多比较简单的文化中的老人所做的那样,殴打、禁食、折磨年轻人,以迫使其完全服从他们的秩序。我们打在年轻人身上的烙印,既不如他们自己的深刻,也不如他们自己的鲜明;我们也无法使年轻人完全遵守我们的秩序。年轻人可以试验。但却不应该设计这样一种试验方法,根据这样的试验,既不会造成麻烦,也不会推动进步,既是我们为之困扰的试验,也是我们为之愉悦的试验。那么,总会有一种必须由法律来解决的麻烦或者纠纷,是傻瓜、精神病人或者海盗在某些场合用某些方法进行的试验,而整个群体显然不想关注这样的场合和方法。

概括一下到目前为止我说过的话:我认为,文明应当基于并且包含一个既定秩序的较为宽泛的核心(我们之所以很少意识到,是因为我们像呼吸空气一样享受着这个文明的核心),以及一个可以在一定程度上自由行事的较为狭小的区域。无论在哪里,总有人——基于某种原因——尝试打破既定的核心秩序。此外,在可以自由活动的区域范围内,不同个人的兴趣/利益总在不断变动,发生冲突。若是一个人,就可以随意在特定区域内奔跑,但是两个人的话,如果每个人都随意奔跑,就会发生碰撞。**肆意之地,纷争滋生**。法律并不创生秩序,但法律却在尽力保障秩序的存续。法律既不创设自由行动的范围,也无法对其施予相当的控制。但是,如果经由讨价还价、竞争、消耗、经济与社会压力构成的普通程序,仍然无法达成一个可行的结果,或者也无法提供解决特定纠纷、且赋予我们一个继续行动的全新理由的机制,那么,在这样的情况下,在不破坏核心秩序的情况下,法律的职责仅仅在于尽可能地确保化解自由行动范围内的兴趣/利益冲突。个人之间的纠纷与有组织的公司(那些组织相当紧密、以至于我们可以视之为单位的商业团体)之间的纠纷,如果有当事人提出要求,就由法律——主要经由法院——来解决。法律在解决范围宽泛、又缺乏组织的群体或者阶层(诸如甜菜种植者与消费者,工厂的工人与雇主,伐木工人与环保人士等)之间的纠纷时,更有可能依据立法机构制定的全面笼统的法规。行政官员——局长、市长、警长——一会儿行使这样的职权,一会儿又行使那样的职权,今天刚对某一个案件作出判决,明天又事先制定关于评估财产税方法、交纳电话服务费的费率或者交通信号灯对行人是否应强制适用的法规。

由此可见,法律似乎仅仅是文明的一个组成部分,微不足道。与之类似,医学或许也是微不足道的。在健康的时候,我们很少有人会想到医生,除非受到疾病的威胁。但与医学类似的是,在变成根本需要时,我们就会极度需要法律。相对来说,法律发挥的作用是次要的。然而,法律的次要作用却是不可或缺的。此外,就像医学一样,智慧地运用法律,通常可以更合理地处置问题,从而不必产生对法律的极端需求。或者,我也可以使用另外一种表达,**法律**

就是一个安全阀——在大多数情况下,仅仅是一台机器上一个微不足道的零件。

然而,除非自己开始着手研究这个社会在没有法律的情况下如何继续发展,否则,人们很难认识到法律这个安全阀有多么重要。我并不是说,即便已经注意到法律发挥作用的可能性,社会仍然会故意拒绝法律。我对于是否会发生这样的情况一无所知。我想说的是,社会并没有创设我们熟悉的机制,或者对我们来说,这些机制的创设仅仅是那么几个新奇的玩物——就像玩具一样,根本不足以成为整个文明的组成部分。从我们自己的文化以及许多其他文化中,我们都可以在法律出现之前发现血亲复仇。个人的力量蕴含在亲族之中。亲族必须分担个人的责任。如果 A 杀死了 B,就会引发部族战争。B 亲族并不是特别在意杀死 A。B 亲族荣誉的满足只在于杀死 A 亲族中的任何一个人,并且在这个满足荣誉的过程中,他们杀死的或许不止一个 A 亲族的人。但是,就算 B 亲族杀死了 A 本人,A 亲族也不认为这件事就结束了。亲族的荣誉在于保护自己的族人,即便那个人错了,也要保护他。那个人的死,尽管一方面是赎罪,但另一方面也是对报复的挑战。除非有一个血族或者另一个血族被彻底消灭,否则,逻辑上总是——而且现实中经常——无法终结。

沿着三条不同的道路,法律从极度简陋的形式变成现在这个样子。接下来,我会谈一下这三条道路,从而表明法律的道路存在怎样的差别,我更想说明的是,经过如此的多样性而创设一种良好的非暴力性调解制度有多么困难。第一条道路是规制战争。在战争开始之前,公认的惯例是,正式宣称开战,或许会有一个等待期,或许会有固定的休战期;或许也会有人(例如曾经在冰岛)违反战争惯例,包围并且焚烧民宅,而不是要求居民跑到战争中的开阔地区。或许,例如,就古代以色列人来说,值得注意的事实是,杀人有时可能是意外发生的,因而在造成死亡的理由方面应当区别于故意杀人。适用于此类情况的规则是,杀人者可以逃到避难所。如果血亲复仇者在路上抓住了杀人者,那么,紧接着的自然就是复仇杀人了。然而,如果杀人者已经抵达避难所,那么,就应该把他抓回来,接受民众大会的审判,然后判定他是否构成故意杀人;如果构成故意杀人的话,就会把他交给血亲复仇者。但是,如果不构成故意杀人的话,他就是安全的,但要被流放到避难所。你们会发现,在这个过程中,非常注意不让杀人者停留在复仇者的视线范围内,从而避免激怒复仇者。在你们看来,所有这一切或许都显得极其简陋。但是,停下来想一想,在野蛮的突然袭击与要求宣布世仇之间,以及在只是要求宣布开战与创办避难所之间,存在着多么大的差距。

解决同一问题的第二条道路是,通过制定一项复仇规则——以眼还眼,以牙还牙——从而避免持续的世仇,避免周而复始的杀人。这看起来似乎有些粗陋简单,但却能使复仇者一方克制好斗的倾向,虽然需要致害者的族人牺牲一下自己的尊严。

133　　此外,还可以在和解的惯例中找到解决这一问题的第三条道路,也就是,一方用一定的价格赎买复仇,另一方选择接受一定的出价以阻止战争的爆发。这就是我们的法律所源生的制度。在因侵害人身或侵损财产或者违约而导致的民事损害赔偿诉讼中,随处可见对上述制度的模仿。从工人赔偿法案的各项列表中,可以发现一项极具现代意义的创新(我认为,不是模仿,而是同时并行的生长),其中,雇主必须支付给受伤工人的赔偿数额,是根据工人是否损失了一个手指、一个手掌或者一只眼或两只眼的视力而确定的。如果发现我们自己正在重新回到极具现代意义的某一部法律中某些与之极其类似的规定,我们不应该把这种损害价目表当作陈旧过时的野蛮人的粗陋蒙昧。无论在现代,还是古代,问题都是一样的;无论在现代,还是古代,每一次对问题的解决都是痛苦的、部分的,都会在一定程度上拓宽、巩固全部文明所赖以维系的基础。无论怎样,同样的问题始终在于:寻找某种解决纠纷的方法,寻找某种调整利益冲突的方法——在不妨害其他人,不扰乱非纠纷当事人的安宁,不危及社会必须赖以维系的社会利益或者核心秩序的情况下。因争吵而引发的争斗可能波及的不仅仅是当事人。在西部牧区,如果竞争的牧牛人任意在街头解决他们之间的纷争和夙怨,市镇的商业活动就不可能获得值得信赖的基础。如果今天帮派争斗愈演愈烈,我们便会看到,要么商铺业主关门走人,要么就需要征派军队维持治安。

不过,我或许过多强调了法律的刑事方面,也就是对比较严重的违反社会治安行为的调整。这种想法太容易把刑事法庭的所作所为当成全部法律的标本。我们不能仅仅停留在这里。大多数律师、大多数法院、大多数立法机构的工作以及普通人接触法律的大多数情况,正如我们所看到的,发生在另外一个完全不同的领域,不是刑事法律,而是民事法律,涉及对个人之间以及群体之间的纠纷与冲突的解决,与牢狱无关。在这里,涉及商业的规制、合同的执行、财产的分割,法律在固化社会秩序方面发挥着至关重要的作用。特别是在涉及财产和合同时,我们会发现法律的这种固化作用。不得触碰他人财物的规则在陌生环境下会失灵;农场主的山茱萸花丛无法在城市的车流中绽放。交易行情持续上涨的诱惑越来越大,收银员也会向钱柜"借"钱。非法占有者擅自占用土地,租户拒绝搬走或者支付租金,抵押人无力偿付但仍占有土地,一味炫富的绅士却不厚待自己的裁缝师。毫无疑问,在这样的情况下,法律就可以发挥固化社会秩序的作用。

然而,在民事领域,法律的作用不止于此。问题已经不仅仅是,"你不得这样做,你必须那样做","你不得杀人,除非在战时。

战时,你必须应征,杀人"。命令与禁止原本就是刑事法律的责任。在民事法律——交易法、商事法——领域中,还存在其他方面的内容。在民事法律领域中,法律要识别、型塑和固化——或者有时从自身当中创设——许多旨在达到某些目的的方法手段。如果有人想在死后处置自己的财产和土地,那么,他可以订立一份遗嘱。如果有人想在不危及其财务收支平衡的情况下投资某个项目,那么,他可以成立一家公司。如果有人想发放一笔为期二十年的贷款,并且确保即便经营管理终止和变更,仍然可以期待获得偿还,那么,他可以要求借款人提供抵押。如果有人想取得对土地的五年使用,并且无需承担因土地价值变化而造成的长期风险,那么,他可以订立一份租约。在民事法律领域中,随处可见这样的方法手段,不仅可以帮助人们更容易实现他们在与其他人的关系中想要达到的目的,还可以帮助人们更容易在较大的范围或者较长的期限内完成交易,并且仍然可以适当地保证达成的协议得以履行。

在合同领域中,法律既不可能保证达成的协议完全确定无疑,也不可能确保协议得到完全的履行。法律不能代替意念。你持有的债券或许是一笔法定债券,但如果发行该债券的公司在经营上陷于毫无根基的困境,或者致力于毫无根基的项目,那么,该笔债券就会变得毫无价值。你持有的某一行情看涨的地块的抵押契据,或许在法律上是完备合理的,但也只是一纸文书而已。然而,如果一切正常的话,法律就可以向你保证,公司经营管理的任何变化、可信赖的朋友因死亡而造成的任何损失、因发生争端而导致社会关系的任何断绝,都不会消减你对未来偿付的预期。因此,经由这些足以达到人们目的的方法手段,法律与合法权利提供了财产制度以及作为一个体系的共同体的商业结构。骨骼并非血肉。或许,骨骼并不那么鲜活,但却支撑着——同时也限制着——血肉及其鲜活的程度。

到目前为止,我已经简要讲述了任何特定时代的法律都与那个时代的生活密切相关。我谈到了这样的事实,即纠纷源于有人不循守常规。我或许还谈到,其他一些纠纷的产生是因为双方当事人对事实问题持有不同意见。你究竟做过还是没做过我声称你做过的承诺呢?你履行了自己的承诺吗?对此,我们可能会有不同的意见。例如,银行被抢劫。是约翰·史密斯干的吗?对此,你和他会有不同的看法。必须解决这样的问题,但只能根据既有的社会秩序解决问题。重要的是,要合理恰当地解决问题。但我还是要强调一个经常被忽视的问题。更为重要的仍然是解决问题。实际上,合理恰当地解决实际纠纷,而不仅仅是解决纠纷,既是社会中存在过剩精力的一种表象,也是在物竞天择之外消耗部分过剩精力的一项责任。就像收音机、丝袜和汽车一样,合理恰当地解决纠纷,是一种正在逐渐变成必需品的奢侈品——尽管很少有人注意到对它的需求。

我必须向你们呈现在进行社会创造时遇到的另一个方面的困难。不仅对所有的法律制度,实际上对所有的社会制度,这样的困难都是司空见惯的,但却非常清晰地呈现在纠纷解决机制中。有人总是利用某个机构指向多个目的——但这些不同目的的需求是不同的,实现一个目的就会使另一个目的落空。如果我想起诉你,就需要收集证据。及时是必要的。关于事实问题,如果我和你存在分歧,就需要有人裁判。纠纷的解决是必要的,但公正比及时更重要。如果公正与否是依据社会的行为准则,而不是由专门的祭司判定的,就需要一个由外行组成的法庭。但是,关于这个仪式,如果我和你存在分歧,就只有一位司仪可以作出裁决,或许还可以向他们当中最杰出的司仪提起上诉。到这里,所有这些类型的案件通常都会被诉至同一法庭,并且没有人会预先知道即将提起的是哪种类型的案件。接下来,只是在证据收集过程中,捏造的事实纠纷与虚构的仪式纠纷会妨碍诉讼的及时性。处理事实问题的外行法庭与处理规则问题的司法官员的目的并不一致。这个复杂体系很有可能因不公正的诉求而使得纠纷延宕不决。所有这一切，在法院和在其他社会机构中一样，都需要有意识地重新调整：判断构成体系的特定部分的不同目的；限定并且专门研究这样的体系如何实现每一个目的，设计一个滤网，把每一类型的问题交由适当的专门机构解决。就法律来说，这就相当于工厂经营管理中的产业技术课程。我们已经学到这一课程的部分内容，就像我们在专门研究法院时那样，设置一些委员会，甚至启动一个陪审团裁判事实问题。然而，我们在这方面做的仍然远远不够。这只是一个例子，只是为了说明法律在设计方面依然落后于工业领域在机械设计的自我维系方面的常规做法。

另外，还有其他一些纠纷，发生在自由运动的边缘地带，并且即便是存在社会的情况下，也无法以社会为基础加以解决。乳牛场主受到一种全新罐装奶酪或牛奶制品的威胁。该产品可能有益健康，并且价格低廉。罐装奶酪的制造商获得盈利，乳牛场主遭受损失——然而，乳牛场主却声称，是他才使得罐装奶酪的制造成为可能——并且他也想获利。还有，苹果树因感染雪松锈菌而死。众所周知，唯一的方法就是砍伐雪松。种植苹果的果农想要砍伐雪松，但那些拥有并且喜爱雪松的人却不愿意，因而必定有人会遭受损失。* 难道我们就无动于衷，眼看着种植苹果的果农伤心哀号吗？难道就要砍伐雪松吗？难道我们要发动战争吗？在这些存在利益冲突的、令人感伤的边缘地带，难道我们就没有一个调整利益冲突的机构吗？在这里，我想再次强调的是，我们已有的机构——

---

* 参见 Miller v. Schoene, 276 U. S. 271 (1928)，法院在该案中判决允许砍伐雪松。——译者注

立法机关——以及该机构基于特定目的而具有的功用,既不是一个可以想当然的问题,也不是每一个社会都应熟知的问题。相反,如果我们想把日益增多的纠纷逐渐纳入有序调整的领域,那么这将是一个非常缓慢且极度痛苦的成长过程。我只想让你们记住,无论是在15世纪的英格兰,还是在高度文明的罗马,当地人都是用武力来解决选举问题的。在今天还活着的人们的记忆中,纽约市的投票权曾经是各个黑帮之间相互殴斗的战利品。近五年里,罗得岛、德克萨斯州以及俄克拉荷马州还出现了使人们想起此类惯例做法的事件。发生在南美洲与欧洲的革命情况又如何呢?然而,无论对一方,还是对双方而言,罢工经常意味着暴力。为了维系安宁有序的社会秩序而进行的重新调整也是一种变化,这种变化意味着一场巨大的文明变迁。这种变化意味着旨在完成文明的核心秩序自身重构的立法机构的成长,而这恰恰又是文明的重要核心秩序的组成部分。立法机构的成长为政治体的神经系统和骨骼架构添加了大脑皮层。立法机构还要适应新情况,寻找新的行动方案,并且通过规制行动,避免文明秩序从整体上分崩离析。与大脑皮层的运作类似,立法机构的运作,部分愚蠢迟钝,部分无视事实,并且多数情况下还很不合理。然而,与大脑皮层的运作类似,立法机构的运作,尽管错误百出,但仍在想方设法将问题控制在可容忍的范围之内。如果我们只是从个人的角度提出这样的诉求,那么,该诉求就会成为我们共同的行为限度。

如果我们现在将这一切整合起来,结果会怎样呢?任何形式的法律,都是经历痛苦且缓慢的创造过程而取得的成就——或许,像大多数的创造一样,首先依赖于意外事件。较为发达的法律形式则是一系列创造的产物——然而,它仍远远落后于物质生产技术。法律既在创造中消耗能量,也在运作中消耗能量。反过来,法律能提供什么呢?乍一看,什么也提供不了。无法律,也有秩序。

秩序依然存在。然而,秩序的维系也是一个与生长有关的问题;看起来,法律就是维持秩序的机构,从而也就构成了文明本身的前提。仅就工具来说,法律在很大程度上借鉴了文化的其他方面:语言、逻辑、书写;就法律思想的题材来说,法律从整体上采用了大量的风俗习惯、行为准则、道德规范,而后者又从社会、经济与宗教方面塑造了社会。因而,社会的主宰者,也统治着法律。如果压制是社会的基调,那么法律的基调也一样。但是,即便就压制者来说,法律也可以完成秩序的其他方面可能无法完成的任务。法律可以明确秩序。因而,法律甚至可以对压制设定限制——某些特定的限制。现在,让我们停下来,想一想:确信你们遭受的压制只能限定于比较确定的形式,这并不是微不足道的。经年累月,法律不仅可以使你们确信这一点,而且还可以确保你们阻止暴君滥用权谋。如此,法律即维系着原本的秩序。然而,"原本"意味着在秩序运作中会发生变化。在这里,我们会发现不断变化的运作中的法律。在法律解决纠纷的体系——法院、立法机构以及行政官员——中,法律同时还提供了一种在诸多尝试中进行权威性选择的机制。法律进而限定了尝试,但又在限定的领域内,专注于尝试,同时在法律允许的范围内确保此类尝试的延续。于是,法律就有了一种对我们文明的积极贡献。

我还想指出法律对文明的另一个可能的贡献,尽管在讲述这个问题时,我有些犹豫不决,并且觉得我是在猜测,而不是谈论我们合理确信的东西。我指的是法律在社会的智识发展中发挥的作用。我对下面这样的观念表示强烈怀疑,也就是,在我们至今仍然视为自然法思想范畴内的秩序的概念,在很大程度上源于作为社会根本秩序的法律的概念;人们仍然相信,古老的法律——作为迄今为止依然存留的几个重要学科中最不具有科学性的学科——曾经在(成长初期)帮助世人理解自然科学方面发挥着重要的作用。

此外,当发现分歧时,就会产生纠纷。而当出现纠纷时,就会发现分歧。因而,这种对类似问题给予类似对待的欲求,从上古时代起就已经渗透在法律之中,驱使着人们对相似性与差异性进行概括。尽管我在这里依据的是很不确定的理由,但我仍然强烈地坚持认为,在对概括、分类以及理性思考——特别是那种被我们称为形式逻辑的理性思考——的发展最早且最持久的诸多刺激因素中,这种对类似问题给予类似对待的欲求,更多地归因于法律,而不是——或许除了语言之外——文明的任何其他方面。

我有理由认为,以后研究逻辑与语言的学生或许会再次触及法律概念的古老来源。

最后,我认为,正是我们把正义的概念归因于法律,虽然对此我并不完全确信。事实上,我们把法律归因于正义的概念,这种可能性非常渺茫。而可能性更大的是,两者有共同的根源。然而,我认为作为一门学科的法律可以主张这一概念。就这一概念来说,如果可以的话,法律应该标志着一个杰出的成就。秩序引发了立法的设计,而立法又为重新调整同一秩序提供了必要工具,同样地,正义与法律也是如此。你们可以回忆一下我此前关于社会正义以及将社会不正义与法律运作相混淆的讲述。在这里,面对压力,法律通过自我平衡完善了自身的概念。很少会有哪个社会机构敢标榜自我矫正。实际上,自我矫正的观念证明了自我矫正的可能性,提供并且检验了实现自我矫正的机构;这一切或许正是法律最重要的贡献。

第八讲

不止稻粱谋[*]

对我来说,之前一直拖着你们在荆棘丛中穿行,在很大程度上,快乐多于痛苦。碘酒在伤口上灼烧时,全身的肌肉都会产生一种强烈的愉悦感,很容易让人再次想到:就过多的法律来说,解决的方法就是更多的法律。如果法律遮蔽了你们的双眼,那就总会有更多的法律让你们看得更远。

但是,更多的是哪一种法律?是更多的稻粱,还是直接的商业内幕信息?我觉得,这取决于你们如何设想商业交易。应该有一种框架式的技术结构,如果没有的话,你们就会变成一事无成的匠人——微不足道,碌碌无为。你们必须拥有坚硬的骨骼。你们必须把这些骨骼组装成一个整体,每一块都放在恰当的位置上,每一块都与其余部分环环相扣。在完成组装后,你们就能进一步改善骨骼之间的相互关系,使关节灵活运转。但是,我认为,即便是额外附加的骨骼,也无法使颅骨上的眼窝拥有相当的视觉。

这完全取决于你们想从法律中得到什么,以及法律可以提供

---

* 这篇演讲(以及第十讲)使用了一种今天我本不该使用的修辞方式,也就是,假定你们当中有一位起初持反对意见的聆听者。——作者原注

给你们什么,相应地,也就取决于你们想从生活中得到什么。

有那么一类法律人,对他们来说,法律既是谋生的手段,也是对技能的塑造,还是发财致富之道。法律提供了谋生以及获得成功的手段。正因如此,这样的法律人全身心致力于此。金钱就是他们的报酬。金钱使生活成为可能。金钱就是成功,金钱就是声望,金钱就是权力。我认为,这样的法律人更充分地反映了我们文明的标准。这样的法律人已经意识到金钱经济的主流思想。这样的法律人诚心实意地遵循他们的感知。在这个社会上,金钱就是人之尺度。

我并不反对这样的生活方式。即使作为一种生活方式,我也不反对它。这样的生活方式与任何一种生活方式一样,无疑是令人满意的;或许,这样的生活方式是更容易令人满意的。真诚会简化选择;而太多的选择,常常令人无所适从。如果拜金者在 45 岁时实现了自己的目标,他就会获得几乎无以媲美的幸福。幸福终究是一种欲求与满足之间的平衡。如果他的欲求仅限于酒肉饮食、逃避征税、充当卑躬屈膝的管家,并且用珠宝装扮妻子的话——那么,当获得金钱的时候,他就拥有了幸福。我觉得,他不会再去想象"更好的法律"。但我却认为,他既不在乎想象,也不会运用想象。

对于这样的人,以及对于你们,有一个令我困扰的问题,那就是,你们是否把这种追逐金钱的生活方式当成你们对法律的理想。在这里,我不想说什么服务社会。就在社会存在的同时,社会制度确保每一个不断增加自身购买力的人得以最大限度地符合整体利益。我也不想谈论什么使社会制度运作更合理的道德义务。就现状来说,我并没有发现承担这样义务的根据,除了那些对这样的义务具有自我意识的人之外。我也不想谈论律师自身的利益与客户利益或者客户利益与公共福利之间在实践中可能存在的冲突。可以假定,律师的事业旨在为客户提供服务,而不是利用客户——在根据抢生意的策略确定的限度范围内;也可以假定,律师的功用包括为社区提供某种服务,尽管这可能对自身不利。我知道,我们的律师或许会尖锐地质问我,除了拍脑袋之外,我提出的这些假定从何而来,并且他们或许还会告诉我,关于某项制度目的的评判,既不在于任何人或者群体对制度目的的描述,也不在于诸多哲学家和学派幻想的美梦,而在于——并且也只在于——该项制度实际上是什么。

对于这样的人,还有其他一些问题令我困扰。在你们看来,这些问题或许是不切实际的——荒谬可笑的、遥远的、将来的问题。作为一名教师,在我看来,即便是现在,这些问题对你们来说也是迫切的。让我对这样的人感到困扰的是他们的孩子。固守单一思维模式的律师如何获得这样一种适应能力,如果缺失这样的能力,他们在自己养育的年轻一代面前就会茫然失措——在保持原有生活方式的同时,他们更多的是把希望和抱负寄托在这种适应能力上,而不是自己的职业生涯上。我曾经见过许多这样简单的、讲求实际的、一根筋的人,但他们的成年子女却与之绝然不同。我曾经见过那种追求成就的满足感逐渐消失,而代之以绝望的空虚。如果这就是你们的目标,那么最好不要结婚。看起来,如果沿着这样的道路,你们或许可以轻松地成为合格的丈夫;然而,就妻子来说,似乎就不那么容易了。但是,如果你们想成为合格的父亲,就需要有一些人性的品质,而这或许会妨碍你们的发展。这会摧毁专心致志的美德。

还有一些人,对他们来说,如此选择生活实际上是受到某种热情、急躁性格的影响。他们怀有另外一种理想,就像学者一样,他们沉浸在一些古怪的情绪之中,认为一个职业,甚至一笔交易,都会——他们认为该职业或者交易旨在——为其提供服务的共同体附加相当分量的义务。在审视工作的专业化时,他们所依据的不是偶尔满足专家偏好的增长几率,而是只有经过专家的全盘考量才能观察到优质成果的整体视角。他们还有不安分的欲望。他们背负着钻研法律的苦差。作为一个人,必须活着。实际上,作为一个人,也必须努力——与知识群体保持联系,欣赏戏剧,了解音乐与艺术,享有都市生活所需要的充分的居住与迁徙自由。

这些人不会像其他人那样深陷在交易之中。然而,在通常情况下,正是基于这样的原因,他们总能超越其他人。即便从长远来看,以及在你们眼下正在努力为之奋斗的交易中,粗制滥造可能会有所收益,但拥有长远的眼光仍然会对你们的辛勤耕耘更有帮助。然而,如果你们在树林中迷失自我,就不可能拥有长远的眼光。它需要超然的冷静,它需要保持距离,它需要通过观察其他事物来提出意见和比较的标准。因此,这些人总会超越那些粗制滥造的法律人——并且比后者更具有市场竞争力。他们之所以获得成功,还有另外一个原因:他们勤于动脑,他们满怀热情,他们努力践行。所以,他们观察真实的生活,他们意识到赚钱之路就是通往自由之路。他们热切追求的是自由。

我对这些人没有任何的不同意见。我很欣赏他们的工作。他们一次又一次地找到时间和兴趣,去做那些其他人本应去做却又不愿做的事情。无论新的事业是否普遍接受,他们都会为之努力奋斗。就像我所说的,他们胸怀理想。他们是适合的同路人。

然而,这样的人并不幸福。他们没有找到良好的生活方式。《纽约客》(*New Yorker*)上的卡通画就可以让他们愉悦一时;客厅里陈设的布兰库西(Brancusi)*雕塑的优美曲线就可以让他们舒适片刻;他们热衷于散布各种内幕消息,抢着成为最早阅读通俗小报、打庭院式高尔夫球的人,让你们追随其后;他们还热衷于嘲笑偏远地区的乡巴佬。但是,嫌弃你们自己的工作,又是一件令人觉得忧虑和反感的事情。冷静的犬儒主义哲学会提出忠告:你们需要挣钱;你们可以和其他人做得一样好,甚至超过他们;有时,你们还能提供其他人不肯提供的法律服务。此外,你们还要面临一个选择的问题:要么发现自己还不足以分别过两种人生,要么沉没在法律工厂的浪潮之下,五年后被丢在海滩上,做一颗冰冷的、光滑的、闪亮的鹅卵石,和我们第一流的、冷静的群体中的其他人一起,还有许多在这条道路上努力奋斗着的人一起。要不然,继续坚持——但很少人能坚持下去——在十年或者二十年后,一面审视着这个世界,一面体会着这样的感受:尽管我的灵魂已经退缩和扭曲,但我仍在努力地拯救着其中一部分,而代价却是我的全部工作时间。这不仅仅是一种觉得在浪费工作的情绪,这还是一种对坚持在那些认为"金钱即救赎"的理想之间达成妥协与相互影响的理解。

就从事律师职业的生命过程而言,我只想说,不要让你们自己愚蠢地认为从事律师职业很容易。大多数尝试从事律师职业的人都失败了,而那些获得成功的人绝不会认为这是轻而易举的事情。

就像在律师界一样,你们在法学院的学习过程也是如此。你们所能做的只有学习法律,并且绞尽脑汁去探究法律的内容。今

---

* 康斯坦丁·布兰库西(Constantin Brancuşi,1876—1957),罗马尼亚艺术家,其一生中的多数时间在法国从事雕塑、绘画、摄影创作,善于运用简洁干净的几何线条,达到原始素材的固有形式与写实艺术的象征意蕴之间的平衡。布兰库西时常从欧洲文化之外的异域风情中寻找创作灵感,尤其受到源自拜占庭与酒神传统的罗马尼亚民间艺术的影响。作为现代主义运动的先锋以及20世纪最具影响力的雕塑家之一,布兰库西被誉为现代雕塑艺术的创始人。——译者注

天钻研规则,明天努力挣钱。或者,你们也可以合理地分配你们的时间;做你们必须去做的事情——学习法律,并且把该做的事情做好,但也要把相当部分的生活时间留给阅读、社交以及托斯卡尼尼(Toscanini)。*

还有第三个问题,我想把它摆在你们面前:把不同方面的整体与视角结合起来。如果想理解法律,就要研究被称为"人"的这种奇妙高级灵长动物的行为习惯、活动方式以及奇闻轶事。这不会妨碍你们了解法律这一行业。相反,如果你们全面理解了"人",你们就会认识到,只有很好地掌握"人"的制度的细节,你们才会得到解开"人"是什么或者"人"是如何活动的钥匙;此外,你们还会认识到,只有研究"人"的行为习惯与动机,你们才会真正洞察"人"的制度。你们还会学习关于诉讼程序的细节、技术以及其他单调而细微的复杂问题,就像关于类人猿如何随处游走探寻目标的记录一样,你们所要学习的内容涉及,诸多世纪以来,在一盘多方参与的棋局中,充斥着惯性、盲目、自私自利以及像孩子一样对玩弄技巧的洋洋自得,对抗着智识、能力、更强的自私自利、傲慢以及野心——并且还对抗着诸多的理想。如果不能注意到细节,如果轮到你时却看不清动向,那么,你就不可能洞察这一切。就当下来说,与你们进行对抗的,不仅仅是律师,还有围绕着你们所关注的这一制度体系展开工作的许多"人",并且,如果你们观察过这些群体,就会注意到律师;如果分析过这些群体的想法,就会判断律师的态度,并且还会利用更高的技艺以及对之更大的兴趣来玩这一

145

---

* 阿图罗·托斯卡尼尼(Arturo Toscanini,1867—1957),意大利指挥家,是19世纪末到20世纪最受欢迎的音乐家之一,曾经先后担任米兰斯卡拉大剧院、纽约大都会歌剧院、纽约交响乐团的音乐总监。在其职业生涯晚期,托斯卡尼尼受邀担任美国NBC(全国广播公司)交响乐团的首席音乐总监(1937—1954),从而令其声名家喻户晓。——译者注

场与律师对抗的游戏。

就这样,也只有这样,如果你们属于那些胸怀梦想、始终想着如何实现梦想以及什么时候能更进一步的古怪之人,你们就能有力地抵抗厌倦情绪。对你们所理解的东西,就不会产生厌倦情绪。我们当中的每一个人都是生命赋予自身的样子。看清楚这一点,然后再观察其中的因果关系。这样就可以远离懊悔。除了可以远离这种极不愉快的、令人反感的情绪之外,这还可以帮助你们自由地观察、理解、行动、学习。当然,如果你们渐渐感到厌倦,就不会再有什么帮助了;如果这"仅仅是又一个关于受伤工人的案例"的话,你们就会失去与现实生活的联系。

我也不知道如何预防这种渐渐产生的厌倦情绪。我只能这样说,人生的戏剧,尽管精彩纷呈,但绝不会重演。我们的典型性、不同类型人生戏剧的呈现——以及我们渐渐产生的厌倦——我把这一切归因于下面这样一些因素:首先,是智识因素。人们必须想办法应对各种情形。把共同要素从中抽取出来,进而整理安排我们应对类似新情况的思路、工具,在工作的同时,这也是一个令人愉悦的过程。于是,就当前来说,接下来的检查过程,就是检验先前的思路,尝试运用工具与技能。当这一过程结束时,在确信自己正确后,这一刺激因素才停止发挥作用。我们就不会再有探奇的愉悦感。

第二个我要强调的是情感因素。人生要经历太多的痛苦,充满太多的困扰,以至于在保持前进的努力中,我们要么在遭受痛苦后封闭自我,不再面对痛苦,要么就不再对痛苦那么敏感。后者就是我们在被要求一面负担社会的痛苦一面完成本职工作时遵守的规则。让人竭尽全力恪尽职守,就是牺牲自我。但是,让人拒绝牺牲,又会重蹈渐生厌倦的覆辙。

这些倾向都是当前存在而又无法终止的。就他人的脾气性格来说,没有人会知道答案是什么。但又应该同时保留对诸多情况的差异与相似之处的兴趣。从不同的情况中,应该不仅可以发现一种技术工具,而且还可以找到一种整理、安排以及加深对同伴认识的方法——据以利用不同情况的相似之处来了解它们永不消减的差异的方法。而在情感方面,只要不破坏人们对学习和做事——或者帮助——的兴趣,就应该可以抑制炽热的、强烈的、毫无价值的同情心,并且还可以克制对结果的预期。

最终,我又回到了起点。对我来说,这就结束了。我反对那些用固有的天性支配感情的鬼把戏。恋爱,为人父母——却让孩子面对无法维系健康、生命的境况。这就是我所反对的那种把戏。追求某种东西——却迷失在追求之中——然后发现从一开始就要缓慢前行。在自己不了解或者违背自己意愿的情况下,你们发现可怜的自己已经习以为常。所以,如果利用这样的把戏,开始行动,我们就会沦为追求注定绝望的梦想的牺牲品。难道没有其他办法吗?难道我们注定就是盲目幻想的纨袴子弟吗?年轻人充满活力,难道仅仅是因为还没有撞过南墙吗?难道行动的动力总要受制于轻飘如缕的一厢情愿,以及不可能实现的微光渺茫的幻想吗?事实就是这个样子。古往今来,一直如此。但是,对此我持反对意见。我很难相信这样的必然。我很难相信这不是人类可以在一定程度上驯化的另外一种自然力量。时至今日,我仍然不知道有什么规制色情的立法旨在应对这样的驯化。

我想说,这个问题与我密切相关。这个问题直接切入我工作的核心部分。因为在几乎没有人不抱幻想的时候,你们来上大学,却对我们大失所望。我跟你们见面、交谈。我认为,我已经学会观察并且不再相信你们矫揉造作的姿态。尽管已经有这样的让步,但我还是发现你们——你们当中的绝大多数人——仍然对前景不抱希望,这太奇怪了。你们是战后成长起来的一代人。对你们来说,"用战争结束战争"是一个已经被打破了的口号。* 你们会发现,我们的经济制度虽然不是在所有可能的领域中足以引领产业憧憬未来的最优的制度,但也不是一种应与之抗争的糟糕透顶的不公正的制度。不仅如此——你们还可以带着一种包含着羡慕、藐视、嘲讽的复杂情绪扬眉吐气地站在领航者的位置上:国家公仆吗?请把这个告诉亚当·斯密(Adam Smith)!伟大人物吗?无稽之谈!然而,却不反抗:因为你们知道在这场博弈中反抗者会被击败。宗教,我所看到的一切来说,你们当中有很多人不信仰任何宗教。政府的腐败并没有令人感到震惊——就像霍尔—密尔斯案(Hall-Mills case)**一样,这是一个值得关注的问题。你们看不起乡村文化,你们把带着浓重地方口音的理想仅仅当成是瞎扯。就这些问题来说,我并不赞同诸如此类的看法。我也注意到,你们并不完全一样。从你们当中,我也看到了一种无处安放、孤寂渺茫的理想主义,陷于诸多幻灭的思想之间,惶恐不安。就你们当中的大多数人来说,前路依然漫长,但有些人却已经看到了希望。紧接着,我要提起我的案子,就像律师在法庭上对申辩提出异议一样。无论好坏,我都会请求法庭作出判决。接下来,无关紧要的是,无论在哪里,你们都会保持一种尚未发现是徒劳的热情。那么,我会觉得,每一次徒劳在被发现时,都会消灭一份热情,但却拒绝承认这注定会失败。

---

* 此处应该是指第一次世界大战。——译者注

** 霍尔—密尔斯案(Hall-Mills case),是1922年9月14日发生在美国新泽西州新布伦斯威克市郊区的一起谋杀案。在该案中,圣公会牧师爱德华·霍尔(Edward W. Hall)与教堂唱诗班成员爱琳娜·密尔斯(Eleanor R. Mills)被枪杀,犯罪嫌疑人是牧师的妻子弗朗西斯·史蒂文斯(Frances N. Stevens)和她的两个兄弟亨利(Henry)、威廉(William)。1926年11月3日,开庭审理此案,持续了大约30天,但因没有足够的证据,被告人被判无罪。在美国,该案自审判之初便受到各方媒体的广泛关注。——译者注

《纽约时报》(1926年12月4日)对霍尔—密尔斯案的报道

但是,情况看起来很糟糕,对我不利。因为我要观察你们的特别之处。经过历史上的诸多世代,幻想实际上已经开始消减,只是来得有点晚。在生活方式已经形成后,幻想才降临。在现实生活中,大部分基本道德规范发挥着积极作用,但就在它们被固定下来的时候,却已经在那个发挥作用的领域被替代了,只是在涉及该领域的个人事务时,幻想才破灭。然而,你们的幻灭来得太早,击垮了一切。

这时候,你们来到法学院。万物皆逝,留给你们的唯有法律。留给你们的是这个固定的、令人确信的社会秩序。留给你们的是那个始终控制着法官、赋予法官特定的威严(甚至当——并且实际上也是因为——它控制着法官时)、使法官及其工作达到无法凭借个人力量所达到的高度的东西。留给你们的是数以万计的掷地有声的判决,那些判决在数以万计的案件中详细阐释了一个无法回避的逻辑,法律正是依循这样的逻辑影响着判决。而我们呢?我们却把这些材料当作悬挂的蛛网,抓来撕碎。我们砸碎了这些古老的值得珍惜的真理之镜。法律,被我们泼洒的酸液溶解了。人们行事的动机经常缺乏人情味,而权利与正义却为那些行为提供了漂亮的借口。我之前曾经说过,我们的教育是在以牺牲完整的人为代价来培养工匠,这种教育倾向让我感到担忧。在年轻人已经幻想破灭、迷失自我的情况下,这样的教育倾向让我对这样的联系——教育对年轻人的影响——倍感怀疑。

148　　从一开始,偶像破坏主义可能就既是一场运动,又是一种状态;即便不这样看,砸碎的事实也会引起对碎片不恰当的关注;而反叛却很少能有平衡判断的特征。身负教育职责的我们仍然不断地探索发现,就像曾经备受折磨的伽利略(Galileo)一样,坚持声称:地球仍在转动,法律也在运转。如果想让你们看到法律的运转,我们就必须大声疾呼,压倒法院据以假称法律没有发生任何变化的伪善言辞——然后,我们还必须大声疾呼,对这样的说辞表示怀疑。我们必须诅咒法律的神谕。好吧,接下来,我们行动吧。我们去拆穿法院的言辞或者其他的圈套。我们把聚光灯投射在华丽服饰的漏洞上,在那里,你们可以看到廉价的棉花,或者可以看到下面汗渍的皮肤。这些都是引发争论的重要案例——然而,它们究竟是法律工作的典型风格,还是夸张描述?法律教育的这种倾向令人担忧。为了领悟深刻的教训,人们必须承担歪曲的风险。

伽利略,意大利科学家、哲学家

此外,华服滑落的景象或许也表明了尊严的丧失。这是一个恶意的表象。这就像那个不怀好意的迷信说法——华服是衡量一个人的尺度——一样,都是虚假的。只有当华而不实、哗众取宠的假象被拆穿时,当浮华散尽、坚守原始的记录与毫不掩饰的事实时,我们才会真正发现衡量人与职责的尺度和尊严。因此,我们必须拆穿法院的骗局,我们必须检验法院的言行。拆穿也是一种致敬。如果我们不尊重一个机构,我们就不会有勇气公然拆穿它的骗局。你们应该还记得一个批判者的尊严和尺度;关键在于批判者看到了记录的整体,在于批判者的评判及其评判的语气权衡了目标的实现与遇到的困难、已完成工作的整体完满与部分瑕疵。因此,显而易见,就像你们会根据一个人的生平来对这个人予以评判一样,法律与法院也要经受这样的评判。或许,随着你们的知识不断地增长,你们也会和我一样,不可思议地出现幻灭感。法律经历诸多世纪,案例堆积如山,智识也不断叠加。当我观察许多案例的承续过程——永远无休止地变迁、增加、成型——时,当我从整体上审视这些连续不绝的案例时,我发现古老的致敬方式影响了我的语言:"正当的理性完美无缺!"我越是接近于看清法律的整体,我就越有可能——在怀疑论者的群体中——发现自己临近神秘主义之境。在法律这一整体中,存在着这样的平衡、这样的美、这样精湛的技艺;这样的平衡、美与技艺超越了法官个人微渺的权力。而你们在个别案例中注意到的正是这些微渺的权力。你们很容易看到有失严谨、甚至糟糕透顶的逻辑;裁判的智慧,在放在轴心时代的旋律之中时——会让人明白裁判并不那么简单。

一个接着又一个的案例,让我感到厌烦,甚至都不想碰它们。然而,我还要考虑:它存在什么问题?有的案例,推理拙劣,荒诞不经。还有,根据各种事实,推断结果怎样——难道这还不够合理吗?在前后连续的一系列案例中,对许多结论进行系统化的总结,这终究是第二个或者第四个案例——而不是第一个案例——应该完成的任务;我们的法律经过审判、矫正,然后不断成长。同样是这个曾经有损于权威当局的法院,在必要时,它还会破坏这一结果——然后得出另外一个合理的结果吗?还有的案件,从表面来看,异乎寻常。然而,等一下——为什么这个案件如此异乎寻常呢?因为它不同于我过分重视的偏见,因为它不符合我的意见。但是,除了那些法官之外,还有多少人不赞同我的意见呢?在评判社会价值时,这些法官或许有不同于我的意见,也没有任何迹象表明他们是傻瓜,仅仅是意见不同而已。还有第三种类型的案例:一个技术的问题,一个荒唐的判决,法院完全没有抓住要点。我们来看辩护律师:有没有像卢特(Root)*一样的人误导了法院呢?然

---

* 作者在此借"卢特"之名,喻指那些具有极高社会声望、从而可能影响法院判决的律师。伊莱休·卢特(Elihu Root,1845—1937),是当时美国声名远播、极受尊敬的律师之一。1867年毕业于纽约大学法学院,后来不仅先后担任美国战争部长(1899—1904)、国务卿(1905—1909)、参议员(1909—1915),还成为卡耐基国际和平基金会首任主席、美国法律协会和海牙国际法学院的主要创办人。1912年,因在国际仲裁与合作领域的杰出贡献,获得诺贝尔和平奖。——译者注

而，即便如此，那也仅仅是一个托辞而已。但现在又出现了一个视角的问题。从总体上看，那样的事由多久出现一次呢？此外，从一年里诉至法院的那些错综复杂的问题来看，那样的事由多久出现一次呢？批评这样的判决，抨击这样的判决——这是对的；我们要竭尽全力去抨击这样的判决，正如抨击我们怀疑的其他事物一样。法院需要这样的抨击。法院需要这些对判决的抨击，因为法院很强大。法律需要详细诊断，法律能够经受住大手术，因为法律很强大，足以承受这样的冲击。法律之所以如此稳固，正是基于法律的整体运作。帮助消除法律错误的人，也会为法律注入力量。

然而，我们讲授法律，结果不得不使法院的法官们——暂时——看起来更像是一群夸夸其谈的家伙，对自己的所作所为谎话连篇，充满了无知、错误与盲目。这一状况不会持久——但是，只要这一状况仍然持续，它就会把你们心中仅存的那一点尚未磨灭的理想彻底摧毁。

> 成千上万的案件，尽管其中许多案件涉及的问题都是微不足道、转瞬即逝的，却反映了我们半生的时光！成千上万的案件，如果有人喜欢深入探究每一个由法律引发的问题并且畅所欲言，继续创造据以检验法律原理的新问题，然后予以全部概括并撰写连贯的、逻辑的、哲学的解释，根据法律的历史根源、对真实或拟定的权宜之计的正当性证明，详尽地阐释整个法律体系……那么，我们将无法实现梦想。若是我们可以提供一个检验的例证，若是我们可以全心感受，勇敢地去实现梦想，我们就太幸运了。*

---

* 引自霍姆斯大法官在一次波士顿律师协会晚宴上的演讲。参见 Oliver Wendell Holmes, Jr., Speech at a Dinner Given to Chief Justice Holmes by the Bar Association of Boston on March 7, 1900, in *Collected Legal Papers*, Harcourt, Brace and Howe, 1920。——译者注

现在,还有一种纯粹由信仰与美交织而成的思想。但这是老一代人的思想与表达,并不适合你我。根据成熟丰富的阅历而作出的高度顺从的姿态,也不适合我们。我们所做的只是一种更平凡、更乏味的工作。幻灭给我们造成的灾难冲击着年轻人的激情。让我们足感慰藉的高尚事业仍未完成。

然而,我还要再次强调,我找不到任何补救的方法。我找不到什么可以教授给你们的方法,除了给你们提供老师认为能够给你们的指引,尽管这样做可能会使你们的理想破灭或者消除你们的成见。这时候,我只有甘冒一切风险去尝试。我只能让你们经历更多的考验。

如果造化弄人,我们就要经受打击。你们前行,冷眼观世,意志坚定,走向人生的终点。如果我们总要经受打击,那么,人生是谎言,法律也是谎言,脆弱的理想也很愚蠢,自然就剩下一门心思挣钱的人了,而上帝会拯救任何在路上的人!(请你们原谅这样"复古式的"语言表达。)我曾经在很多情况下看到过这样的结果,并且痛心地把它归因于贪婪者的学校教育。

但是,我不相信,造化会如此捉弄我们。我不相信,分析和观察会让我们无能为力。总是还有再做些什么的意愿,除了对结果的期待之外,至少还可以再全心全意地鼓励那些理想幻灭的人。在高更(Gauguin)*的画作中,总是蕴含着那么一种艺术表达,不仅使我的语言显得苍白无力,也使那些半吊子的艺术家相形见绌。看一看高更的画作中那些南海女人的面孔。没有任何来自生命的

---

* 保罗·高更(Paul Gauguin,1848—1903),法国后印象派艺术家,其画作在色彩与整合线条的试验性运用方面明显不同于印象主义画风,从而对法国的先锋派以及诸如毕加索(Pablo Picasso)、马蒂斯(Henri Matisse)等现代艺术家产生了深远影响。——译者注

期望。欲望是空虚的,努力是虚幻的。想做什么,到头来只有失望。然而,再一次审视,就会看到生存的力量、强健的活力、生命的丰盈,绽放着勃勃生机——尽管不抱任何希望。对于我们的幻灭,有一个答案隐藏在那个古老的真理中,既看不到彩虹,也找不到金罐,即便找到,也不值得拥有。然而,探究总是有益的。

如果我知道能使之看起来更真实的方法,我就根本不会对你们的幻灭感到烦忧了。不仅如此,我还会对这样的幻灭表示欢迎。自由来自彼此对峙而痛苦的头脑,自由源于对虚空偶像的献祭,行动自由适于你们的目标,你们可以直接切入,全力以赴。如果你们能掌握它们,那就是破碎的梦想的成果。就是这些——如果你们能掌握它们。

保罗·高更(左)及其画作(右)

因为我从幻灭中并没有看到兴趣的消减,相反,我却看到了不断增加的兴趣。而所失去的则是对无法企及之事的期望。可以企及之事就变得更有价值,同时也更令人着迷。现在你们需要两个条件,并且只需要这两个条件:理解的意愿,以及足够的耐心。

第八讲　不止稻粱谋

高更作品《我们从何处来？我们是谁？我们向何处去？》(1897)

不，先生们，在幻灭者面前，有三条道路，除非他们自己放弃：第一条，任何形式的完全自利：自我追寻，自我和谐，自我认同。第二条，神秘主义——对你们来说，只有求助于法律才有可能消除。第三条，对所作所为的价值充满信心，并且预先接受可能导致无法实现最终目标的失败后果的行动。

在我个人看来，只能根据与人们、人类、人类族群的利害关系，来设想那些有关行动本身价值的信念，以及怀有如此信念的理由；就律师来说，我只能根据他们如何把那样的利害关系投入到法律事务中，以及他们如何努力在法律与生活之间寻求统一和谐，来设想他们的信念及其理由。

我之前已经向你们暗示过可以从案例中获得什么。据我所知，有一些关于人类族群的精彩记录，希望你们拥有足以阅读那些记录的智慧。阅读人类族群记录的智慧！我差一点就失去了阅读的技艺。人们曾经一度在阅读时，把全部自我及其经验注入他们阅读的对象之中。阅读是主动的，阅读也是创造。有一本书，可以佐证。看一看《圣经》之于清教文化的意义吧。再读一遍《天路历程》(Pilgrim's Progress)，看一看约翰·班扬(John Bunyan)把什么注入到自己的圣经之中。每一个简洁、清晰的故事，每一个极富想象的语词,都成为对经验的关注,就像《圣母领报》(Annunciation)的主题已经变成了中世纪艺术家表现圣母临诞的全部圣训与神迹的媒介。

今天的阅读,是另外一个样子。按字付费,篇幅越大,费用越高。作者会为你们着想,就像你们的导师——你们有时希望——会为你们着想一样。在一个愉快的晚上,读着《星期六晚邮报》,任每一个念头肆意滋长,周而复始。与三个月前一样,你们读到的东西也会遗忘殆尽。为什么应该将其铭记在心呢?你们不会像这样来阅读《圣经》。你们要么因厌烦而放弃阅读,要么就坚持读完。你们要么一无所获,要么自己去完成繁重的工作。

达·芬奇的画作《圣母领报》

就阅读案例来说,也应如此。让你们自己投入进去;透过表象,深入探究,凭借经验,查明原委,然后你们就会发现戏剧化的案情,这样的案情激动人心,证据确凿,从而把你们的法律事业融入整个文化之中。还有当事人。此外,还有法官,他们致力于塑造法律,使之满足人的需求。在每一起案件中,社会的戏剧都呈现在你们面前——恢宏壮观,诙谐幽默,枉费心机,还有如珊瑚礁般层出不穷的奇闻趣事。其中,充溢着理想的碰撞,满怀崇高希望的勇气——以及人类在解决人的问题方面的愚钝不足。这幕剧,值得观赏。人性与法律,并非迥异,实为一体。在你们的身体成长或者皱缩时,所谓文化的虚饰表象也会随之断裂、褪色。但是,文化也应与时俱进,文化就是人类的同情与理解,而人类的同情与理解正是你们的法律。

社会的戏剧精彩纷呈:每一份司法意见都记录着人类的档案,每一起案件都体现着人类的抗争,每一项变化的规则都暗含着掌握你我命运的大人物的动议。曼斯菲尔德(Mansfield)*,苏格兰人,曾为拥护重建斯图亚特王朝的雅各布党人,后升任王室法院首席大法官。曼斯菲尔德连任法官三十年,而在三十年间两次被掀翻在地。曼斯菲尔德在面对城市暴民时总是备觉惊恐。在贵族院

曼斯菲尔德大法官　　　　　　查塔姆伯爵

---

* 曼斯菲尔德(Mansfield,1705—1793),曾担任大不列颠王室法院的首席大法官(1756—1788)。——译者注

面对查塔姆(Chatham)的猛烈抨击——并且针对的是法律问题,曼斯菲尔德面色苍白,哑口无言,浑身战栗。

卡多佐,察觉到并且评述了美国的司法理论。虽然并非绝无仅有,却很少有人像他那么引人注目。卡多佐经过十五年的时间(1927—1932),塑造、重塑了身处其间的整个纽约上诉法院及其成员的态度,接着又缓慢地把这一态度引入我们今天最伟大的美国联邦最高法院的立场之中。*

霍姆斯,在艾布拉姆斯案(the Abrams Case)中,来自法院内外的压力,都要求他撤回反对意见,因为"国家处于危难之中"。** 霍姆斯,在或许可称之为人生巅峰之时,坚信有些事情无法妥协,发表了那份足以跻身政治家文集的反对意见,这篇意见堪与葛底斯堡演讲(the Gettysburg address)相媲美。

卡多佐大法官

霍姆斯大法官

---

* 本文写于 1930 年,时至 1960 年,依然可以从法院里清晰地看到卡多佐的传统。——作者原注

** 参见 Abrams v. United States, 250 U.S. 616(1919),霍姆斯大法官在该案中提出了美国法律史上著名的反对意见。——译者注

我认为,在这样的人与事中,蕴含着诗、人生、美。如果这还不算文化的话,我就不知道再到哪里去寻找文化了。诗歌、戏剧、文化不会在君王之间单独呈现。法官和案件在抗争中影响着人们的命运;但法官和案件却也兴味盎然,并且提供了许多值得学习或汲取教训的地方。

接下来,让我们继续阅读——进入法律,再走出来。全力以赴去阅读。你们可以研究艺术、科学、哲学——如果需要的话,甚至还可以研究门肯(Mencken)或者海伍德·布罗恩(Heywood Broun)。* 但是,仍然要把工作带回家,融入你们的法律中。此外,还要从你们自己的法律中出来,继续阅读。在你们的法律——法学院和法律实务——中,这就是智慧的组成部分:交易、文化与职业合而为一。

旧时的优秀律师,社区的法律顾问——他们并不需要这样的告诫。他们就是那样成长的。在更为紧张忙碌的今天,这条成长道路就没那么容易看清了。有人正在寻找它。有人会把他自认为找到的东西摆在你们面前。至于如何选择,就是你们的权利了。

如果你们沿着我的道路前行,你们就会在那里找到我曾经找到的东西吗?你们当然找不到。一个人,有一条路;一条路,有一百个终点;期望就是幻想。然而,我发现有一点可以确信:只要走上这条路,你们找到的东西,无论与我的发现存在多么大的差异,都是好的,甚至是更好的。

接下来,让我们继续阅读。然后,继续观察,审视。我不会告

---

* 亨利·门肯(Henry L. Mencken,1880—1956),美国作家、编辑,传统的自由主义者,他的《美国语言》(*The American Language*)一书是语言学界的杰作。海伍德·布罗恩(Heywood Broun,1888—1939),美国新闻记者,支持社会改革与自由主义事业。——译者注

诉你们这条路上有黄金屋。我既不会用言词鼓励你们克服困难，也不会用言词诱导你们趁机偷懒。难道你们非要上天揽月吗？我认为，这是一场相当清晰的竞争，瞬间就会爆发。你们确定会在竞争中一无所获——或许，就在硬币抛出后变得一文不名。但是，你们还幸存一点可怜的、勇敢的热情。你们还有一些温暖，一丝光亮，一股炽烈的勇气。你们还有什么想问的——或者，想问的是什么？

第九讲

第二年

就在一年前的此刻,我遇见你们时,你们都还是青苹果。现在,我看着你们充满期待的脸庞,青涩中透着些许苍白。你们似乎长大了些。如果现在有人咬你们一口,他可能会发现一些流出果汁的迹象。酸,无疑,非常酸;但仍然是,果汁。显然,你们恪守了承诺。在法学院教师温暖的阳光下,青苹果成熟了,果汁也愈益醇厚,但随之而来的是你们需要承担更多的责任,我提醒你们重视这些责任。去年的问题是,你们想要从二年级学长身上学到什么,以及如何着手实现那些愿望。今年的问题是,无论一年级新生是否意识到要追随你们成长,追求知识,他们都想要从你们身上学到什么,以及你们在实现那些愿望时做了些什么。

我想提醒你们注意,法学院不仅仅由全体教师组成,法律教育主要是一个关于学生群体的产品。我想提醒你们注意,新近入学的新生班级——假如有可能的话——甚至比曾经的你们更加青涩。我想提醒你们注意,你们会对下面这样的情况有一种陌生感:阅读案例教科书,想知道案件摘要可能是什么样子,或者你们应该如何对待案例;你们完全不了解法律图书馆,或者完全不知道如何利用法律图书馆;在某一个时期里,科宾(Corbin)只是一个名字,法律评论也只是一个不为人知的概念;律师资格考试还是一片荒凉的阴影,因你们未曾经历而显得异常恐怖。此外,我还想提醒你们注意,当你们从别处得到针对你们所遇难题的建议时,舒适感就会随之而来,而如果该建议又是常见且急需的,那么,在法学院第二年的前四周就会很容易度过了。

简单点说,我想提醒你们注意的是,你们应该承担起你们的责任,发挥你们的作用,为今后的学生把法学院塑造成名副其实的学院而不是监狱,铺设一条通往教育的、而不是走向绝望的道路。没有什么原因迫使你们去那样做。但如果你们做了,至少我可以这样告诉你们:对于你们打算向其他人讲明白的问题,就在讲解的过程中,你们会发现自己了解得更多了;你们在向其他人讲解时所花费的时间,会加深你们自身对法律的理解,并且正是通过形成或者保持合作的惯例,一年级的新生、你们自己或者今后的学生,都将会拥有一所完全有理由存在的法学院。

为什么你们必须对一年级新生履行责任,还有另外一个原因。当新生走进这座神圣的殿堂时,你们已经是这里拥有一年职龄的牧师了,而他们还是门外的信徒。他们必须经过洗礼,迅速经过洗礼,否则我们都会被污染。亲爱的,请准备就绪,跳进水池;左手拎起一桶法律的杀菌液,右手挥动一支辩证法的刷子。为了法律,抓住这些新来的羊羔,然后清洗他们。要用爱清洗他们——但首先要抓住他们。然后,再像抚育幼苗一样培养他们。

但是,除了代表初学者——以及我们的秩序——利益的诉求之外,就你们自己在第二年的学习来说,还有一些问题值得思考。

无论在美国的哪一所法学院,你们都会遇到这样的经历:在二年级的第一个学期,身陷失望与灾难交织的困境中。

就你们当中的大多数人来说,雄心已不再。首先,学习法律不再是新鲜而陌生的事情,而是比较轻松,但同时也缺少了动力。你们不会再因担心前途无望而疯狂地奔跑。考试或许还会令你们紧张,但已经不会再让你们害怕。你们已经知道考试是怎么一回事了。现在距离考试还有很长时间,你们只是在焦头烂额的考试周才会关心考试。日复一日,考试对你们已经不再是沉重的压力。你们已经初步掌握了学习的诀窍。你们还没学会阅读案例的全部方法,肯定还没学会。但你们已经掌握了一些方法,足以帮助你们继续努力学习更多的知识。你们当中有些人,即便还没有掌握阅读案例的方法,但至少已经学会了靠背诵暂时应对课堂或者考试的技巧。可以说,你们已经掌握了基本的学习技巧,足以轻松完成布置的案例作业,这些技巧包括对事实的强调,在恰当段落的页边空白处标注"问题",以及在司法意见中划出重点语句,就像是为了陈述所谓的法律规则。要知道,如果要求那样做的话,即便是老师,也会暂时感到压力,因此,只有保持沉着与冷静,你们才能完成或可被宽容地当成完成了案例陈述的作业——你们要一目十行地迅速阅读更多的事实与零散的论证,然而你们并不需要改变对自己有益的做事风格。你们当中聪明的学生,不仅学会了在课堂上专注、严肃地认真做笔记,而且还学会了掌握课程总结的每一个要点。就像你们走在沙漠中,长途跋涉,哦,口干舌燥!突然发现了一片绿洲,哦,绿洲!去打牌,去谈情说爱,去挥霍钱财——所有这些都可以节省下来时间。然而,对你们时间的要求也会随之而来。如果你们是从外地来到这里的,你们现在仍然会和家乡保持着一定的联系。或许,甚至是你在暗恋着家乡的某个女孩。如果你们仍然属于家乡,那么,你们现在就可以重新回到原来那个生活圈子,而那里正是你们在去年的这个时候坚持离开的地方。随之而来的就是缩减工作时间的压力。法律限定工厂的工作时间,是每周 54 小时。工会又将工作时间减少到每周 45 小时。令速记员感到高兴的是,可以减少到 40 小时,再减少到 30 小时、25 小时,甚至减少到塔金顿(Tarkington)笔下的"十七"小时。* 我想说,这样的工作已经不再让人觉得新奇,也不再像以前那样有意思了。你们现在都了解这些动向。如果你们真的很优秀,就会非常了解这些动向。即便是一种智力游戏,无论曾经多么令人兴奋不已,也会很快变得平淡乏味。即便曾经是极具创新性的研究,也已经变成了松鼠式的工作——为度过六月天而采集坚果。** 老师仍然会做总结,上帝保佑老师。钢笔充满墨水。于是,你们会花较少的时间分析案例,而花较多的时间聆听老师。你们会较少在意法律,而更多关注老师对考试有怎样的期待。我的朋友们,你们已经被紧紧地拧在法律"教育"的机器上。你们看不到这台机器的重创。你们丧失了洞察力。你们已经忘记这场游戏究竟是为了什么。于是,这台机器很快就会把你们抛弃——在困境中。

  我绝不会抨击法律教育的研究。观察你们的老师,注意他的弱点、嗜好,辨别其法律的与非法律的偏见,预测他的问题,从而在他的考试中得一个 A 分。这既是机智的、强烈现实主义的,也是在经受法律的训练。因而,你们早晚有一天也会辨别法院的判决。学习案例法的技巧,逐步铺设你们的捷径,有效利用你们的工作,尽可能节省你们的时间。而这一切化为乌有可能会更好。你们早晚有一天也会组建一个办公室,规划一项工作。但不要让这些事

---

  * 布斯·塔金顿(Booth Tarkington,1869—1946)是美国著名小说家、剧作家,曾经两度获得普利策奖(1919、1922),1916 年发表了诙谐小说《十七》(Seventeen),成为当时美国最畅销的小说,1918 年被改编成戏剧,开始在纽约公演。随后 30 年间,这部小说不断被改编成音乐剧、广播剧、电影等艺术表现形式,呈现给世人。——译者注

  ** 根据松鼠的习性,通常会在每年六月生育,故而采集坚果,哺育幼鼠。——译者注

情剥夺了你们本该受到的教育。而你们还要再花一年的时间在这些事情上。难道你们想要的仅仅是一片箭牌口香糖或者一支上等雪茄吗？

158　　你们现在已经忘了这个时代还存在着一些支持模式化教学或者机械式教学的理由。你们已经跨过了那个令人尴尬的年级，经历了一年级固有的训练，被灌输了任何研习法律的人都不可或缺的技艺。那份苦差事已经结束了。现在，你们可以开始接受教育了。而我现在之所以对你们这样说，就是因为我们全体教师——我们几乎看不到真正开始进行的教育。

接下来，跟我一起登上山顶——俯瞰大千世界——然后，让我带你们指点江山。

你们为什么来这里？你们打算去哪里？今年与去年的区别在哪里？你们已经看到了案例法研究的好处，并且已经掌握了这种方法。还有很多东西值得学习，但从现在开始，你们理解起来会越来越慢——你们需要做越来越多的重复工作，而新的收获却越来越少。最重要的转折点已经过去。你们能否继续有所收获，在一定程度上，取决于对具体案例的分析，取决于是否弄清楚每一条规则的含义、每一条规则在含义上的每一个特点，以及建立在确凿事实上的每一个要点。你们能否继续有所收获，在一定程度上，还取决于对更细微的案例要点进行细致而持久的分析，以及精细的阅读。所以，你们还有许多事情要做——但你们只是了解技巧，你们现在更需要的是实践。无论如何，还应该向你们澄清两个问题。在案例课上，你们需要花大量时间，才能掌握知识、基本的知识。难道你们想在付出代价后却一无所获吗？难道你们花整整两年的时间学习，却仅仅依赖案例教科书和老师的总结吗？难道你们不想享用图书馆而在青春岁月里无所事事吗？

我们会在困境的深渊呼喊,"是我们的错,完全是我们的错"(Culpa mea; culpa maxima mea)——让你们无所事事,是我们的错,完全是我们的错。我们已经比较好地掌握了一种教学方法,就像坐在水边的那耳刻索斯(Narcissus)一样。* 我们总是在讲授案例——并且很少讲授其他东西。那么,好,就这样吧。但是,难道仅仅因为老师的盲目,就应该遮蔽你们的视野吗?

约翰·沃特豪斯的画作《厄科与那耳刻索斯》

---

* 那耳刻索斯(Narcissus),古希腊语为"Νάρκισσος",字面意思是"水仙"。在古希腊神话中,那耳刻索斯是河神刻菲索斯(Cephissus)和水泽神利瑞俄珀(Liriope)之子。当那耳刻索斯出生后,盲人预言者提瑞西阿斯(Tiresias)说,只要看不到自己的脸,那耳刻索斯便可长寿。因此,那耳刻索斯长大后成为希腊最俊美的男子,却始终不知道自己的模样。那耳刻索斯的俊美令全希腊的女人为之倾倒,但他却拒绝了所有向他求爱的女人,甚至包括无法表达爱意的山林女神厄科(Echo)。在那些被拒绝者的请求下,复仇女神涅墨西斯(Nemesis)对那耳刻索斯施以惩罚。有一天,那耳刻索斯在打猎回来的路上觉得口渴,来到池边,从池水中看到了自己俊美的脸,爱上了水中的倒影,无法从池边离开,终于憔悴而死。在那耳刻索斯死去的地方,生长出一株水仙花。后来,许多艺术家以这一神话故事为主题创作了大量经典的艺术品,如英国画家约翰·沃特豪斯(John W. Waterhouse)的画作《厄科与那耳刻索斯》(1903),而"Narcissus"也成了"自恋"的代名词。——译者注

还有另外一个有关案例教学的事实,应该对你们说清楚:在分组讨论时,要想展开细致而持久的分析,必须预先设定一个有限的、非常有限的一般主题。既然是有限并且一般的主题,就必然是指定的。因此,正是案例讨论的预设条件限制了创造性。进而,在获得最好技巧的同时,你们却陷入了最坏的研究习惯。最后,你们发现自己已经泥足深陷。

159　　既然如此,是时候做些改变了。现在正是改变它的时候。在训练学生分析能力方面,案例教学属于研究生教学。如果想从事这种教学,就需要有成熟的能力、老练而持续的专注力、相当的思想深度。但是,在资源分配方法方面,案例教学只能算是初等学校教学。你们为将来的职业生涯而接受的训练正面临危境。因此,是时候开始采取行动了。

我对不同学科之间的比较表示怀疑,尤其是我经常遇到的那些学科,例如,在法律与社会科学之间。有许多人、许多书、许多理论,每一个都是含混而松散的。令人困惑不解的是,每一个本身都是不均衡的。如果你们是保守的,那就看一看你们这一边的山峰,然后用比较的方法,质疑平原。如果你们喜好新事物,那就应该看一看对面的山峰,然后据以推断高原。正当如此。最优秀的——例如,经济学专业的——毕业生,在三年时间里已经学会了独立调查研究,并且强烈渴望在自己的专业领域广泛阅读,而在我们法学专业的学生中几乎看不到这样的情况。然而,在我看来,对普通人来说,我们的案例教学是一台远胜于教师课堂讲授的教学机器。但根据课堂讲授来评判其他专业学生的学习,可能会错过其专业训练中真正有价值的东西。根据我们的案例课堂来评判法学专业学生的学习——你们说会一样吗?

那么,接下来的问题是:难道你们就打算受制于我们的案例教学方法和你们自己对安逸的愉悦追求吗?如果不是这样的——假设你们不打算这样,我就会推定你们所关注的是乐观主义者心目中的法律职业。我还会推定你们的能力和渴望会帮助你们独立奋斗。我不愿意想当然地把你们看成一群孩子,还需要不断有人帮助你们完成平常的作业。实际上,在我看来,我有责任做这样的假设。因为,在所有的职业中,肯定没有哪一个职业能比法律更负有如此鲜明特色的责任。你们将要处理的,不是你们自己的事务,而是你们客户的事务。你们必须独立自主,才能扛起他人的负担。你们应当能获得那些自己也不知道想要什么的人的信任。那种不让你们学会承担责任的学校教育,不适于法律工作。如果老师的教鞭不打在你们的脖子上,你们就会继续抱着懒散和玩闹的态度,那么,你们还是去选择你们能做好的事情吧,现在还有时间。如果你们想取得首席陪审员的信任,那就去说服他。

接下来,你们需要的、而我们又无法提供给你们的是什么,以及你们如何想办法去得到它呢?这个问题很难回答。这个问题之所以难回答,第一个原因是,我自己的眼光仍然局限在传统之内。我也受到了案例教学的滋养,并且这十二年来一直在用它谋生。这个问题之所以难回答,第二个原因是,我们始终不怎么了解究竟是什么构成了今天的法律习惯。以前的习惯有多少已经被信托公司和产权公司所取代,而这些公司又在雇用多少律师?他们的"法律"有多少用在案例中,有多少写在法典上,又有多少是建立在他们自己的习惯和理解之上?有多少法律习惯用在案件的初审中,而纽约(New York)、威奇托(Wichita)和锡达·福克斯(Cedar Forks)的法律习惯又有什么区别?城市法院的初审习惯在多大程度上不同于联邦法院或者最高法院的初审习惯?在港务专员、税务专员或者纽约中央公园的理赔专员的业务活动中有多少习惯?有专门的工人赔偿律师吗?在起草合同、终止产权、撵走租户时有多少习惯？在商业策略方面有多少习惯？在去奥尔巴尼或者华盛顿游说时有多少习惯，在委员会休会间歇游说时又有多少习惯？在做生意方面有多少习惯，跟谁做生意，以及如何做生意？在跟资深合伙人的侄女结婚时有多少习惯，跟其中哪一个侄女结婚——以及如何结婚？关于这些问题，以及成百上千的其他问题，我们可以这样回答：对有些人来说，可能很重要或者意味着全部；但对有些人来说，可能没那么重要或者根本不重要；至于涉及多少人，或者在多大程度上涉及每一个人，我们就只能猜测了。然而，你们当中的某些人今后可能会遇到其中的哪些问题，却是无需猜测的。

因此，很难回答这样的问题：你们需要什么？之所以很难回答，是因为你们当中不同的人会有不同的需要，即使你们将来都走上同一条路。我所能做的顶多是让你们看清楚，哪些事情是每一个律师——或者几乎是每一个律师——都确定需要，但却是案例学习无法提供的。我能提供的少之又少，但确实是我认真挑选出来的，而且是依据法律挑选的。其中还有些事情的作用远远超出了所有人的希望。现在是时候让你们有意识地围绕你们接受的训练来选择职业了，但在法学院的课程表上，除了初级的应急训练外，没有提供其他你们想要的职业训练。

161 通过法律评论（Law Review），你们可以从三个方面获益。之前跟你们说过，我现在再次强调。法律评论，在很大程度上，是编辑所取得的成绩的一个标志。由此可见，在很大程度上，法律评论的编辑会被人认为很优秀。但实际上，法律评论的编辑是一个机遇，而不是一个奖章（实际上，法律评论的编辑对于为成功所作的付出毫无意义，但对于编辑因成功而学到的知识却至关重要）。法律评论所提供的唯一有价值的东西，就是一台机器。这台机器齿轮传动，部件组合，然后等待，编辑被放在这台机器的核心部位——我们知道，我们可以相信这台机器能给编辑提供足够的锻炼。在法律评论工作过的人找工作时之所以有优势,不是因为他们满足了基本的学分要求而获得了毕业证书,而是因为他们享受到学院至今提供的最好的教育并能充分加以利用,从而获得了毕业证书(你们知道,这种教育是最优质的教育,但根本没列在课程表上)。简单点讲,正是在法律评论工作过的人让自己享受了这样的工作——虽然有学院全体教师的指导。在法律评论工作过的人会让自己受到的教育经受相当的挑战,他们会独自经受这样的训练。

这种训练的第一个好处在于团队精神、团队协作、分组讨论,内容涉及法律、法学院、评论问题、班级问题,而这些正是法律评论的精髓。交流观念,培育思想,通过尝试向其他人表明观点来澄清自我,通过树立为之抗争的观点并为之抗争来完成训练。无论是否涉及评论,这些是任何人都可以享有的,他们可以与志同道合者

《哈佛法律评论》(第51卷,1937—1938)编辑委员会

组成一个团队,一起认识、理解法律,他们可以定期、每周、每天一起而不是独自面对考试——他们会组装起自己的机器(如果在法学院里,有一匹孤独的狼,那他不是天才,就是白痴)。把西瓜皮变成餐桌上的饰品,是一种解决问题的方法,这样的方法可以把一个看似没用的家伙变成一位优秀的律师——但这个浸润滋养的过程必须是持续不断的,必须坚持到底。团队协作的价值并不在于提出自命不凡的高深见解。如果你们的邻居一无所知,你们就要想方设法教会他们。如果你们的邻居接受得比较慢,你们就要更深入地思考你们可能存在的问题。如果他们接受得比较快,就会加快你们的步伐,但你们可以从他们遗漏的思考中发现不足之处。

162 　　法律评论教育的第二个好处在于,编辑可以学会通过自主研究,识别问题,评估问题,查找材料,分析材料,并去其糟粕,取其精华(当然,这很难,需要艰苦的工作)——接着,再次整理资料,分析评估,然后整合构造。仅仅知道如何查找材料,是不够的,还必须耐心地查找全部相关材料,然后再舍弃那些不怎么相关的材料。仅仅查找到材料,是不够的,还必须重新整理材料,把它们编成一个整体。仅仅把材料堆在一起,仍然是不够的,还必须加以整合构造。这就涉及在工作中分析或者解决问题的关键所在。这并不能涵盖分析问题的全部内容,更不用说解决问题的全部内容了。但这却是一个至关重要的部分,而且还是课堂案例学习本身从未提供过的部分。即使你们实际上已经把你们的笔记收集在一起,并且学会了一些演绎推理的技能,但你们仍会在研究中遗漏所学的知识。

　　法律评论教育的第三个好处是,编辑可以学会写作。先生们,编辑对法律会越来越精通。请你们注意以下事实:假如我们安排一场法律上的陆军甲种测试,你们当中的大多数人现在都还没有资格参与这种测试;适合你们的是乙种测试——用来检验那些几乎不会读写之人的测试。然而,律师的工作多半在于写作。你们会突然意识到有这么一种写作,一种关于法律论证的写作。那么,你们要在哪里学习写作呢?在考试的时候,你们太过紧张,根本无从考虑如何撰写法律论证。在演讲的时候,你们根本没时间思考形式问题,也几乎无法想到次序问题。在撰写模拟法庭的案件摘要时,你们不会遇到必须使用简洁语词的压力。学会撰写法律论证的关键在于法律评论施加的限制:你们不得不简明扼要,所以,如果想要把事情说清楚,你们就必须详细阐明论证的过程。每一个要点都必须为下一个要点做准备。第四个要点本身必须由前三个要点推导出来。你们不得不简明扼要,所以,你们必须详细阐明论证的诸多预设。你们不得不简明扼要,所以,你们必须使用以一当十的语词。

在法律评论工作过的人还要学会对律师来说最有用的技艺——论证性说明。案件的陈述,事实的排列,呈示的强调,即便在没有论证的情况下,也要坚持主张预期的结论。

可以确定,在法律评论工作过的人学不会另外两种类型的律师写作。一种是起草文书——无论是租契还是合同,无论是遗嘱还是法规。因为涉及特定的法律、情境以及一方或双方当事人的偏见、欲求和需要,所以,这种技艺就是要认真谋划、字斟句酌地撰写一份文件,拟定一个稳妥的行动方案,然后根据预定计划干净利索地实施方案。另外一种是协商函,主要由起草与劝说组成,在协商函中,你们要维护并强化你们的立场,同时想方设法说服对方接受你们的主张。

我之所以这么详细地介绍法律评论教育的各个方面,是因为我非常反感这些年来二年级学生表现出来的勇气的缺失。有些本应该获得救赎的人,却在抱怨、嘲讽,幼稚地远离法律评论、学院、工作以及所有的一切——竟然用嘲笑他们自身职业生涯所需要的工作,来安抚受伤的虚荣自大。还有许多人,很多的人,排着队,一一退出。班级讨论时,在法律评论工作过的人完全掌控着讨论的方向。退一步说,他们的工作并不伟大,也不是他们的工作打破了优质教育的垄断。他们不仅把偶然的机遇当成伟大的标志,也当成指引的印记。这种偶像崇拜无疑不会给在法律评论工作过的人造成严重伤害。只要法律评论的传统得以保持,修订编辑坚持工作,与时俱进,只要法律评论的声望包含着汗水,包含着持续稳定的工作,这种骄傲自大就不构成真正严重的危险。但是,通常来讲,如果是在班级中,我认为,这就很糟糕了。那些在法律评论工作过的人受到的教育,你们也可以得到。法律评论实际上还有一些编好号码的位置,虚位以待。但这些位置足够用的,也没有什么限制。在你们看来可有可无的时候,那些在法律评论工作的人却从中受益,法律评论的编辑工作实际上意味着"他更优秀":一只更胖的猪,一只更大的猪,一只更壮的猪,一只更聪明的猪。这样的学生确实更优秀。之所以更优秀,是因为他已经变得更优秀了,因为他已经把自己锻炼得更优秀了。但是,如果你们到现在仍然只想保持平衡,那就不可能变得更优秀。在这个班级中,有20个人能够坚持完成法律评论的绝大部分工作;另外还有50个人仍然有机会进入第一梯队;任何人在接受教育时,如果能摆脱对既有权威的效仿,如果能打破教室里的光环,开始自我训练,就会事半功倍。

你们已经深深陷入智识上自相矛盾的境地。你们鄙视上帝,你们勇敢无畏地正视幻灭之光。你们从老师这里学会并接受不再对法律抱有一些幻想。到目前为止,你们都是形象的破坏者,偶像的鄙视者,还有诡辩者。然而,与此同时,你们致力于创造新的形象,怀着敬畏与谦卑之心,行走在他们看不到的地方。你们剥去了教授的荣光;教授变成了你们玻璃罩下赤裸的昆虫;你们可以真实地观察教授,当成一个考试中有待解答的问题。我不反对你们这样做。这样做对教授非常有好处。但是,城市商业区里的某位律师碰巧说了几句有关法律的话,却被你们当成金科玉律,当成吟唱传诵的古老魔咒,就像是伊索尔特(Yseult)优美的铃声。* 正如你们看到并且担忧的,法律评论既有智识上的声望,也有在学校里类似鬼神行医的巫术痕迹。快来,牛吼器**,快来盖过它!我要说,你们真的很棒,唉,我的孩子们!难道你们还不明白,全部幻灭的唯一目的就是让你们获得自由?

如此,通往自由的道路只有一条:给自己设定问题,然后想办法解决。如果你们缺乏想象力,那就去查找判例汇编。我甚至听说有的老师把问题交给学生解决。此外,法学院的老师会不断给你们提供确定的机会。课外论文设定了研究、综述、论证的框架。如果你们能熟练运用你们自己的语言,如果你们能重新撰写,就把论文先放一放,重新修改你们的论证,然后再重新撰写,那么,你们就可以在论文撰写过程中培养读写能力。就团队建构来说,无论是否具有读写能力,你们至少仍然可以用语言表达。

我还要提醒你们三个问题。第一个问题是,在投身法律实务时,你们首先要面对某一个州,仅仅涉及某一个州的法律。你们知道这一点。稍作停留后,你们需要了解该州的法律。在那个州,有制定法,有判决,有法官,有政治组织,还有民众。制定法、判决、法官、政治、民众——这些都需要你们给予深切的关注。如果你们还

---

* 英国诗人阿尔加侬·斯温伯恩(Algernon Swinburne)1866年发表了一首名为《伊索尔特女王》(Queen Yseult)的诗歌,主要以特里斯坦(Tristan)与伊索尔特的传说为蓝本。——译者注

** 牛吼器(bull-roarer)是一种古代祭典上使用的乐器,历史上曾经用于远距离传递信息。在古希腊,牛吼器是在"酒神之谜"(Dionysian Mysteries)的祭典中使用的圣器。——译者注

没有研究所有这一切以及他们彼此之间的关系,那么,你们现在就应该研究了。你们应该每一周花点时间,自己做一些笔记。每一周都做,然后不断积累。你们应该想一想,再行动。

第二个问题是,你们已经深深地浸泡在法学院讲授的原汁原味的法律酸液之中。现在是时候给腌菜添加一些背景材料了。至于添加些什么,我不是太在乎。比如,律师或者法官的人物传记,以及他们所处时代的若干历史;与宪法语词有关的宪法实施;与司法意见有关的案件记录。不是作为观众,而是作为学生、作为评论者,访问法院,访问所有的法院,任何一家法院。就像现在的学习中所展示的,背景材料包括:劳工禁令的实施或者少年法院的运作;美国联邦储备委员会和十月的市场;欧洲大陆的民事诉讼法;逻辑学家在分析司法意见中的论证逻辑;新版的社会科学百科全书。究竟添加些什么,刚才说了,我不是太在乎——但必须是你们可以对法学院讲授的法律有所影响的材料,必须是你们将会对法学院讲授的法律有所影响的材料,必须是你们想方设法让法学院讲授的法律更富于人性的材料,这些材料使法学院讲授的法律拥有更宽泛的基础、更肥沃的土壤,从而能够更完美地绽放。

最后一个问题,我想就你们的老师说几句。在法学院学习的第一年——也是比较具有可塑性的一年——对你们思想产生的影响,几乎不可避免地会让你们遇到一些关于下述问题的看法,即哪些类型的教学、哪些类型的老师更适合法学院,但与此同时,法学院又让你们被动地接受了这些看法。值得庆幸的是,你们还会遇到风格完全不同的老师。如果没有遇到,你们就有些遗憾了。然而,假如会遇到不同类型的老师,你们遇到的可能是喜欢合作的老师,也可能是偏好对抗的老师。如果是后者,正式的教学可能还没有开始,就已经耗费了半个学期的时间。如果是喜欢使用新方法的老师,你们就可能只会得到你们习以为常的东西,其他将一无所获！要不然，你们就得想办法去寻找那些老师可能会提供的东西。如果再遇到之前给你们上过课的老师——嗯，我可以称之为朋友吗？——你们可能会，你们极有可能会变得比以前更消极。你们应该知道这样的老师花样层出不穷，也应该知道如何在间隙中自我调整。但是，为什么你们要让自己满足于已经知道了的东西呢？为什么你们要让他们用偶尔闲置的罐头忽悠自己呢？当然，对于老师来说，开罐头是最容易的。你们在旁边看着，他们把罐头倒出来。罐头太浓稠了，可以加一点胡椒粉，但缺乏维生素。罐头太浓稠了——你们得慢慢来——慢到你们足以消化得了。老师喜欢这样。在巧妙地倾倒罐头时，肯定会感觉有点激动。在从事一项可以施展技艺的工作时，总是会从中享受到某种愉悦。甚至看着你们狼吞虎咽时如饥似渴的表情，也会享受到这样的愉悦。

当然，你们可以在图书馆做得更好。做得更好，更快。利用更多的案例参考书。同时，还可以参考大量的材料。你们可以很快地工作。在图书馆工作将非常方便，非常有效。你们可以随意利用自己的学习时间，去解决你们自己遇到的复杂问题。

因为没有哪一位老师愿意放弃罐头。对于老师来说，唯一的激励就是有一群对待知识如饥似渴的学生。如果你们有回应，而不是像一堆堆烂泥那样坐在那里的话，老师也会积极投入。老师最想要的，也几乎是老师唯一想要的，就是能看到一些成果。如果你们让老师一无所获，那么，他们就必须创造自己的成果——就是罐头。但是，如果考虑到你们的预期，如果你们能让老师感受到你们的预期，如果你们能跟上老师的思维并能有所回应，那么，你们就会打开老师留给你们的宝藏。如果你们能很好地利用材料，老师就知道该做什么了。提出你们的问题，积极地寻找答案，跟随老师的论证，然后检验，挑战。因为课堂讨论经常会转向其他的主题，所以，如果不能在课堂上完成，那就在课后完成。如果不能解决自己的问题,你们就不会得到应有的收获。此外,你们还犯了一个愚蠢至极的错误,就是你们在向老师求教方面缺乏自信。完全是毫无理由的愚蠢!还是让老师保护你们吧!你们一定要缠住老师。你们想一想,为什么老师会在法学楼里有办公室呢?

我不是说,要你们事无巨细地追问老师。我之所以极力主张团队组建、团队讨论、团队竞争,是因为许多问题都可以在团队内部自行解决。但是,如果仍然不能解决,那就把团队的智慧摆在你们的老师面前。如果是一个人,他或许会拒绝回答;但如果是五个人,他总是会谈一谈的。

我是不是已经讲得太多了?我刚才说过,你们在向老师求教方面犯了"一个愚蠢至极的错误"。对此,我仍要说:消灭它。但是,你们当中有些人仍然会犹豫不决,总要找一个更好的理由。你们应该认识到,在每一位老师眼前,都浮现着一个梦想——赢得或者维持作为一名学者的声誉。接下来,你们或许会因打扰他们的工作而感到懊悔。而我仍要说,**渴望知识的学生就是老师唯一的激励**。如果你们不能把老师当成奶牛一样汲取营养,而是在遇到难以解决的问题时向他们寻求帮助,那么,你们为此所花费的时间就是值得的。

关于为什么你们理应让自己接受这样的教育,还有一个至关重要的原因,也是在辛苦学习第二年的年末,你们应该长久思考的一个原因。那就是法律教育存在重大不足、缺乏指引、效率低下。这里所说的,专指法律教育,而不是一般的教育。在我看来,这里比其他地方还是要好一些,肯定没有其他地方比这里更好了。在某种意义上,这就是宣布整个法律教育职业的破产。刚才所讲的内容大体上梳理了我对这个问题的思想脉络。关于我们应该把你们带向何处,我们也只有非常少的一点点想法。我们只能开动一辆车，带你们去任何地方，而在旅程过半之前，这辆车无法更换，并且还要经过旅程中最大的转折点。在这个由各种经验拼凑而成的摸彩袋里，我们一个接一个地学会了教学技巧，在绝大部分内容没有改变的情况下，就将其照搬进了整体上已经发生了变化的环境当中，法律教育涉及教学的规模、班级的构成以及讲授的材料。我们的教育机制是在用你们来考核我们的教学成果，甚至不惜往课堂上分派一头只会嘶叫的驴。我认为，作为一种职业，我们的法律教育已经破产了，我们每天都在被要求承付那些我们从未得到的东西。现在债务到期了，我们却无力偿付。如果你们根据一个合格的工程师，或者一个合格的商人——或者《销售法》（the Sales Act）——的标准来评判我们的工作，那就是"破产"。

但是，如果从另外一个角度来看，情况还没有那么糟糕。我们和作为我们讲授对象的法律本身一样，处境都还可以；或许，实际上，我们的处境更好一些。我们和大多数教育工作者一样，处境还可以，或者差不多还算可以。就像人文科学机构——特别是那些涉及社会方面的机构——一样，我们能够经受住当前还不那么严格的关于偿付能力的检验：我们还可以继续前进。我们还能做得更多；不仅如此，我们正在努力做得更多。因为我们意识到对于精益求精的需要；在想方设法精益求精的同时，我们甚至还能意识到极端的困难。

与此同时，没有更适合你们的地方可以去。这就是你们仍然在这里继续接受这样的法律教育的原因。但可以确定的是，你们没有理由继续满足于接受这样的法律教育——栽下种子——然后把碰巧偶然提供的东西当成全部可能的收获。假如你们必须像蔬菜一样成长，那也得是一棵志存高远的菜。做一棵豆荚，然后攀爬。

第十讲

日出之前

时间临近,你们即将换上新装,抖落教学楼里的尘土,踏上征途。可一旦踏上征途,你们几乎就再没有时间思考了。因为你们已经不再是孩子,不能再像孩子一样想事情了,我觉得,你们会放弃那些孩子似的做法。* 你们的头脑会专注于此,如果你们的思考迷失了方向,总会有人把你们拉回来。因此,在你们暂停片刻,稍微考虑一下法律职业对于你们所追求的目标有何意义之前,这或许没有什么不妥。律师及其与自己生活的关系究竟是什么样的?律师在社会中发挥着什么样的作用?或许,你们也会和我一起认真思考律师的一些所作所为,他们获得的一些机遇,他们承担的一些责任。

我觉得,一个首要且突出的问题是,律师不受欢迎。我认为,律师绝不会受欢迎。我强烈怀疑,根本就不存在你们宣称为之提供服务的外行人完全赞同的法律或者律师。无疑,偏激之人绝不会

---

* 此处的典故出自《圣经》的《哥林多书前篇》中使徒保罗(Paul)写给信奉哥林多神的教会及教众的第一封信,"当我还是孩子的时候,我的说法像孩子,心思像孩子,想法像孩子;但是当我成人以后,就放弃了那些孩子似的做法"。——译者注

克伦威尔

查理一世

喜欢律师。"我们要做的第一件事,就是绞死所有的律师"*,正是由于有了诸如革命之类的事情,律师以及相关的记录就成了热锅上的蚂蚁。像这样的反对不止出现在红衫军中。古往今来,那些强硬且精力充沛的人都曾经举起大棒,砸在律师的头上。克伦威尔(Cromwell)在法律改革失败时说:"洗鲁雅(Zeruiah)之子太厉害了,我们无力抗衡。"**强硬的拉伯雷(Rabelais)带着轻蔑的态度,一语道破天机:

> 就在经历了四十六周的请教之后,有些人仍会聚在一起,而且还会发现他们无法在那里坚持下去。……

---

* 本句出自威廉·莎士比亚的戏剧《亨利六世》中篇第四幕第二场,屠夫狄克(Dick the Butcher)在说这句时,已经意识到,如果律师质疑其合法性的话,他与凯德(Cade)密谋的政变就会失败。——译者注

** 1647年,查理一世尽管被囚禁,但依然与不同的党派讨价还价,试图密谋恢复王位,因而,克伦威尔意识到,他的军队在政治上还没有强大到足以处死国王。据《圣经》中《撒母耳记》的记载,洗鲁雅(Zeruiah)是大卫王(King David)的姐姐,她的三个儿子(亚比筛、约押、亚撒黑)始终拥护大卫王。此处典故的引用实际上是喻指保王党意图帮助查理一世恢复王位的政治野心。——译者注

但是,潘塔古埃(Pantagruel)问他们,那些贵族还生活在争辩的过程中吗?给他的回答是,是的。接着,他又问,魔鬼在你们给我的成堆成捆的文件材料上附加了什么吗?聆听他们面对面的辩论,不比看着那些令人讨厌的纨绔习气——只是一些胡诌的废话、欺骗的谎言、赤刀鱼(Cepola)邪恶的欺诈、残忍的轻蔑以及对公平的破坏——更好吗……

此外,鉴于法律源自道德哲学与自然哲学,这些愚蠢的人又该如何理解法律呢,上帝啊,他们对哲学的了解,还不如我的骡子。*

弗朗索瓦·拉伯雷

卡尔·桑德伯格

或者,你们更喜欢《传道书》中简明扼要的记述:如果你们看到了对穷人的压迫、判决与正义在职权范围内的粗暴滥用,不要对此感到惊奇!

---

* 这段文字引自法国作家弗朗索瓦·拉伯雷(François Rabelais)的《巨人传》(*The Histories of Gargantua and Pantagruel*)。——译者注

最后，在我们自己的时代，还有桑德伯格（Sandburg）*，他说的话，值得关注：

律师知道的太多了

鲍勃，律师知道的太多了

他们是老约翰·马歇尔著作的挚友

他们非常熟悉，死去的手写下的文字

僵死的手和关节，裂成碎片

指骨，化为灰烬

律师太多地了解

一个死人的思想

鲍勃，在讨价还价的律师身后

有太多不可靠的"如果""但是"和"然而"

有太多的"前文""倘若"和"鉴于"

还有太多进进出出的门

鲍勃，律师所到之处

还能留下什么？

老鼠还能一点一点蚕食

---

* 卡尔·桑德伯格（Carl A. Sandburg, 1878—1967），美国诗人、历史学家，曾经三次获得普利策文学奖，代表作品有诗歌《芝加哥》《雾》和传记《亚伯拉罕·林肯》。——译者注

还能全力以赴吗?

律师从中谋利时

为什么总有神秘的歌唱?

律师被抬入灵车时

为什么驾马在偷笑?

瓦匠的敲打筑下了忧伤

石匠的技艺映过了月光

泥匠的双手黏合了一间房

农夫的土地蕴含了重返的盼望

歌曲的演唱者,戏剧的追梦者

造一座房子,无风吹过

律师——告诉我,运送律师的尸骸时

为什么灵车的驾马在偷笑?*

171　　哦,不,这样的法律职业缺乏吸引公众关注的魅力,而我怀疑法律职业总是缺乏这样的魅力。首先,律师是一位专家,一个工匠,他所运用的技艺太过复杂,以至于很难理解。在无知者看来,任何这样的专家,任何这样掌控奥秘的大师,都是不可信的。不仅如此,在其他专家看来,律师也是不可信的。律师的工作越是需要

---

* 可以参见 Carl Sandburg, *Smoke and Steel*, Harcourt, Brace & Howe, 1920;或者 Carl Sandburg, The Lawyers Know Too Much, in Edward J. Wheeler & Dr. Frank Crane, ed., *Current Opinion*, Vol. 69 (December), The Current Literature Publishing Company, 1920, p.877。——译者注

高超的技艺,越是精妙,越是奇异,在我们需要的时候,就会越多地利用他,而越少地喜欢他。当外科医生戴上橡胶手套,问你还要通知谁时,你还会对他产生好感吗?

但是,律师的境况远比医生还要糟糕。因为医生的秘技在于与自然的抗争。医生凭借知识的增长和好运的降临,可以逐渐提高他的治愈率。律师则不同。律师是处理人与人之间利益冲突的专家。在全部交由律师处理的案件中,总有50%的案件会败诉——而且必定会败诉,只要法律还是这样的法律。

只要法律还是这样的法律。或许,法律不会永远是这个样子。因为在这条专属于法律的"不是全对,就是全错"的道路上,没有神圣的东西,没有无所不在的东西,甚至也没有伟大的功利。按照这样的观念,所谓的善意购买者要么就收到整个馅饼,要么就全部都得不到;如果购买者存在共同过失(contributorily negligent),将得不到全部赔付;如果在完全履行之前,单务合同的报价被撤销,该合同要么全部有效,要么全部无效。无疑,我们可以从这种非黑即白的区分中聆听到古代的回音——回响在中世纪前诸多世纪里魔鬼的声音——只是古代的诉讼程序太过简陋,根本不值得相信。随后,法律与事实难以区分,当事人仅仅发誓说自己是"正当的",或者法院判决他是"正当的",这时候,诉讼程序向前发展了一步。后来,我们创设了更精致的程序,司法官员必须经常对案件做更深刻的洞察。在直接剥夺所有者的财产与直接没收善意改良的财物之间,由法院或者《改良法》(the Betterment Acts)创设了一种"公平合理的"留置权。陪审团会不顾法官所作的法律指导,因原告也有过错而消减不利于被告的裁决。按比例分担责任是破产的目的;将正在进行的业务归还给现在的破产者,至少在理论上,也是破产清算的目的。另外,还存在一些发展趋势,那就是,寻求更明智的调整方法,达到更可行的赔付结果,从而希望能尽量减少冲突纠纷。

172

许多迫切要求解决案件纠纷的愿望,当前大量诉诸仲裁的努力,以及处理破产事宜的债权人委员会,都在遵循着这样的发展趋势。但是,即便案件进入诉讼程序,纠纷争点依然存在。在所有这样的纠纷中,必定有一半的案件几乎是彻底败诉的。

这是一件讨人嫌的差事,这是洗牌,这是赌博,这是在跟人的权利玩游戏。有些人为了在打架中获胜,总是把别人踩在脚底下,为这样的人代言,是一件讨人嫌的差事。难怪被欺负的人都不喜欢律师,但获胜者却不会。律师不仅仅是专家,而且还是按照客户的清算需求赢得胜诉的专家。客户既不知道律师在做什么,也不了解律师是怎么做的。即便是在客户对其讼案事由的正当性大惑不解时,律师似乎都可以用一些小把戏阐明一个更有说服力的事由。客户无法依循法律理据,走出由专业事务构筑的迷宫。因为律师运用错综复杂的方法,不仅要处理人际冲突,而且还要应对诉讼程序。对门外汉来说,诉讼程序,就像任何其他的礼仪一样,是隐秘不见的,是令人绝望的,是让人厌恶的。许多程序都非常有意义,同时也伴随着深入其中毫无意义的内容。但是,即便程序的意义没有被虚夸恭维之词掩盖,你们也不能对一个从未经过长期、深入研究问题而理解程序意义的人抱有希望。你们会注意到,让这样的人感到不适的,并不是技艺。他们津津有味地享受着自己的交易把戏。他们喜欢球场上的花招并为之喝彩。他们不可能领会技艺的真意——技艺与把戏、花招是不同的。他们只关注自己感兴趣的案件。他们不知道为什么自己会为了赢得诉讼而耍花招。如果他们是获胜者,他们就不会尊重帮助他们赢得胜利的人——他们冲过终点,让丝带滑落在其他竞争者的脚边,又把丝带花结挂在其他竞争者的脖子上。

此外,我们还有三个理由,可以解释律师为什么不招人喜欢。律师喜欢耍花招,律师是骗子。有太多的"前文""假若"和"鉴于",有太多的门可以进进出出。找律师的人有一半都没救了。这三个理由,已经足够了。不过,还有其他的理由。如果社会秩序无法正常运转,法律就是解决社会问题的工具。但是,从整体的运作与目的来看,法律本身也是依据同样的秩序组织起来的,而根据同样的逻辑预设,该秩序的运转已经无法令人满意了。法律的要旨,法律的权杖,不仅在于维持秩序,还在于维持可能已经混乱的秩序。因而,法律与律师必定会持续关注,社会究竟在什么地方压迫弱者、无助的人、卑微的人以及不幸的人。他们会永远站在那些地方,为那些古老的、或许已经过时的东西拼命抗争,竭力反对可能是全新的、人性的、令人心动的任何诉求。从表面上看,律师必定会站在那些地方,而且特别明显,以至于人们完全可以看到律师和他们所做的工作。这不仅仅是一种对法律毫无节制的信仰,而这种信仰会导致不成熟的改革立法泛滥成灾;同样,法律——急需变革的法律——仍在像铁娘子(Iron Maiden)*那样压迫着受害者。"你们这些律师,要遭殃了!因为你们让人背负难挑的重担,而你们自己却不肯动一个指头。……"**法律的本质特征在于保守,无论是否合适,都把新酒倒进旧瓶里;而不在于变革、重新调整或者矫正。理解这一点不需要掌握每一部法律,或者找到每一位律师。律师有时候就是改革的引领者。法律就是变革的工具。但不要让事件的结果掩盖了事件的过程。在每一次这样的改革之前,总会有一场抗争。在这样的——长期延续的——抗争中,也会经历苦难。数量庞大的法律、法律职业的各个阶层,都带着僵化的外壳,阻碍着正在进行的变革。当变革到来时,总会留下痛苦。当变革

173

---

* 铁娘子(Iron Maiden),是一种据称源于欧洲中世纪的残酷刑具。最早是由 14 世纪生活在纽伦堡的日耳曼人发明的,外观类似古埃及放置木乃伊的棺椁,内壁嵌铸数十枚排列整齐的铁钉。在将犯人置于刑柜内,关上铁门后,犯人如要倚靠,铁钉就刺入身体。——译者注

** 出自《圣经》中《路加福音》的第 11 章第 46 节。——译者注

到来时,总是迟迟无法完结。当变革到来时,看起来好像没有,实际上总是被更多律师的技巧打败。所有这一切都让人们在看到"正义的法院"(courts of justice)这个词时平添了一丝苦涩的表情,就像是偶尔咬了一口芦荟。

显然,基于同样的理由,那些擅长耍手腕的律师采取行动时,会站在富人的一边,而不是站在穷人的一边;在坚守良知的行动中,当然也有充满激情的技艺;与富人打交道二十年,不可能不受任何影响。律师界最有才华的人总是聚集在一起,维系着已经形成的共识,而将那些持不同意见者拒之门外。虽然在理论上,法律竞争或许是平等的,但是,更优秀的人、更擅长耍手腕的人以及那些最有财力雇用他们的人,自有他们的优势,并且会在适当的时候利用他们的优势。如果需要长远的法律策略,他们可以收集整理一代人的法律建议与案例,这种优势就会成倍地累积增长。

174　　此时,你们应该已经意识到,我不认为律师是受大众欢迎的,并且在我看来,律师不受大众欢迎是很正常的,就像猫的胡子一样。

让人觉得好奇的是,经检验证明,那些不利于律师的罪状是名不副实的,或者在最糟糕的情况下,也是半真半假的,甚至在狂轰滥炸的控告中忽视了被告的法定权利。

仔细查阅一下那些罪状,你们就会发现这一点。有时候,人们会指责律师这个职业沦为任何职业都想要变成的那个样子:足以创设一套独门秘技的专家。使法律变得荒诞不经且模糊不清的根本原因在于,任何人都以为根据自己的常识就足以判断"对"和"错"了。因此,律师的所作所为必定是赤刀鱼(Cepola)邪恶的欺诈。然而,一般人不会假装自己懂得土木工程,所以,工程师的技艺就是善意的秘技,而不是邪恶的魔法。

有时候，指责律师的罪状之一就是耍花招。在这个问题上，我们的处境非常微妙。有时，人们会对某些商业活动的专业规程有纯粹且显而易见的需求，同时又对律师的相关活动大加指责，那么，我认为，我们或许应该放弃对律师这样的指责。如前所述，我们有充分的理由来解释为什么那样的理解是无法容忍的，并且没有任何理由让我们感到羞愧。但是，我担心，还是会有人不这么想。比如，那些卷入官司的困惑的普通民众就不这么想，他们或许认为，职业律师要么是缺乏处理业务的能力，要么就是太过拘泥于形式，就像是漆工干活只用三寸刷子一样。还有，那些对律师做如下指责的人也不这么想，他们认为，法律程序以及审判中的对抗环节常常使律师忘掉了自己当事人的利益，甚至忘掉了双方当事人司法公正——如果有的话——的利益。

除了法律程序之外，对律师的指责还包括：为了胜诉，曲解规则；除了伤害、践踏败诉者外，律师在法律方面没有任何增益；因为有钱，把持着不公平的优势；律师是封闭的法律阶层，他们赞成这样的观点——即在这些问题上，法律与律师根本没有特别地显示自己，如果人们注意到这个显而易见的事实，就能确信给律师造成的伤害大部分来自这样的指责，而这样的指责无异于在伤口上撒盐。在这些问题上，律师真实地映照出这个指责他们的社会。实际上是律师的当事人想要胜诉，并且希望打败其他的当事人。律师不应该为这样的利益冲突承担责任。给有钱人提供竞争优势，并且为自己人的利益而施加压力的，不是法律或者律师，而是社会。真实的情况是，法律提供了一种不那么可靠的调整冲突的方法。然而，同样真实的是，无论怎样，这种方法都可以用来解决冲突，而其他的机制却完全无助于冲突的解决。我说过，给律师造成的伤害大部分来自这些指责，但毕竟不是全部。假如我们继续像这样在纯粹生命的赛场上玩弄交易的把戏，难道我们还能相信会有赛场存在吗？有些人总是看不起为他们干脏活儿的人，对于这样的人，我实在无法忍受。有些干脏活儿的人总是躲在雇主的背后，对于这样的人，我同样无法忍受。"你们这些律师，要遭殃了！你们拿走了知识的钥匙，自己不进去，还要阻挡那些正准备进去的人。"*

在我看来，在那些对律师的指责中，最糟糕的出自大多数指责者之口的指责是很不恰当的。我们心里都明白，他们给我们提供了理由，提供了继续探究的理由，而不是产生挫败情绪的理由。我们用取得的成就来弥补我们的不足。

迄今为止，究竟是谁在为了谁努力工作，去击垮一个软弱无力的、完全瘫痪的、近乎崩溃的法律体系？究竟是谁在想方设法地充分展示那些罕见的珍品——人类的聪明才智、社会的发明创造——从而使旧的制度满足新的需求？也就是说，创设现在需要的新制度。我认为，如果你们想从办公室里的商议讨论中获得帮助，你们会发现大量令人难以置信的稀有矿石。相关线索在书本中随处可见。不难看到，大多数现行法律都是办公室里商议讨论的结果。就算律师可能不是商议讨论的首要参与者，就算律师并没有提出几个亟待满足的新需求，但他们依然是重要的社会工程师。律师看到了不断增长的需求。律师找到了满足需求的方法。表面看来，最早使用汇票和提单的是商人，而不是律师。然而，是律师创设了抵押；在让借方于担保期间保留受益使用的情况下，是律师使提供物或者土地的担保成为可能，因而，也使有担保的生产借贷成为可能，借方据此才能得到风险投资的机会，并且有希望将投资所得用来偿还债务。农场主也希望律师能帮他收回土地；不管其他的法律人怎样，是律师创设了赎回的衡平法的概念。是律

---

* 出自《圣经》中《路加福音》的第 11 章第 52 节。——译者注

师把商业期票变成了严格的银行担保期票,是律师从同样的证券与古老的封印契约中创设了债券,从而奠定了投资市场的基础。就像我所说的,律师并不孤独。律师的所作所为,或许不是第一动力,也不是总能体现对需求的全部感知,但却是实实在在的技艺,是真正的工程。是律师创设了针对不动产修缮的长期租约,以及针对不动产融资或者为抵押铁路投资新设备的担保信托。作为或许是我们法律体系成长道路上最伟大的部分,律师从一开始就塑造了信托法律制度多种多样的实际应用——在选举失败就会导致对背信弃义的惩罚时,是律师赋予了政党政治实际运作的可能性;是律师确立了永久慈善赠与的各种可能性;是律师突破规则将信托制度用于维系家庭土地;是律师最早把独立收入规则适用于已婚女性;是律师利用信托方式策划了最早的大型公司合并,并且将这一概念用于全新的进口与汽车金融领域。最后一步就是信托清单,之所以认为这一步特别有启发意义,或许是因为我了解这个程序的很多细节。你们可以沿着它的创设、稳步传播,看到它的成长过程。信托清单最早出现在从上纽约(upper New York)到海岸区域内所从事的谷物融资中。早期的相关诉讼没能引起人们的关注。直到发生重大案件,才吸引了大都会律师的眼球。信托清单,经过修改、完善,开始用于进口贸易。有些大公司也介入了信托清单的发展过程,它们自身也在打了一个又一个官司、改了一个又一个条款的同时得到了发展。从过去十年里,我们可以找到信托清单不断传播、重新适应汽车融资的发展轨迹。我们再一次认识了这些人、这些方法、这些问题。从这一简单的历史过程中,我们可以看到一些重要的精神、思想和创造力,它们必定会创设出这样独特的简单工具。我们可以确信,这样的历史必定是一个典型的建构过程,稳定,不可阻挡,就像是工匠的作品,甚至在某些方面技艺精湛,如同中世纪耸立起来的大教堂。

律师的发明创造并没有局限在律师事务所里的商议讨论。法律的成长，特别是案例法的成长，应当归功于法院，但许多法律著述都不太重视这一点。我既不想否认，也不想轻视法院在法律的成长中发挥的作用。但是，你们知道有多少法官像传说的那样，就像霍姆斯曾经说过的，"法官的麻烦在于，他们总是根据各方当事人的案件摘要上没有提出的要点裁判案件"？你们知道有多少法官，他们对案件及相关情况的分析是一个重要的全新的创造，"要有光"*，而不是仅仅修改辩护律师的理论的次要工作？法官要想在律师的各种发明创造之中作出明智的选择，是一件非常困难的工作。法官若能始终保持前后一贯的明智选择，更是一件了不起的工作。然而，它本身并不是一件重要的工作，只是需要由整个法律界坚持不断地共同完成。审理达特茅斯学院案**的，是韦伯斯特（Webster），而不是马歇尔（Marshall）。当我说到发明创造时，我的意思就是指发明创造本身。从粗糙的事实中总结出一种判例理论，就是预测。令人信服地总结出一种理论并且能讲清楚，就是经过检验的预测。**歌曲的演唱者与戏剧的追梦者**——尽管他们都是**律师——造一座房子，无风吹过。**

我认为，无论是在律师事务所，还是在法院，正是这个职业赋予了法律以生命力。正是这个职业才使法律不至于太过僵化地束缚在社会的机体上。我已经解释了，为什么律师不能——为什么律师不能持续地——为自己的工作赢得信誉。但是，律师总有工作要做，这一事实就使得律师既有责任超越他们的客户以及自身周围的环境，也有责任引领人类的未来。律师根本不会逃避这样的责任。门外汉不知道、也不关心律师是否负有这样的责任，因而

---

* 出自《圣经》中的《创世纪》的第 1 章第 3 节。——译者注
** 参见 Trustees of Dartmouch College v. Woodward, 17 U. S. (4 Wheat.) 518 (1819)。——译者注

律师也就无需逃避责任。律师的责任,并且也只有律师的责任,是选择。律师既可以让自己挡住进步的道路,也可以利用聪明才智,检验与阻止每一个全新的前进步伐。或者,律师也可以背道而行。

然而,与此同时,律师必须生存下去。令我感到厌倦的是,用这样的内容——律师必须付租金——去搅扰一个高端的讨论。我们讨论的是货币经济。人必须要有收入。有收入,才能承担得起责任。这是一个有待驾驭的纷乱团队。

因此,我们可以启动法律职业制造的旨在帮助律师驾驭团队的特殊引擎——这是一个由惯例与规范构成的体系,我们称之为"法律伦理"。其中,有两项规范直接指向我们自身面临的问题。

第一项是公认的观点,很值得尊重,已为法律职业人士和公众所接受,即律师应该相信自己的事业。如果律师相信自己的事业,他们就会为之抗争,会为之奋力抗争,他们就会更巧妙地思考,并且因他们的信念而使自我完全不受约束。在其他方面,那样做也会获得成功。律师变成了他们事业的象征,当他们"把自己的名誉赌在讼案上"时,就会增加他们在陪审团面前的分量——因此,经过几个世纪,在律师的工作对他们自身具有充分价值之前,优秀的律师应该完全相信自己的事业。所以,普通人都在谈论着辩护律师的性格,微笑(或者嘲笑)地关注着大多数律师实现信念的速度。

然而,当客户给自己带来众多案件时,相信自己的事业就会涉及——不可避免地、几乎毫无察觉地涉及——对客户的信任。较高的伦理要求对事业的忠诚,必定会随着时间的流逝变成对客户同样的忠诚。但是,在到处充斥着群体活动、公司实践的今天,带来大量案件的客户才是真正值得追求的令人愉悦的目标。客户及其雇员——如果可以让我再一次堕落片刻——付了租金。这无疑意味着是在用特定的客户或者特定的利益对律师进行重大识别。

178

他要么就是银行律师,要么就是铁路律师,要么就是糖业公司律师。如果律师有这样的能力和这样的忠诚,就当然应该拒绝代理那些他们不相信的案件。你们可能也会注意到,那些案件不利于银行、糖业公司、铁路。

因而,有人就自然而然、轻轻松松地既能履行对公众的义务,又能中饱私囊。我想在这里特别强调一点,当有人认为不值得把对事业的信念用在穷人的案件上时,相信案件的伦理就有了特殊的价值。

但是,对你们的客户,或许还是应该有一个宰相的肚子。客户的钱包看起来都是鼓鼓的。现在,假如第一眼看上去,客户的案件并不怎么吸引人,那么,接下来该怎么办呢?勇敢一些,我的朋友,还有另外一种伦理!还有那么一种令人钦佩的职业伦理,能让人们认识到,律师既不是法官,也不是陪审团;律师既没有义务、也没有权利篡夺法庭的宪法职能。对律师来说,只要是十二位陪审员没有认定为有罪的人,就不应判决有罪。对律师来说,只要是法庭没有认定为毫无根据的惯例,就不应反对适用。司法正义的精髓在于,每个人得到公正的听审,在听审中得到有力的代理;简单地说,就是确保案件得到公正的审判;除非经过审判,除非法庭审判,每个人都不得被判决有罪。

在我们法律人当中,再也没有更值得尊重的职业伦理了。

公众并不总是都能理解这样的职业伦理。但是,在这样的职业伦理的支持下,强烈要求并且也应该强烈要求对其最重大的意义与最深远的影响给予合理的解释。坚持强调律师与客户的密切联系,实际上会有损于对不受欢迎的事业、不讨人喜欢的诉讼当事人的代理;其实,这就是拒绝审判。在从事法律职业的群体中,有些人明知会为世人所不齿,但仍然时常从不受欢迎的事业中退缩下来,甚至还和其他人一起反对投身如此事业之中的律师,真可耻! 如果无论长短,随大流总是对的,那么,把律师与客户混在一起,就不会有太大的危险。但是,事实证明情况恰好相反。还经常会遇到这样一种情况,就是律师本人发现准确判断事实是不可能的。只有经过审判,或在很久以后,真正的事实才会出现,而这就否认了律师本人认为不利于客户的事实。在这里,客户有权得到公正审判的好处,也应该享有这样的好处。律师的存在就是确保客户享有这样的好处。

然而,你们会告诉我,有两种彼此冲突的伦理准则——人们无法完全相信他们从事的事业,同时又能确保他们并不相信的事业得到公正的审判。不要这么幼稚了。你们都已经快成为律师了。你们已经学习了三年的法律。难道你们还没有意识到,每一个不确定的要点通常都是由双方的权威来予以解答的?当案件变得棘手时,规则也控制不了判决,难道你们还没看清这个事实吗?每一个领域,每一个要点,只要存在疑问,法律都会给你们提供达到各自目标的技巧和规则,这既是值得尊重的,实际上也受到了尊重。先例犹如硬币,也有两面。同样的逻辑是,如果愿意的话,你们可以拒绝接受这一规则,因为你们没有看到它的结果:"我们不能走这一步,因为我们还没有确定把界线划在哪里。"或者说:"我们在这里争论的规则会导致这样的结果,但我们不能接受这样的结果,因此,我们必须拒绝在本案中适用此项规则。"或者,另一方面,如果愿意的话,你们可以不顾那些遥远的、想象的困难而判决案件:"我们会被告知,此项提议的规则会导致这样那样的结果。但这样的案件现在还没有摆在我们眼前。当这样的案件到来时,我们自然会予以审查检验。无论怎样,本案仍在界线范围之内。"

因此,我想说,在法律的限度内,规则应是指引而不是控制判决。法官可以根据自己的需要,改用每一个先例,或薄似锋刃,或粗如大棒。为什么你们会希望游戏的伦理不同于游戏本身呢？当然，从某个角度看，这两种指引是相互矛盾的。但是，在应该发挥作用的地方，每一种指引本身都是真实的、合理的、至关重要的。那么，什么时候，使用哪一种指引呢？寻求外部的回答都是徒劳的探索：徒劳的、虚妄的、无根的——就像霍姆斯所说的，"安眠，不是人的命运"。你们可以自己选择。你们可以为自己的选择负责。没有什么规则可以承担你们的责任。

然而，可能有一些规则，看起来像是承担了你们的责任。比如，我在你们面前列出两条法律伦理规范，就我的理解来说，这两条规范是完全值得尊重的、公认的、无可挑剔的，并且其中任何一条都是可以适用的。现在需要你们做的是，为了确保胜诉（只要你们接受了客户的委托），就得在适当的时候选择适当的伦理。如果某个富豪客户的案子看起来非常糟糕，你们也必须坚持得到一个公正的审判；在接受案件时，不管你们碰巧相信某个富得流油的客户，还是你们发现很难相信某个穷困潦倒的家伙，你们都要坚持相信你们的案件。无论接下来要做什么，你们的所作所为都应该是值得尊敬的。世人都会敬仰你们。你们晚上才睡得着觉。你们才能守住清白的良知。你们的收入才会不断增加。

为了你们的图腾，为了你们的理想，你们也要弄清楚什么是鱿鱼、墨鱼。它没有脊椎，但却有嘴。虽然没有脊椎，但嘴却很强大。它有十条腿，每一条腿上都长有吸盘，全部在水流中摆动着捕食。世界，整个世界，都在创造着捕食的机会。如果遇到敌人过度逼迫时，它就会把自己藏在一片墨云之后。此刻，你们想一想，为什么灵车的驾马在偷笑？

从我刚才所说的话中，你们或许会觉得，我有些满不在乎的讽刺挖苦，还有些不经意间的愤世嫉俗。或许看起来，我总是在嘲弄生活中那些重要的事情。如果这让你们误解了我,我应该表示歉意。我在说话时非常认真。我是在为我所知道的所有理想辩护。虽然我在说话时毫无预期,但却充满希望。虽然我们这个职业总是不受欢迎——这是不利于这个职业的指控——但我们必定不会,也不可能在眼皮子底下将自己出色的服务隐藏起来。是我们,而不是其他人,担负起制定法律的责任——长久以来,日复一日。我非常清楚地意识到这样的责任。但我也非常清楚地意识到我们可以轻而易举地避开、甚至在一无所知的情况下避开这样的责任。我非常清楚地意识到这种职业伦理是一把双刃剑,我也意识到这种职业伦理散发着慰藉灵魂的香味和自命不凡的骄矜,诱惑着我们当中那些意志薄弱的人。这种让责任放任自流的压力很快就会落在你们头上。就目前的情况来看,这是一种几乎无法抗拒的压力。这样的压力也不会让人们熟视无睹。在你们当中,几乎不会有人能扛住这样的压力。但是,从现在起的二十年里,如果能遇到几个可以扛住这样压力的人,并且与他们携手共进,这就一定会给你们带来愉悦,带来自豪,带来荣誉。

182 随之而来

泉水,涌起的水波。新的滋涌,泉水。

翠绿的嫩芽破土而出,顽强的树苗绽放新芽。

泉水,暴风雨:有一位老国王就要垮台……

机会——机会——机会!

一颗黯然失色的头颅,撞向大地……

波涛汹涌,巨浪滔天!……然后淹没了树苗……

泉水,流出的鲜血。新的滋涌,泉水。

强健的牛犊来自牧群,坚硬的牛角不断生长……

泉水发出爱的召唤:有一头老公牛沉了下去。

机会——机会——机会!

一只牛王从牧群冲出,以角触地……

鲜血翻涌,巨浪滔天!……然后顶倒了对手……

泉水,蓬勃的青年!……新的滋涌,泉水。

泉水——难道在青年成长前,人们在等待老人倒下?

人类难道是土地滋养的丛林,从树苗那里偷来生命,直到高大的树王枯成碎片?

旷野的走兽,难道会眷养牧群,直到兽王死去?

巨浪滔天!

波涛汹涌,巨浪滔天!从前辈的肋间,掀起狂澜,

掀起狂澜,律师携带着不断强大的力量,在你们面前——

在你们面前不断强大——是的,也会在你们面前不断消减……

掀起狂澜,从前辈的肋间,与之并肩,然后超越。

与之并肩,然后超越……

与之并肩,然后超越……

机会!

…………

哦,青出于蓝而胜于蓝!

机会!机会!机会!寒于水的本该是冰!

哦,我们的后辈,会让我们的努力化为泡影!

后记

(1951 年版)

假如在三年、十年或者——就像此刻——二十年后,有人问自己:"如果重新再写一次,这本书又会怎样呢?"有些令人沮丧的是,我们会发现,接下来要做的事情更多地只是强调重点和内容编排上的变化;那些曾经注意到,又忽视了的事情有了更全面的发展;纠正和绕开那些因在图纸上或灯光下过度对待而遮蔽或扭曲了部分意义的事情;明确而清晰地划出那条早先只是模模糊糊猜测出来的界线;甚至有些貌似"新的"东西,稍加认真思考,即可证实这些"新"东西实际上是在思想和特点方面早已有所显现的材料。一旦认识到这一切,就会觉得有点沮丧。在一定意义上,这确实令人沮丧。看起来,每一个普通人毕其一生可能都在苦苦寻求一些观念,并投入时间和精力去实际运用,尽管这些观念常常已经时过境迁。我时常认为,在勃拉姆斯(Brahms)的全部作品中,显然有四分之三或者更多的是五重奏钢琴曲,如果我没记错的话,应该是第五号乐曲,以及一首经过反复修改、日臻成熟的原创的二重奏钢琴曲。又如,坎特罗威茨 1928 年让我看了一本他学生时代的笔记本,记录了他曾经打算完成的宏大写作计划。其中,有半数或者更多的项目已经完成;其余的项目标题——实际上,没剩下几个标题——在随后的时间里都陆续完成了。

约翰内斯·勃拉姆斯

在一定意义上,我觉得,这确实令人沮丧。但是,对研究法律的人、研究古老的但仍存在诸多问题的法律与治理(law-and-government)学科的人来说,应该不如大多数人那么沮丧;对我们来说,在更丰富的意义上,教训应该也是一种令人振奋的勇气。我们这么多的工作,我们这么多的服务,人们对我们这么多的需求,恰恰体现在这些看起来微不足道的事情之中:寻找并运用适当的语词,说明问题,避免诉讼,保护客户或者国家免遭灾祸。或者,在遇到胜负结果取决于一块钻石手表这样的危机时,演说(spokesmanship)既要审慎,也要沉着冷静。同时,我们还要兼具平衡感和机智,并能把握好时机,从而我们足以令人毫无反感地、更充分地赢得诉求,或者足以让五个既彼此害怕、又相互嫉妒、爱挑剔的各怀鬼胎的家伙达成一致意见,或者足以发现和坚信拯救国家或世界

后记 | 235

的试金石。正是这些小事情,这些微不足道的事情,这些轻描淡写和回春妙手——胆识与荣誉兼备——正是这些小事情,值得花大量时间去学习;也正是这些小事情,让我们的人生更有价值,让我们对我们的人民和我们自己更有意义。

因此,假如将本书中的这些演讲重新再做一遍,我很清楚,关注的焦点会在很大程度上从律师理解的"法律"转向涉及"法律与治理"的"制度",特别是我们自己所理解的"制度",以及不同的主要法律技艺与法律人在该制度中发挥的作用——至关重要且必不可少的作用。进而,有人会把关于法律规则的知识(消耗了我们在课堂上大量的时间和注意力)当成从事律师职业的诸多必备素质之一。此外,还会有人开始选择适当且强有力的方式,劝说人们反对下面这个愚蠢的观念:合理、正规的学习知识就是"一门课"而已,或者三年的案例课程本身就可以为一个好的法律执业起点提供足够的知识。接下来,如果不再把学习的目的当成研究"法律",而是旨在取得真实有效的律师执业资格,就会有学生琢磨如何能更聪明地分配学习时间。在这样的背景下,就会有人——也确定应该有人——首先向那些比较聪明的学生、随后向那些不那么聪明的学生解释完全不同的技巧,而在某个"法律"部门的案例课程上,无论是想得到中等成绩,还是优秀成绩的学生,都会接受这样的技巧,用最少的时间,为自己真正的职业教育赢得时机。

我们那些"优秀的"法学院——至今依然优秀的法学院——总该让自己因恪尽职守而为世人铭记,如果还有人不这么想,那就太奇怪了。众所周知,教师的全职工作自有现实的价值;众所周知,暂时基于经验的实用性建议不可能替代纯净的思想、艰苦的工作与完备的理论;众所周知,只是单单掌握地方上的最新立法或者判决的信息是不够的,你们不仅要得到确凿的理论支持、艰苦的调查研究以及学院教师的深切关注,而且还要让商业化的法学院从总体上垄断有效法律技艺的全部领域。案例研究是一项重要的法律技艺,它不是一项普通的技艺,而是一项重要的技艺,也就是努力把法律适用当成一门学科,而且,我们为了使案例研究得到一个合理的认可,已经不得已为之地奋斗了三十多年。于是,案例研究变成了一种迷信,就好像案例研究是讲授——或者实际上是学习——英美法的规则与概念的唯一合理方式。在这样的背景下,如果有人建议学到的东西应被证明是实用的,那么,这一微不足道的建议足以被视为对抗正统法律"理论"与"法律思想"教义的异端邪说。

然而,应当说明的一点是,就像演说技艺一样,这样的法律技艺,在从上诉辩护到协商谈判的任何一个阶段,都迫切需要法律理论的生长与传授,同时,这一法律建议还可以在学习过程中用理论指导实践。就此而言,我所理解的理论或许最直接地受到了"演说"这一概念的启发,并以之为基础,研究实践活动、功能、有效的方法、之所以有效的理由、合宜性或合法性的问题,而合宜性或合法性问题本身又与这样的有效论证方法有关,就像希特勒(Hitler)的理论,关注的是如何在上诉论证中运用故意的障眼法或者压制对你们显然不利的令人信服的权威。古希腊有一门特别发达的希腊语学科,不是"演说",而是"修辞"(Rhetoric)——从本质上讲,就是有效的说服技艺。从事法律职业工作,难道就应该总是反对那些按照"做什么、怎样做、在什么地方做、什么时候做、为什么做、做哪一个、到哪里做以及我可以做"的次序编排的、经过检验的、可以传授的技巧吗?这大概就是"理论"的要旨——可以确定从事法律工作的内容与意义,从总体上指向说服的方方面面,有点像今天的初审律师或者上诉律师学会借鉴广告、销售、公共关系方面的技艺。中世纪有一门特别发达的学科,不是"修辞",而是"辩证"(Dialectic);这个新游戏由一整套限制性的、权威性的前提假定构成,参与者必须遵守这一套前提假定,而游戏的关键在于,通过提问最终逼迫对手出局。这与从事法律工作的关系——至少在提出"关于法律"的问题并展开论证方面——是很清晰的,而从事法律研究则可以在更宽泛的领域取得理论上的收获。"辩护"是另外一种可能的规划路线;而"法律论证"则是我大概在二十年前开始从事的一个研究方向。但是,对我来说,"演说"已经成为一个比前面每个方面都更重要的关注点,它不仅涵盖了其中每一个方面的精髓并汲取众长,同时还涉及诸如相互对抗的当事人之间的调解、胜诉与和解的竞争目标之间的区分、责任人在局部和整体中的问题与责任等问题。简单点说,法律是一门同时兼具理论性与实践性、文化价值与职业价值的成熟学科,值得花费四到八个学期的时间学习,并且在任何一个三年制的"法律"学习过程中至少有一半的必修课程,而特别关注法律工作的"演说",在我看来,就为这样一门学科提供了必要的支持条件。

"法律咨询"(Counselling)*,在我看来,是另外一种法律技艺,里面又包括了十几种次一级的法律技艺——其中,至少有两种分别是"指向诉讼的法律咨询"与和解,尽管各自的背景与重点截然不同,但恰好与"演说"有些共通之处。但我想在这里再次强调我在其他地方尽力澄清的问题:如果把这种理论仅仅局限于诸如"遗产分配""房地产业务"或者"证券"等特定事项,我们就会误解作为一个科目总论的法律咨询及其下属的次级分目。我喜欢让具体的工作更接地气,就像我喜欢围绕具体的问题展开对案例的深入研究(比我们案例课堂上所做的更深入的研究)一样。但是,所有这样的工作都与纯粹的理论——至少是关于合理的工作方法的理

---

* 法律咨询,意指某人(通常是具有理论知识或实践经验的专业法律人士)针对法律问题给其他人提供的建议或意见。参见 Henry C. Black, *Black's Law Dictionary*, 4th Ed. Rev., St. Paul, West Publishing Co., 1968, p.418。——译者注

论——背景针锋相对;针对法律咨询工作进行适当的训练需要一些条件,其中一个条件就是老师或者学生可以清晰阐明这样的理论,超越诸如遗产、房地产等特定的"局部"分目,抵达"总论"领域,就像对法律规则真正优秀的研究,不仅涉及地方性法律,还包括比较法。实际上,我会让学生在法律咨询方面的学习牢固地建立在一个又一个更特定的专业领域之上,就像我在每一个"总论"式的案例研究中总会更加细致地分析属于某个司法权限范围内的案例;但这两种情况总是相伴而生,因为具体的法律咨询工作要求必须认真高效地对待某个司法权限范围内的各种法律权威与意向。

因此,显而易见,假如让我再做一次介绍,我仍然会继续讨论涉及主要法律技艺及其意义与基本理论的问题,特别是上诉裁判的技艺,因为正是上诉裁判给我们提供的那些汇编案例,不仅在法学院内外吸引了我们太多的注意力,而且,从这些汇编案件中我们还可以抽象出一幅关于"某个专业领域"的"法律"图景,用许多不同的方式进行更有益的研究。因为,规则本身并不对任何值得冥思苦想的案件作出判决,与之相应,法院并不而且也不能随心所欲地适用法律原则。在我看来,能认识到这样的事实,对于学生——实际上对于律师和上诉法院自身——来说,至关重要。简单点说,法院给法官留出了一定的自由裁量空间,但法官在自由裁量时也需要遵循一定的惯例,因而,正是法院的这种传统制约着法官。这不仅仅是个人是否正直或者古怪的问题,而是当一个人披上法袍,感受到要变成一个比没穿法袍的自己更优秀、更负责、更公正、更克制、更谨慎、甚至更明智的重要人物的压力时,对自己产生的令人愉悦的影响。它意味着,法官不仅有一种可以感受到的为了追求正直与正义而适用法律的职责,还有另一种可以感受到的在法律允许的范围内运用技艺实现正直与正义的职责;它还意味着,在缺少具体法律权威的情况下,规则体系的基本精神与导向完全可以要求、甚至强制形成裁判结果;它还意味着,如果法庭的观点明显不同于社会上的观点,那么,法庭内部在商讨关于公正的观点时,必定会非常缓慢;此外,它还尤其意味着,要在法律的内容或者导向上作有意识的改变,应当遵守自由裁量法则。

在普通法的先例制度中,所谓的"自由裁量法则"就是:上诉法院无需犹豫、无需辩解,可以通过半自动的程序实现对法律权威的内容和导向的随意更改,各种法律权威在接受审查并且面对新的环境时,正是遵循这样的程序,逐渐呈现出新的光亮、色彩、形状以及遣词造句;但上诉法院又必须进行这种有意识的重塑,不断变化,从而适应现实中面对的压力。如果忽视自由裁量法则,就会完全误解上诉裁判的过程,并且,如果你们是上诉律师,这会大大增加你们败诉的可能性。如果你们还在幻想只有规则本身裁判案件,那你们就会错过持续不断的变化——甚至是根据"沃尔夫诉拉姆案(Wolf v. Lamb)的权威"备忘录裁判的普通案件中的变化——这一事实,从而忽视自由裁量法则。如果你们从另一方面意识到变化的事实,那么,忽视自由裁量法则,就是忽视法官不仅仅是人这一事实。法官是人,法官终究是人,但是,首先,他们习惯性地被当成律师,故而应该像律师一样看待、划分、考虑问题;其次,他们习惯性地被当成法官,这就使他们完全不同于仅仅被当成律师时的样子;此外,他们还受到美国法院——以及某个特定的美国法院——传统的限制,这就使他们完全不同于法国、英国或者加拿大的法官;最后,他们还受到在其整个形成时期盛行的司法工作的时代风格(或者多种风格)的制约。有一群生物受到相当大的、有意识的限制,因而也意识到它们自己负有进一步自我克制的职责,如果将这样一群生物仅仅看做是人,那就是一种非常盲目的做法,就像是忽视了这样的事实:在这一群法官当中,每一位都不仅仅是人,而且还是具有独特智识与技能的人,在智力方面,从聪明绝顶到愚蠢至极;在性格方面,从反复无常到沉着冷静,从胆大妄为到循规蹈矩;在经历背景方面,更是无所不有。

众所周知,个体的差异当然非常巨大,但在一定程度上,这些差异也会因条件的限定而缩小。在我们的法律制度中,有一种非常奇特的现象,就是我们虽然想让初审法官想起司法学徒制,但我们却无能为力,而所谓的"司法学徒制",过去经常用来描述欧洲大陆培训司法官员的一些特点,这里是想让——就像我们对一名新的上诉法官所做的那样——我们新的初审法官经受法院传统的影响,或者让他们花一年时间与那些更有经验的同事协同合作。

但是,我现在想说的是这台调控机器的另一个重要方面,它不仅在意料之外,而且在很大程度上被人们忽视了,那就是,法律技艺的时代风格。法科学生、律师和法官应该意识到,普通法的宏大传统是我们真正的遗产,应该得到完全的、有意识的复兴,在我看来,这对我们的法律以及法律工作的繁盛至关重要。他们应该充分阅读19世纪30年代或者40年代的案例汇编(并且通常要依次逐卷阅读才够充分),把对材料的处理当成一种时尚,而构成那些材料的,实际上不仅仅是先例,更多的是原则,特别是那些具有在日常生活中可以理解的理由与意义的精致原则。他们应该认识到,法院总是在坚定不移地追寻那些可以满足宏大传统需求的规则——每一项规则都应该有一个从表面上可以轻易看到的理由,每一个支配着规则的理由都依据以下两条箴言指导、甚至经常操纵着规则的适用:(1) 规则的理由指引着规则的方向;(2) 理由缺失,规则无效。他们不仅应该认识到,如果我们普通法的先例制度得以正常运转,当然可以用常识和合宜感对结果进行持久不变的、开放的检验;他们还应该认识到,实际上,之所以要遵守,是因为理由指令要遵守,并且,之所以要辨别方向、循向前行或者改变路径,是因为理由影响着案件可能存在的差别、可能发生的进展或者变化。

时至今日,法科学生、律师或者法官可能才意识到,先例是一个静态的概念,而运动是奇怪的、非常态的,或者是一种"背离";法院也会从自己的合宜感和常识中寻找行为的指引,而先例就是在没有充分考虑这种指引的情况下预测法院将来可能作出的判决——这样的先例概念是非常态的,在我们的法律制度最不令人愉悦的那段日子里——19世纪80、90年代——开始逐渐渗入法律人的思维。然而,并不是所有的法院都同时受到这种新的正统司法风格的冲击。例如,马里兰州起初一直拖延不行——这种新的司法风格在20世纪20年代盛行起来——同样在拖延了很久之后,逐渐采纳了这样的司法风格。但是,整个法律界对于恰当司法方式的看法,应该是到1910年才开始形成,就好像普通法的宏大传统从未形成过一样。那时,法科学生、律师和法官开始——同时开始,并且随着时间的流逝,越来越强烈地——意识到,我们的上诉法院在过去三十多年里并不是背离了原来"优良的"司法风格,而是在黑暗中不断探索、几乎完全凭借本能努力地试图重新恢复那些真正优良的、更为古老的司法风格,虽然这些古老而优良的司法风格也曾经陷入令司法名声扫地的泥潭,这一切并不利于重新发现普通法的宏大传统。

法院既想在从事司法工作时使用宏大的传统方式,又想在撰写司法意见书时使用正式的语言风格,这当然会出现混乱。就美观舒适来说,法律工作与司法意见在风格上应该相互匹配。就裁判思维的清晰度来说,法官个人的口头表达方式应该恰当地融入其正想处理的工作之中。就判决结果的一致性来说,法官需要有意识地了解自己在工作中努力追求的那种结果——此外,经常反复出现并且完全无法预测的是,法官也会无法瞄准目标,或者瞄准了错误的目标。最后,因技巧和技艺而形成的确信的自豪感,既令人舒适、坚定,又给人增添勇气,赋予人美和想象,正因如此,法官不仅需要从个人的角度了解自身优良的技艺传统,还要让他的同事认识到他具有这样的知识,并且在工作中或多或少地运用着这样的知识。

这里有需求,有机遇,也有危险。需求之所以至关重要,是因为我们"法律"(概念、规则、原则)的整个概念体系需要重构,从而改变前工业化时期的思想以适应工业文明;应用于现代投资公司的功用、控制与收益体系,只会根据 A、B、C 条款来考虑"合同",或者根据"我的房子"的样子来看待"财产"。就此而言,在五十年里,总会有第一流的上诉裁判工作。

机遇体现在任何一份司法意见书中,而在这些日益增多的司法意见书中,许多争论不休的冲突或者混淆之处已经被清理,有一条新路已经铺就,并且表明"这是一项真实的规则"——废物已被清除,被遗忘。如果有人读过这样的司法意见书,就不可能怀疑自己在阅读时所感受到的正是作者撰写司法意见书时所经历的震撼。像这样的司法意见书,不仅在审美上和在学理上一样令人满意,并且它还清晰地表明了作者在实际运用宏大风格时发现的技艺乐趣,而这正是我们古老的权利。

危险就在于此:除非上诉法院有意识地注意到法院在这方面的职责,除非上诉法院彻底看清了机遇和方法,除非上诉法院可以在力与美的方面将机遇、方法与宏大传统联系起来,否则它们就有可能丢掉自己的灵魂,而我们也有可能失去普通法的最大财富。每一份司法意见书必须有明确指向,必须清晰合理,必须能为今后相关的情况类型作出指引。根据有待处理的特定案件的公正性和适当性,司法意见书在作出前瞻性指引时,会遇到两个问题:其一,如何在自由裁量法则的范围内,把可以方便利用的权威性材料的正当限制付诸实践,并且给法院吃一颗定心丸,维持司法工作的稳定性;其二,如果已经作出的判决不利于对将来此类情形进行正当指引,那么,特定案件的压力就不可能轻易地误导法院陷入感伤情绪之中,或者,如果可以找到对将来此类情形的正当指引,那么,法院就不可能轻易按"最方便利用"原则选择判决依据,并据以进行复杂的划分,得出恶意的推论。但是,如果缺乏正当的责任意识和可靠的方法,上诉法院也会忍不住先把这项工作看成当事人之间的事情。如果缺乏对责任和方法的充分认识,自由裁量法则也很有可能失去限制,因为它不是对未来更好的指引,而是对法官重点关注的当前案件的处理。如果缺乏对责任、方法、传统的充分认识,上诉法官可能会并且在某种程度上一定会觉得自己是不受限制的——而这注定会失败。近二十年来,律师总被误解为对着法院喊叫、咒骂,至今仍被视为"背离先例""失去控制"以及"缺乏连贯意识"。随着时间的流逝,人们已经能够认真对待他们听到的事情了。不要怀疑这一点:上诉法官知道自己的动向,也知道在公认的理论体系内自己可以利用的活动空间。此外,上诉法官也知道自己必须这样利用活动空间。因而,法律界对上诉法院的批评正是法院所欠缺的:健全的责任意识,行动的限度和远大目标,以及对可靠方法的健全意识。在我们普通法的宏大传统中,所有人都对上诉法官充满了期待。

192　　当然,乌托邦不在眼前。在普通法宏大传统的黄金时代,法官享有令人赞叹的声誉,有合理的工作时间。当然,我们也有我们的麻烦,太多的麻烦。现代社会日益复杂,我们或许可以期待出现更多的法官,也会有更大的压力。那又怎么样呢?方法不仅可以提高上诉审判的水平,使其远远超过今天,而且还可以保证进一步稳定的提升。可以看清的最简单的事实在于,"关于法律"的案件仅仅在技艺上完美无缺是不够的,只要整个律师群体能够认识到这一点，上诉案件数量就会大幅减少，上诉法官就会有更多时间去更好地完成审判工作。

＊＊＊＊＊

当然，还有很多东西没有讲。或许，让我把这篇简要的介绍再写一遍的话，我也不会有真正写够的感觉。

送你一片弗吉尼亚的阳光

(译后记)

终于,在与惰怠时断时续的"抗争"中,完成了这部"异乎寻常、引人入胜、又极富启迪的抒情诗"①的翻译,却没有丝毫或许本该有的轻松或释然。此刻的我,靠着椅背,望着屋顶与墙壁的交界线,满脑子都是译稿里各式各样的概念、术语以及它们的各种排列组合,似乎仍在飞速检索着是否还遗漏了某个词不达意的表述,这会给读者造成什么样的阅读障碍。然而,似乎又是徒劳的,或许,这也只是潜意识里从"负责的逃避"转化成的"自我安慰"吧。

最初接触卡尔·卢埃林(Karl Llewellyn, 1893—1962)及其现实主义法理学,大约还是十六年前在燕园读书的时候。记得那时,在徐爱国教授(北大法学院)的指导下阅读霍姆斯(Oliver W. Holmes, Jr.),在检索整理资料、准备撰写论文的过程中,多次"遇见"卢埃林,以及与这个名字绑定在一起的另外一个概念——"法律现实主义"(legal realism)。或许,是受西方法律思想史阅读习惯的影响,自然而然地把"卢埃林"列在了后续阅读书目的第一行。直到 2007 年,在高鸿钧教授(清华法学院)的无私教诲和帮助下,编译出版了《法律的生命在于经验——霍姆斯法学文集》(北京:清华大学出版社 2007 年版),同年有幸到北航法学院任教。于是,前

---

① William Twining, The Idea of Juristic Method: A Tribute to Karl Llewellyn, 48 *University of Miami Law Review* 119, 121(1993).

述研究的暂时完成,教学工作的现实需求,个人阅读的兴趣使然,此间种种促使我产生了尝试翻译卢埃林在哥大法学院的法理学讲稿的念头。在私下交流中听说我有这样的想法后,孙新强教授(北航法学院)慨然赠我一本英文版《荆棘丛》(*The Bramble Bush*, New York: Oceana Publications, Inc., 1960)。于是,在整个翻译的过程中,我都时刻感受着前辈学者的激励与期许。借此机会,请允许我以一个学生的名义,向徐爱国老师、高鸿钧老师、孙新强老师表达发自肺腑的感谢。

在法学院的新生中,《荆棘丛》的作者卡尔·卢埃林,或许还算不上众所周知。他是美国著名的法律学者和法学教授,出生于西雅图,在美国的布鲁克林和德国的梅克伦堡长大,并且,曾因在德国军队服役而荣获铁十字勋章。从耶鲁法学院获得学位后,卢埃林先在纽约从事了两年商业活动,随后在耶鲁大学(1923—1924)、哥伦比亚大学(1924—1951)、芝加哥大学(1951—1962)讲授法律,直至辞世。作为美国法律现实主义运动的主要倡导者之一,卢埃林自称该运动的"代言人",他在法理学、商法、法律人类学、法律教育领域的论著均极具影响力。此外,他还是《美国统一商法典》的主要起草人。

《荆棘丛》是一部法学文集,主要由卢埃林 1929—1930 年在哥大法学院的法理学讲稿汇集而成,旨在向法学院的学生介绍"如何学习法律"。该书总结并分析了法律初学者可能会遇到的各种问题,然后提出经验性的解决方法。在这里,卢埃林借用了 18 世纪流行于欧美的一首童谣,将在法学院学习法律的第一年当成"法律道路"上的一片"荆棘丛",将第二年、第三年视为"另一片荆棘丛"。所以,在卢埃林看来,学习法律是一个智识上持续不断接受挑战的过程,初学者既要树立坚定的信念,也要付诸勤奋的行动。

然而,关于"荆棘丛"这一寓意丰富的语词,从一个中文译者的角度来看,很难不联想到这个词在中国传统法律文化中的另种意蕴。据《易经》载:"上六。系用徽纆,寘于丛棘,三岁不得,凶。"①我们通常将这里的"丛棘"解作"囚执之处"。例如,鲁哀公八年,"邾子又无道,吴子使大宰子余讨之,囚诸楼台,栫之以棘"。②有时,又将"丛棘"释为"听讼之所",甚至引申为"法律"或者"法律的权威"。例如,李鼎祚引《九家易》载,"坎为丛棘,又为法律"。又如,西周时期,"正以狱成告于大司寇,大司寇听之棘木之下"③,"朝士,掌建邦外朝之法。左九棘,孤卿大夫位焉,群士在其后;右九棘,公侯伯子男位焉,群吏在其后"④。当然,无论是"囚执之处",还是"听讼之所",意义相殊,自不待言。因而,相对来说,更贴近卢埃林所用"荆棘丛"之蕴意的,是王船山在读"学而篇"时所言"潜室不与直截决去其疑,乃为'纵是有之'之说,则愈入荆棘丛。"⑤此外,或许还有《三国演义》里的一句话:"满地荆棘,黑暗之中,不见行路。"⑥只是故事的主角,已由仓皇出逃的少帝和陈留王换成了法学院里踌躇满志的莘莘学子。

翻译,不仅是一个智识上不断挑战的赛程,同时还是一个心理上孤寂坚守的旅程。虽然实际上,对于《荆棘丛》的翻译工作很早就开始了,但在现实中,每一个"开始"的兴奋或愉悦之情,都会随着时间的流逝、琐事的干扰、惰性的滋长,而逐渐弱化,甚至消失,以至于每一个"结束"似乎都不大可能再有"开始"时的兴奋或愉

---

① 《易经·坎卦》。
② 《左传·鲁哀公八年》。
③ 《礼记·王制》。
④ 《周礼·秋官·司寇》。
⑤ [清]王夫之:《读四书大全说》,载《船山全书》(第六册),岳麓书社2011年版,第591页。
⑥ [明]罗贯中:《三国演义》,人民文学出版社1973年版,第25页。

悦。因此,这也是一个不可逆的"自伤"的过程。然而,为什么还要做翻译呢?关于这个问题,相信每一个做过翻译的人都曾经问过自己,都会有相似的或不同的回答。或许,也只是为了在周遭的喧嚣纷扰中,守住个人的兴趣与理想之上的那一点点微渺的希冀吧。

  幸运的是,在琐事与惰性的纠缠之间,偶得一个出国访学的机会,使我有时间得以在一个简单而安静的环境下顺利完成翻译工作。在这里,我要感谢国家行政学院的王静教授和华盛顿法学院(Washington College of Law,AU)的卢柏斯(Jaffrey Lubbers)教授,正是在她/他们的热情帮助下,我才获得了在华盛顿法学院访问学习的宝贵机会。我要特别感谢北大出版社的白丽丽女士,如果没有她始终坚持的建议、激励与督促,甚至堪称"严苛"的审读,译稿可能至今仍以残缺的状态存储在我的电脑里。我要感谢课堂上的同学们,正是你们真诚的追问和清澈的眼神,支撑着我在这条通往理想的道路上不断前行。我要感谢我的家人,特别是访学期间儿子明朗与我 365 个日夜的相依相伴。在这纷繁喧扰的尘世中,正是有你们的陪伴,让我觉得恬淡而温暖。在书稿翻译与校核过程中,给我带来愉悦的莫过于幼子明皓的降生,在这里,我希望能把这部凝结着纯粹智识追寻的译稿献给两个幸运的孩子和他们伟大的母亲。

  此刻,我又开始想念,橡树岭上的石阶,波托马克河西岸的青草,阿灵顿墓碑上的白雪,潮汐湖畔的樱花,还有……那些注定渐行渐远的画面,模糊的,没有声音,在变换与消散之间,慢慢地,如杯中的清茶,沉淀在某个不再轻易触碰的角落,留下一句诗,凝成一片绿色的化石。又一次来到窗前,似乎已经习惯了在夜深人静的时候,凝望窗外远方的灯火,放任一段无由的思绪:

  窗外,不同的夜色如墨

一样的静谧,与隔江的渔火

解下纶巾,倚栏长歌

有雉堞间传来的钟声,相和

清凉月下,有谁与你

浅斟轻酌?

此刻,想带你去一座山

那里有云海,有清泉

那里没有尘世的污染

携着你的手

在峰顶静候

静候飞雪与繁花

今夜,皓月在天,可以安静地想念。

明天,又是一个晴朗的清晨,暂寄忧伤,送你一片弗吉尼亚的阳光。

明　辉

2017 年 7 月 15 日夜

北航如心楼 309 室

图书在版编目（CIP）数据

荆棘丛：关于法律与法学院的经典演讲/（美）卢埃林著；明辉译.
—北京：北京大学出版社，2017.10
 ISBN 978-7-301-28822-1

Ⅰ.①棘… Ⅱ.①卢… ②明… Ⅲ.①法学—文集
Ⅳ.①D90-53

中国版本图书馆 CIP 数据核字（2017）第 240395 号

书　　　　名	荆棘丛——关于法律与法学院的经典演讲
	Jingjicong—Guanyu Falü yu Faxueyuan de Jingdian Yanjiang
著作责任者	〔美〕卢埃林 著　明　辉 译
责 任 编 辑	白丽丽
标 准 书 号	ISBN 978-7-301-28822-1
出 版 发 行	北京大学出版社
地　　　　址	北京市海淀区成府路 205 号　100871
网　　　　址	http://www.pup.cn
电 子 信 箱	law@pup.pku.edu.cn
新 浪 微 博	@北京大学出版社　@北大出版社法律图书
电　　　　话	邮购部 62752015　发行部 62750672
	编辑部 62752027
印 　刷 　者	北京大学印刷厂
经 　销 　者	新华书店
	880 毫米×1230 毫米　A5　8.5 印张　206 千字
	2017 年 10 月第 1 版　2019 年 1 月第 2 次印刷
定　　　　价	39.00 元

未经许可，不得以任何方式复制或抄袭本书之部分或全部内容。
版权所有，侵权必究
举报电话：010-62752024　电子信箱：fd@pup.pku.edu.cn
图书如有印装质量问题，请与出版部联系，电话：010-62756370